Validitätssteigerungen durch adaptives Testen

Europäische Hochschulschriften
Publications Universitaires Européennes
European University Studies

Reihe VI
Psychologie

Série VI Series VI
Psychologie
Psychology

Bd./Vol. 738

PETER LANG
Frankfurt am Main · Berlin · Bern · Bruxelles · New York · Oxford · Wien

Andreas Frey

Validitätssteigerungen durch adaptives Testen

PETER LANG
Europäischer Verlag der Wissenschaften

Bibliografische Information Der Deutschen Bibliothek
Die Deutsche Bibliothek verzeichnet diese Publikation in der Deutschen Nationalbibliografie; detaillierte bibliografische Daten sind im Internet über <http://dnb.ddb.de> abrufbar.

Zugl.: Frankfurt (Main), Univ., Diss., 2005

D 30
ISSN 0531-7347
ISBN 3-631-54908-3

www.peterlang.de

Inhaltsverzeichnis

1 Einleitung

Als Einleitung dieser Arbeit soll eine Analogie aus dem Bereich des Sports dienen. Angenommen man möchte die bestmögliche Zeit messen, mit der ein Sprinter die Distanz von 100 Meter überwinden kann. Die Messung soll möglichst exakte Rückschlüsse auf die maximale Leistungsfähigkeit des Sprinters zum momentanen Zeitpunkt ermöglichen. Um dieses Ziel zu erreichen, wird bei Leichtathletikwettkämpfen herkömmlicher Weise eine Reihe von Maßnahmen getroffen. Diese Maßnahmen dienen dazu, verschiedenste externe Faktoren, die einen Einfluss auf die Messung haben könnten, auszuschließen, beziehungsweise über alle Teilnehmer konstant zu halten. Beispielsweise dürfen Grenzwerte für Rücken- und Gegenwind nicht überschritten werden, die Einnahme von leistungssteigernden Substanzen ist untersagt, die Sichtverhältnisse müssen gut sein, die Strecke muss exakt 100 Meter lang sein und es darf nur bestimmtes Schuhwerk getragen werden. Durch den Einsatz von möglichst genauen Zeitmessgeräten wird zusätzlich versucht, Fehler bei der Zeitmessung zu minimieren. Durch all diese Maßnahmen wird das Ziel verfolgt, jene Zeit zu messen, die nur auf die individuelle Leistungsfähigkeit des Sprinters zurückzuführen ist und nicht auf mögliche andere Faktoren. Nur wenn dies gelingt, kann ein fairer interindividueller Vergleich mehrerer Sprinter anhand gemessener Zeiten erfolgen.

Einen ganz ähnlichen Sachverhalt findet man auch in der psychologischen Leistungsdiagnostik. Auch hier möchte man in der Regel die zu einem Zeitpunkt mögliche maximale Leistung eines Individuums messen. Zu diesem Zweck werden unterschiedliche Verfahren zur Bestimmung von Maßen für Konstrukte wie Intelligenz, Konzentrationsleistung, Aufmerksamkeitsleistung oder schulfachspezifische Leistungen eingesetzt. Wie bei der Leichtathletik können auch bei der psychologischen Leistungsdiagnostik externe Einflüsse die gemessenen Leistungsmaße beeinflussen. Damit das Messergebnis eindeutig auf die individuelle Ausprägung der zu messenden Eigenschaft wie Intelligenz, Konzentrationsleistung usw. zurückgeführt werden kann, sollten Effekte von externen Faktoren nach Möglichkeit ausgeschlossen werden. In der psychologischen Leistungsdiagnostik können zum Teil andere Faktoren einen Einfluss auf das Messergebnis haben als in der Leichtathletik. Hier stehen Einflüsse der Testsituation, wie beispielsweise Lärm während der Testung oder Effekte von psychischen Merkmalen des zu untersuchenden Probanden wie Prüfungsangst oder emotionale Zustände im Vordergrund. Durch eine weitgehende Konstanthaltung beziehungsweise durch die Standardisierung der Leistungsmessung wird versucht, unerwünschte externe Einflüsse auf Leistungsmaße zu unterbinden. Die Standardisierung bezieht sich dabei auf das Testmaterial, die Instruktionen, die Auswertung, die Interpretation und die eigentliche Testsituation. Trotz aller Standardisierungsbemühungen, scheinen allerdings unerwünschte Effekte auf psychische Leistungsmaße bislang nicht gänzlich auszuschließen zu sein. So zeigte sich beispielsweise bei der Metaanalyse von Hembree (1988) ein signifikanter Effekt mittlerer Stärke (d = -0.48) von Prüfungsangst auf psychische Leistungen. Individuen mit hoher Prüfungsangstausprägung erbrachten niedrigere Leistungen als Individuen mit niedriger Prüfungsangstausprägung. Es muss demnach angenommen werden, dass viele Leistungstests nicht die maximale Leistung sondern vielmehr eine Leistung messen, die von der individuellen Ausprägung der Prüfungsangst negativ beeinflusst ist.

Ergebnisse von Frey und Moosbrugger (2004) weisen allerdings darauf hin, dass eine unverfälschte Messung maximaler Leistungen möglicherweise durch den Einsatz adaptiver Tests erreicht werden kann. Sie untersuchten den Zusammenhang von Konzentrationsleistung und physiologischer Aktivierung in Abhängigkeit davon, ob die Konzentrationsleistungsmessung mit dem Frankfurter Adaptiven Konzentrationsleistungs-Test (FAKT; Moosbrugger & Heyden, 1997) adaptiv oder nicht-adaptiv erfolgte. Der FAKT ist ein computerbasierter Konzentrationsleistungstest, von dem zwei adaptive (FAKT-S, FAKT-E) und eine nicht-adaptive Testform (FAKT-SR) vorliegen. Bei den adaptiven Testformen wird die Darbietungszeit der zu bearbeitenden Items adaptiv an die gezeigte Testleistung des Probanden angepasst. Bei der nicht-adaptiven Testform sind die gleichen Items wie bei den adaptiven Testformen ohne eine Begrenzung der Darbietungszeit zu bearbeiten. Grundlegend wurden Zusammenhänge zwischen Aktivierung und Konzentrationsleistung als störend bei der Messung maximaler Konzentrationsleistung angesehen. Während sich bei Einsatz der nicht-adaptiven Testform FAKT-SR ein signifikanter kurvilinearer Zusammenhang von R^2 = .64 (p < .001) zwischen Aktivierung und Konzentrationsleistung zeigte, ergaben sich bei den beiden adaptiven Testformen keine signifikanten Zusammenhänge, R^2 = .06 (p = .617) und R^2 = .02 (p = .842). Dieses Ergebnis zeigte sich in vergleichbarer Weise über drei Messzeitpunkte. Geht man von einem Effekt von Aktivierung auf Konzentrationsleistung aus, dann kann dieser Befund dahingehend interpretiert werden, dass die angestrebte Messung der maximalen Konzentrationsleistung nur bei Einsatz der adaptiven Testformen geglückt sein kann. Die Annahme, dass die maximale Konzentrationsleistung gemessen wurde, kann für die nicht-adaptive Testform hingegen nicht beibehalten werden. Bei dieser zeigten sich hohe Konzentrationsleistungswerte bei mittelstark aktivierten Probanden, während sich niedrigere Konzentrationsleistungswerte bei sehr niedrig und sehr hoch aktivierten Probanden ergaben. Es ist zu vermuten, dass die Probanden mit sehr niedriger und sehr hoher Aktivierung höhere Konzentrationsleistungswerte hätten erzielen können. Da die mit der adaptiven Testform gemessenen Konzentrationsleistungswerte unabhängig von der Aktivierung waren, kann für diese Testformen die Annahme beibehalten werden, dass die gemessenen Konzentrationsleistungswerte der maximalen Konzentrationsleistung entsprechen. Frey und Moosbrugger (2004) folgern aus den Ergebnissen, dass die adaptiven Testformen des FAKT eine höhere diskriminante Validität hinsichtlich Aktivierung aufweisen als die nicht-adaptive Testform. Das Ergebnis ist sehr interessant, da es die bislang nicht bekannte Möglichkeit aufzeigt, dass die Messung maximaler Leistungen durch adaptives Testen sichergestellt werden könnte. Um beurteilen zu können, inwieweit diese Vermutung zutreffend ist, sind zwei grundlegende Fragen zu beantworten. Einerseits ist zu klären, bei welchen Variablen neben Aktivierung unerwünschte Effekte auf die Konzentrationsleistung durch Einsatz der adaptiven Testformen des FAKT vermieden werden können. Andererseits ist zu klären, wie derartige Effekte vor dem Hintergrund psychologischer Theorien zu erklären sind. Die vorliegende Arbeit versucht Antworten auf beiden Fragen zu finden.

Die Arbeit ist dabei in einen theoretischen und einen empirischen Abschnitt unterteilt. Im theoretischen Teil werden für die behandelte Thematik relevante theoretische Hintergrundinformationen dargelegt, wichtige Termini definiert, zentrale Modellierungsmethoden vorgestellt und die Forschungshypothesen abgeleitet. Im empirischen Teil der Arbeit werden die aufgestellten Forschungshypothesen sukzessive empirisch geprüft. Dies erfolgt in fünf Kapiteln, von denen jedes den Aufbau einer eigenständigen empirischen Arbeit aufweist. Abschließend werden alle Befunde zusammenfassend diskutiert.

Die Arbeit soll in dreierlei Hinsicht einen Beitrag zur psychologischen Diagnostik leisten.

Erstens eröffnet die weitgehend formale Darstellung der Konstruktvalidität im theoretischen Teil der Arbeit Möglichkeiten für einen inferenzstatistischen Test der diskriminanten Validität. Bei der Mehrzahl der vorliegenden Beschreibungen der Konstruktvalidität liegt der Fokus nicht auf der diskriminanten Validität, sondern auf der konvergenten Validität. Dieser Abschnitt dürfte für Personen von Interesse sein, die die diskriminante Validität einer Messung gerne etwas exakter untersuchen möchten, als dies gemeinhin üblich ist.

Zweitens liefert die Arbeit Erkenntnisse über zweierlei Auswirkungen des adaptiven Testens mit dem FAKT. Einerseits kann aus den Befunden geschlossen werden, hinsichtlich welcher Variablen eine diskriminant valide Messung maximaler

Konzentrationsleistung durch adaptives Testen sichergestellt werden kann. Dies dürfte für Testanwender sehr hilfreich sein, da dadurch bekannt ist, welche Variablen bei der adaptiven Konzentrationsleistungsmessung mit dem FAKT nicht kontrolliert werden müssen. Hierdurch können erhebliche Steigerungen der Ökonomie von Konzentrationsleistungsmessungen resultieren. Andererseits liefert die Arbeit Befunde zu den Auswirkungen des adaptiven Testens mit dem FAKT auf die Motivation der Probanden zur Testbearbeitung. Für den FAKT können aus diesen Ergebnissen Schlüsse für eine weitere Verbesserung gezogen werden.

Drittens sind mehrere, der bei der vorliegenden Arbeit mit dem FAKT gewonnenen Ergebnisse, auch auf das adaptive Testen im Allgemeinen übertragbar. So können Annahmen abgeleitet werden, wie adaptive Tests gestaltet sein sollten, damit sie eine diskriminant valide Messung maximaler Leistungen ermöglichen und zugleich motivierend auf die Probanden wirken.

2 Theoretische Grundlagen

In diesem Kapitel wird der theoretische Hintergrund dargestellt, der zur Ableitung der Forschungshypothesen nötig ist. Nachfolgend werden die Auswirkungen des adaptiven Testens mit dem FAKT auf unerwünschte Effekte von externen Faktoren auf maximale Konzentrationsleistung als Fragestellung der Validität betrachtet. Im einleitenden Kapitel 1.1 wird deshalb das der Arbeit zugrunde liegende Verständnis der Konstruktvalidität vorgestellt. Um eine möglichst aussagekräftige empirische Untersuchung zu gewährleisten, wird in diesem Abschnitt das Konzept einer *potenziellen Störvariablen* definiert und darauf aufbauende Möglichkeiten für einen inferenzstatistischen Test der diskriminanten Validität abgeleitet. Es schließt sich das Kapitel 2.2 an, das sich mit grundlegenden Konzepten, aktuellen Entwicklungen und Forschungsfragen im Bereich des adaptiven Testens beschäftigt. Danach wird der in dieser Arbeit verwendete Frankfurter Adaptive Konzentrationsleistungs-Test (FAKT) dargestellt (Kapitel 2.3) und in die im Kapitel 2.2 dargestellte allgemeine Struktur adaptiver Tests eingeordnet. Im darauf folgenden Kapitel 2.5 werden motivationspsychologische Ansätze dargestellt, welche die hohe diskriminante Validität der adaptiven Testformen des FAKT im Vergleich zur nicht-adaptiven Testform des FAKT erklären können. Aus den dargestellten theoretischen Inhalten werden nachfolgend die empirisch zu untersuchenden Hypothesen formuliert (Kapitel 2.6). Diese lassen sich in zwei Gruppen unterteilen. Die erste Gruppe untersucht bei welchen Variablen unerwünschte Effekte auf maximale Konzentrationsleistung durch Einsatz der adaptiven Testformen des FAKT vermieden werden können. Die zweite Gruppe von Hypothesen dient der Untersuchung einer motivationspsychologischen Erklärung der hohen diskriminanten Validität der adaptiven Testformen des FAKT im Vergleich zur nicht-adaptiven Testform.

2.1 Konstruktvalidität

In diesem Kapitel werden die für die vorliegende Arbeit relevanten Themen der psychologischen Validitätstheorie dargestellt. Bei der Darstellung soll das umfangreiche und teilweise auch widersprüchliche Gebiet der Validitätstheorie soweit strukturiert werden, dass eine eindeutige Arbeits- und Argumentrations-grundlage für die vorliegende Arbeit entsteht. Das Kapitel beginnt mit einem historischen Abriss der Validitätstheorie. Nachfolgend wird syntaktisch begründet, warum Validitätsaussagen aufgrund der Höhe von Korrelationskoeffizienten getroffen werden können. Die dabei verwendete Formalisierung basiert auf den Annahmen der Klassischen Testtheorie (KTT). Anschließend wird diskutiert, wie Hypothesen zur Konstruktvalidität eines Tests inferenzstatistisch getestet werden können. Im Mittelpunkt der Diskussion steht hierbei die Festlegung der Grenzwerte für Korrelationskoeffizienten, die bei einem solchen Test zu verwenden sind. Der nächste Abschnitt beschäftigt sich mit der Frage, inwieweit mangelnde diskriminante Validität als Konfundierung des zu messenden Merkmals mit anderen Merkmalen bezeichnet werden kann. Aus der Gesamtheit der Darstellungen dieses Kapitels lassen sich Modellierungsmethoden ableiten, mit denen die diskriminante Validität unterschiedlicher Tests beziehungsweise unterschiedlicher Testformen untersucht und inferenzstatistisch getestet werden kann. Es werden drei dieser Methoden vorgestellt und bezüglich der Teststärke sowie qualitativer Merkmale verglichen. Dieser Vergleich ermöglicht es für die im empirischen Teil der Arbeit dargestellten Studien, die jeweils beste Methode auszuwählen.

2.1.1 Historischer Abriss der Validitätstheorie

Der Bergriff der Validität wird in der Psychologie seit rund 100 Jahren verwendet. In dieser Zeitperiode wurden eine ganze Reihe mehr oder weniger voneinander abweichende Konzepte der Validität beschrieben. Heute unterscheidet man zumeist drei Formen der Validität: Inhaltsvalidität, Kriteriumsvalidität und Konstruktvalidität. Die Kriteriumsvalidität wird dabei als Oberbegriff für prädiktive und konkurrente Validität und die Konstruktvalidität als Oberbegriff für konvergente und diskriminante Validität angesehen. Das Ziel aller Validierungsbemühungen besteht darin, zu bestimmen, inwieweit ein Test das Merkmal misst, das er zu messen vorgibt oder in den Worten von Cureton (1950): „how well a test does the job it is employed to do“ (p. 621). Der folgende historische Abriss der Validitätstheorie beschäftigt sich vor allem mit der Konstruktvalidität, die heute zumeist als eine übergeordnete Validitätskategorie beschrieben wird, der die anderen Validitätsarten untergeordnet werden können (s. z. B. Anastasi, 1986; Kane, 2001). Die historische Entwicklung der Validitätstheorie lässt sich auf vier Stufen beschreiben: der kriteriumsorientierte und der inhaltsorientierte Ansatz als frühe Ansätze der Validität, der konstruktorientierte Ansatz, Konstruktvalidität als übergeordneter Validitätsansatz und aktuelle Ansätze der Validität.

Stufe 1: Frühe Ansätze: Der kriteriumsorientierte und der inhaltsorientierte Ansatz der Validität

Frühe Konzeptionen der Validität nahmen meistens an, dass jedes Individuum über eine feste Ausprägung eines interessierenden Merkmals verfügt. Unter dieser Voraussetzung bestand das Ziel bei der Messung eines Merkmals mit einem Messinstrument darin, den individuellen Ausprägungsgrad des Merkmals so genau wie möglich zu erfassen. Validität wurde dabei als die Genauigkeit der Messung definiert. Es wurde angenommen, dass man die Frage wie gut ein Test das Merkmal misst, das er zu messen vorgibt, am besten mit Hilfe eines Kriteriums beantworten kann, von dem anzunehmen ist, dass es das interessierende Merkmal direkt repräsentiert. Der gemessene Kriteriumswert wurde somit als das interessierende Merkmal selbst definiert. Bei Validierungsstudien, die dem kriteriumsorientierten Ansatz folgten, wurde demzufolge untersucht, wie genau ein Test ein solches Kriterium repräsentiert. Dieser Ansatz findet Ausdruck in einem weiteren Zitat von Cureton (1950):

> A more direct method of investigation, which is always to be preferred wherever feasible, is to give the test to a representative sample of the group with whom it is to be used, observe and score performances of the actual task by the members of this sample, and see how well the test performances agree with the task performances. (p. 623)

Cureton nimmt hier an, dass durch die Kriteriumswerte (*task performances*) das interessierende Merkmal selbst erfasst werden kann, an dem die gemessenen Testpunktwerte (*test performances*) validiert werden können. Liegt tatsächlich ein Kriterium vor, welches das interessierende Merkmal direkt repräsentiert, dann ist der kriteriumsorientierte Ansatz als sinnvoller und nützlicher Ansatz zur Bestimmung der Validität anzusehen. Beispielsweise könnte das Ziel eines Taxi-Unternehmers darin bestehen, mit Hilfe eines Einstellungstests herauszufinden, welchen Profit er zu erwarten hat, wenn er einem Bewerber eine Stelle als Taxifahrer geben würde. Als Kriterium könnte in diesem Fall der monatliche Umsatz pro gefahrenem Kilometer Verwendung finden. Die kriteriumsbezogene Validierung würde darin bestehen, den Einstellungstest von einer Anzahl von Bewerbern bearbeiten zu lassen und die Testergebnisse mit dem abgerechneten Umsatz pro Kilometer zu korrelieren. Der Korrelationskoeffizient wäre dann als Kennwert der Kriteriumsvalidität zu interpretieren. Ergäbe sich eine hohe Korrelation, dann würde der Einstellungstest seinen Zweck erfüllen und könnte als valide zur Messung des zu erwartenden Profits von einem Bewerber als Taxifahrer gelten.

Der ursprüngliche kriteriumsorientierte Ansatz ist allerdings nur dann als sinnvoll und nützlich anzusehen, wenn das verwendete Kriterium tatsächlich das zu untersuchende Merkmal direkt repräsentiert. Für viele psychologisch relevante Konstrukte – sowohl im Persönlichkeits- als auch im Leistungsbereich – fällt es aber schwer, derartige Kriterien zu bestimmen. So sind Personmerkmale wie Extraversion oder Neurotizismus von theoretischer Seite eindeutig definiert; einzelne Kriterien, die Extraversion oder Neurotizismus direkt repräsentieren, dürften allerdings schwer zu finden sein. Im Leistungsbereich erscheint die Suche nach geeigneten Kriterien auf den ersten Blick Erfolg versprechender zu sein, als im Persönlichkeitsbereich. Dass die Bestimmung der Kriteriumsvalidität auch im Leistungsbereich nicht immer unproblematisch ist, soll an einem aktuellen Beispiel aus dem deutschen Hochschulwesen verdeutlicht werden. Bis Anfang des Jahres 2004 wies die Zentralstelle für die Vergabe von Studienplätzen (ZVS) im Falle von Studiengängen mit Zulassungsbeschränkung deutschen Hochschulen die Studierenden zu. Seit Anfang 2004 steht es den Hochschulen frei, einen bestimmten Anteil Ihrer Studierenden selbst auszuwählen. Dies konfrontiert die Hochschulen mit der Frage, nach welchen Kriterien eine Auswahl erfolgen soll. Da eine pauschale Beantwortung der Frage kaum möglich sein dürfte, sei für die hier angestrebte Illustration vereinfachend angenommen, dass ein Ziel einer solchen Studierendenauswahl darin bestehe, diejenigen Bewerber auszuwählen, von denen der größte Studienerfolg zu erwarten ist. Selbst wenn man diese Vereinfachung des Sachverhalts akzeptiert, stellt sich die nicht einfach zu beantwortende Frage, welches Kriterium Studienerfolg direkt repräsentiert. Nahe liegend wäre es, das arithmetische Mittel benoteter Leistungen (z. B. Vordiplomsleistungen) als Kriterium zu verwenden. Es könnte allerdings in Frage gestellt werden, ob der Mittelwert der Vordiplomsleistungen in der Tat Studienerfolg vollständig darstellt, wie es der kriteriumsorientierte Ansatz fordert. So wäre beispielsweise zu überlegen, ob die benötigte Zeit bis zum Abschluss des Vordiploms nicht mit in die Berechnung einfließen könnte, und so weiter. Es stellt sich also die Frage nach der Validität des Kriteriums. Es liegt auf der Hand, dass der kriteriumsorientierte Ansatz keine befriedigenden Möglichkeiten zur Validierung von Kriterien bietet. Selbst wenn ein Kriterium gefunden werden kann, dass sich zur Validierung eines ersten Kriteriums eignet, steht nachfolgend die Validität des zweiten Kriteriums in Frage. Eine ausschließliche Verwendung des kriteriumsorientierten Ansatzes führt also zu unerwünschten – theoretisch unendlich langen – Ketten von Kriterien die sich jeweils validieren oder aber – zur ebenfalls unerwünschten – gegenseitigen und somit zirkulären Validierung von Kriterien. Diese

Problematik des kriteriumsorientierten Ansatzes der Validität wurde relativ früh offensichtlich. Um die daraus entstehenden Probleme abzuschwächen wurde die Validität eines Tests oft zusätzlich mit Hilfe von Expertenurteilen eingeschätzt. Dieses Vorgehen wird als Bestimmung der *Inhaltsvalidität* bezeichnet. Hierbei wird der Inhalt eines Tests, möglichst von ausgewiesenen Experten des jeweiligen Fachgebiets, dahingehend beurteilt, ob er sich zur Messung des interessierenden Merkmals eignet oder nicht. Aussagen zur Inhaltsvalidität sind meistens qualitativer Art. Der Ansatz wurde vor allem aufgrund des damit verbundenen hohen Grades an Subjektivität wiederholt kritisiert (vgl. z. B. Guion, 1977) und kann aus heutiger Sicht nur als eine Ergänzung anderer Validierungsansätze angesehen werden.

Stufe 2: Der konstruktorientierte Ansatz der Validität

Der Begriff der Konstruktvalidität wurde 1954 durch die „Technical recommendations for psychological tests and diagnostic techniques" (American Psychological Association, 1954) eingeführt. Die erste umfassende Darstellung der Konstruktvalidität erfolgte durch Cronbach und Meehl im Jahre 1955. Damals wurde abweichend zur aktuellen Sichtweise, die Konstruktvalidität noch als Ergänzung von Kriteriums- und Inhaltsvalidität und nicht als übergeordneter Zugang zur Bestimmung der Validität verstanden. Das von Cronbach und Meehl beschriebene Konzept der Konstruktvalidität basiert auf dem hypothetisch-deduktiven Ansatz und unterscheidet grundlegend zwischen zwei Bereichen, die nachfolgend als *Bereich der Theorie* und *Bereich der Beobachtung* bezeichnet werden. Im ersteren werden nicht direkt beobachtbare theoretische Konstrukte und die auf theoretischer Ebene bestehenden Zusammenhänge zwischen diesen Konstrukten definiert. Cronbach und Meehl beschrieben ein Ideal der Konstruktvalidierung, bei dem die theoretischen Zusammenhänge mit Axiomen formalisiert werden. Das Herzstück einer Theorie besteht hierbei aus einem Satz von Axiomen, die auf theoretischer Ebene Interdependenzen von Konstrukten beschreiben. Die semantische Interpretation der theoretischen Axiome erfolgt durch Verbindungen einiger Terme der Axiome mit beobachtbaren Variablen. Diese Verbindungen werden von den Autoren *Korrespondenzregeln* (engl.: *correspondence rules*) genannt. Diese verbinden den Bereich der Theorie mit dem Bereich der Beobachtung. Aufgrund der theoretischen Axiome über die Zusammenhänge von Konstrukten lassen sich Vorhersagen ableiten, die anhand von beobachtbaren Variablen überprüft werden können. Diese aus dem Bereich der Theorie für den Bereich der Beobachtung abgeleiteten Vorhersagen werden als *empirische Gesetze* (engl.: *empirical laws*) bezeichnet. Eine Theorie besteht im Ansatz von Cronbach und Meehl aus einem nomologischen Netz, das aus einem durch Korrespondenzregeln interpretierten axiomatischen System und allen daraus abgeleiteten empirischen Gesetzen besteht. Das nomologische Netz umspannt demnach Elemente des Bereichs der Theorie und des Bereichs der Beobachtung. Das Ziel der Konstruktvalidierung besteht darin, schrittweise die Korrektheit des nomologischen Netzes zu überprüfen.

Die Bestimmung der Konstruktvalidität eines Tests (genau genommen: der Interpretation der Ergebnisse bei einem Test; vgl. Cronbach, 1971) als Indikator eines theoretischen Konstrukts erfolgt darüber, wie gut die Vorhersagen aus dem Bereich der Theorie mit den tatsächlichen Beobachtungen (Bereich der Beobachtung) übereinstimmen. Die Bestimmung der Konstruktvalidität eines Tests erfolgt also durch die Überprüfung der empirischen Gesetze. Stimmen theoretische Vorhersagen und Beobachtungen überein, dann bedeutet dies eine Bestätigung sowohl der Theorie als auch des Tests, der zur Messung eines theoretischen Konstrukts eingesetzt wurde. Stimmen die Beobachtungen jedoch nicht mit der Theorie überein, dann sind Teile des nomologischen Netzes zu verwerfen oder in modifizierter Form einer erneuten empirischen Prüfung zu unterziehen. Inkonsistenzen zwischen Theorie und Beobachtung können auf Fehler in den Axiomen, den abgeleiteten Korrespondenzregeln oder dem verwendeten Messverfahren zurückgehen. Da dieses Vorgehen den hypothetisch-deduktiven Ansatz benutzt, kann die Validität eines Tests prinzipiell nie endgültig belegt oder gar bewiesen werden. Vielmehr ist die Annahme der Validität eines Tests zur Messung eines bestimmten Konstrukts nur solange gerechtfertigt, bis sie falsifiziert wird.

Der konstruktorientierte Ansatz der Validität wird nachfolgend anhand eines abstrakten Beispiels illustriert. Man nehme an, ein Forscher habe eine Theorie über ein zuvor definiertes Konstrukt A entworfen. Seine Theorie nimmt an, dass A mit zwei bereits etablierten Konstrukten B und C unterschiedliche Zusammenhänge aufweist. Während ein Einfluss von A auf B angenommen wird, soll C von A und B unabhängig sein. Aufgrund dieser theoretischen Annahmen lassen sich drei empirische Gesetze ableiten.

1. B ist abhängig von A
2. C ist unabhängig von A
3. C ist unabhängig von B

Diese Annahmen können empirisch mit geeigneten Messverfahren geprüft werden. Während für B und C geeignete Messverfahren vorliegen, findet sich kein Messverfahren für A, so dass der Forscher einen neuen Test entwickelt. Zur Untersuchung, ob die Interpretation der mit dem neuen Test erhobenen Messwerte als Maß von A konstruktvalide ist, sind Daten zu erheben und die empirischen

Gesetze 1 und 2 zu überprüfen. Stimmen die beobachteten Zusammenhänge mit den theoretisch Vorhergesagten überein, dann können mit dem Test erhobene Messwerte konstruktvalide als A interpretiert werden. Diese Interpretation gilt solange, bis sie aufgrund von empirischen Ergebnissen zu verwerfen ist.

Es sei angemerkt, dass in der Forschungspraxis zumeist bedeutend mehr theoretische Annahmen formuliert werden, als in dem verwendeten abstrakten Bespiel. Zur Bestimmung der Konstruktvalidität werden folglich meistens umfangreichere nomologische Netze zu untersuchen sein.

Der konstruktorientierte Ansatz der Validierung erlaubt eine bedeutend umfassendere Untersuchung des inhaltlichen Bereiches, den ein Test misst, als der Ansatz der Kriteriumsvalidität oder der Inhaltsvalidität. Als problematisch am konstruktorientierten Ansatz wurde aus einer Anwenderperspektive allerdings angemerkt, dass nicht nur ein Wert als Ergebnis resultiert, der *die* Validität des untersuchten Messverfahrens angibt. Vielmehr können Aussagen zur Konstruktvalidität erst aufgrund mehrerer Untersuchungen des nomologischen Netzes erfolgen und weisen aufgrund des hypothetisch-deduktiven Vorgehens immer nur vorläufigen Charakter auf. Auch wenn dies für eine zügige Validierung eines Tests zunächst unpraktisch erscheint, so liegt gerade hier die Stärke des konstruktorientierten Ansatzes. Die Formulierung expliziter Annahmen über die Zusammenhänge des untersuchten Konstrukts mit anderen Konstrukten und deren Überprüfung anhand empirisch beobachtbarer Sachverhalte, erlaubt die exakte und darüber hinaus theoriebasierte Bestimmung dessen, was ein Test misst. Der Erkenntnisgewinn wird in den meisten Fällen bei einer Konstruktvalidierung bedeutend höher ausfallen als bei einer Kriteriums- oder Inhaltsvalidierung (Kane, 2001).

Das vor allem auf Cronbach und Meehl zurückgehende Konzept der Konstruktvalidität wurde in den Jahren nach 1955 weiterentwickelt. Bei der Weiterentwicklung wurde vorerst noch daran festgehalten, die Konstruktvalidität als Alternative oder als Zusatz zum kriteriumsorientierten Ansatz und zur Inhaltsvalidität anzusehen. Die weitere Entwicklung des Verständnisses der Konstruktvalidität über die Zeit lässt sich gut anhand der „Standards for educational and psychological tests and manuals" verfolgen. In der Ausgabe von 1966 wurde die Bestimmung der Konstruktvalidität für den Fall vorgeschlagen, wenn kein adäquates Validitätskriterium gefunden werden kann: „Construct validity is relevant when the tester accepts no existing measure as a definitive criterion." (American Psychological Association, American Educational Research Association & National Council on Measurement in Education, 1966, p. 13). In den „Standards for educational and psychological tests and manuals" von 1974

(American Psychological Association, American Educational Research Association & National Council on Measurement in Education, 1974) werden vier Ansätzen der Validität unterschieden (prädiktive Validität, konkurrente Validität, Inhaltsvalidität und Konstruktvalidität). Gegen Ende der 1970er Jahre wurde die bereits 1957 von Loevinger vorgebrachte Sichtweise, dass „since predictive, concurrent, and content validities are all essentially ad hoc, construct validity is the whole of validity from a scientific point of view" (p. 636) allgemein anerkannt und gleichzeitig die dritte Stufe der Validitätstheorie eingeleitet.

Stufe 3: Konstruktvalidität als übergeordneter Validitätsansatz

Die dritte Stufe der Validitätstheorie begann am Ende der 1970er Jahre. Sie zeichnet sich dadurch aus, dass die Konstruktvalidität nicht mehr als ein Ansatz unter mehreren Validitätsansätzen angesehen wurde, sondern mehr und mehr als ein übergeordneter Zugang zur Bestimmung der Validität, der die anderen Validitätsformen mit einschließt. Diese Sichtweise wird beispielsweise von Anastasi (1986) gut verständlich formuliert: „The answer is that what has come to be designated construct validity is actually a comprehensive approach that includes the other recognized validation procedures – and much more besides." (p. 4). Ab 1985 findet sich dieses Verständnis der Konstruktvalidität auch in den „Standards for educational and psychological testing" (American Educational Research Association, American Psychological Association & National Council on Measurement in Education, 1985, 1999).

Aus dem Verständnis der Konstruktvalidität als übergeordnetem Zugang der Validität ergaben sich aber auch einige Probleme. Die Probleme sind vor allem auf die strengen Annahmen des von Cronbach und Meehl (1955) beschriebenen Ideals zurückzuführen. In ihrer Idealvorstellung sind axiomatische, also stark formalisierte, Theorien anhand empirisch beobachtbarer Sachverhalte zu prüfen, um die Konstruktvalidität eines Tests zu bestimmen. Leider sind die meisten psychologischen Theorien nur wenig oder gar nicht formalisiert. Für die Mehrzahl psychologischer Theorien kann folglich kein – beziehungsweise nur ein weitgehend unstrukturiertes – nomologisches Netz theoretisch abgeleitet werden, das anhand empirischer Daten geprüft werden könnte. Dieses Problem wurde bereits von Cronbach und Meehl (1955) erkannt. Sie plädierten deshalb für eine stärkere Formalisierung psychologischer Theorien. In der Folge wurden aber auch weiterhin wenig psychologische Theorien axiomatisch formalisiert, was viele Autoren aber nicht daran hinderte Aussagen zur Konstruktvalidität zu formulieren. Dies führte zur Entwicklung von zwei Ansätzen der Konstruktvalidität. Cronbach (1988) spricht von einem *starken Ansatz* (engl.: *strong program*) der Konstruktvalidierung, wenn das gut 30 Jahre zuvor beschriebene Ideal (Cronbach & Meehl,

1955) umgesetzt wurde. Er spricht hingegen vom *schwachen Ansatz* (engl.: *weak program*) der Konstruktvalidierung, wenn eine Validierung ohne formale Theorie erfolgte. Im Extremfall liegen beim schwachen Ansatz gar keine theoretischen Annahmen über Variablenzusammenhänge vor. In diesem Fall sind prinzipiell alle beobachteten Zusammenhänge zwischen den Ergebnissen eines Tests und jedweden anderen Variablen als validitätsrelevant anzusehen. Anastasi (1986) spricht sich nachdrücklich gegen diese Art der Validierung aus, die sie als blinden Empirismus (engl.: *blind empiricism*) bezeichnet. Auch Cronbach (1980) kritisiert das Vorgehen des schwachen Ansatzes:

> The great run of test developers have treated construct validity as a wastebasket category. In a test manual, the section with that heading is likely to be an unordered array of correlations with miscellaneous other tests and demographic variables. Some of these facts bear on construct validity, but a coordinated argument is missing. (p. 44)

Die Entwicklung von Tests, von denen durch weitgehend wahllose Korrelationen mit anderen Variablen explorativ geklärt werden soll, was sie überhaupt messen, verspricht in der Tat keinen substanziellen Zugewinn beim Verständnis psychologischer Prozesse und sollte nach Möglichkeit vermieden werden.

Es besteht allerdings das Problem, dass auch in der Zukunft kaum formale Theorien in der Psychologie zu erwarten sind, so dass dem Ideal des starken Ansatzes nur selten entsprochen werden kann. Das Ziel bei der Konstruktvalidierung kann demnach nur darin bestehen, dem Ideal möglichst nahe zu kommen. Dies ist durch die Entwicklung theoriebasierter Tests und durch die Explizierung von theoretisch abgeleiteten und empirisch prüfbaren Annahmen oft auch ohne formale Theorie möglich. Eine derartige Konstruktvalidierung ist aus Sicht des Autors nicht als blinder Empirismus anzusehen. Der nachfolgend argumentbasierte Ansatz der Konstruktvalidierung stellt eine Approximation an das Ideal des starken Ansatzes bei Fehlen einer axiomatischen Theorie vor.

Stufe 4: Aktuelle Ansätze zur Bestimmung der Validität

Aktuelle Ansätze zur Bestimmung der Validität versuchen eine Approximation an das von Cronbach und Meehl (1955) vorgestellte Ideal des starken Ansatzes der Konstruktvalidierung. Validität reflektiert dabei die Angemessenheit einer theoriebasierten Interpretation eines Testwertes, wobei die Angemessenheit mit Hilfe empirischer Ergebnisse abgeschätzt wird. Ein solcher aktueller Ansatz ist der *argumentbasierte Ansatz*, der beispielsweise von Kane (1992, 2001) vertreten wird. Hierbei wird die Interpretation von Testergebnissen als interpretatives Argument formuliert. Ein interpretatives Argument erlaubt die Ableitung eines Netzes von Schlüssen. Der Sinn des Arguments besteht darin, Annahmen und Schlüsse zu explizieren, die einer Interpretation zugrunde liegen. Interpretative Argumente entsprechen demnach in etwa den empirischen Gesetzen von Cronbach und Meehl (1955). Ob eine angestrebte Interpretation von Testwerten in der Tat angemessen ist, kann durch einen Test der aus dem Argument abgeleiteten Annahmen und Schlüsse erfolgen. Der Grundgedanke des argumentbasierten Ansatzes wird von der folgenden Passage gut beschrieben:

> Validation is difficult at best, but it is essentially impossible if the interpretation to be validated is unclear. The proposed interpretation can be specified in terms of an *interpretative argument* that lays out the network of inferences leading from the test scores to the conclusions to be drawn and any decisions to be based on these conclusions. (Kane, 2001, p. 329)

Kane (2001) stellt eine vierstufige Strategie zur Validierung der Interpretation von Testwerten vor:

1. Expliziere das vorgesehene interpretative Argument so klar wie möglich.
2. Entwickle das vorläufige Validitätsargument durch Spezifikation aller relevanten Annahmen und Schlüsse, die aus dem interpretativen Argument hervorgehen. Formuliere zusätzlich alternative Interpretationen der Testwerte.
3. Evaluiere (empirisch und/oder logisch) die zentralen sowie die problematischsten Annahmen, die aus dem interpretativen Argument hervorgehen. Als Resultat dieser Evaluation könnte das interpretative Argument verworfen oder modifiziert werden.
4. Formuliere das interpretative Argument sowie das Validitätsargument wenn nötig neu und wiederhole 3 solange, bis alle aus dem interpretativen Argument hervorgehenden Schlüsse plausibel sind oder das interpretative Argument endgültig verworfen wird.

Es bleibt zu ergänzen, dass dem hypothetisch-deduktiven Ansatz folgend, ein interpretatives Argument auch nach erfolgreicher Absolvierung aller vier Stufen natürlich nur vorläufig angenommen werden kann. Eine Falsifizierung zu einem späteren Zeitpunkt ist möglich.

Kane (2001) sieht die Stärke des argumentbasierten Ansatzes darin, dass er Hinweise liefert, welche Fragestellungen zur Validierung einer Interpretation von Testwerten zu untersuchen sind. Kann das interpretative Argument aufgrund der empirischen Daten nicht verworfen werden, dann liefert der Ansatz eindeutige Interpretationshinweise der Testwerte. Durch dieses Vorgehen grenzt sich der argumentbasierte Ansatz von dem schwachen Ansatz ab und nähert sich – auch ohne formale Theorie – dem starken Ansatz an.

Kürzlich wurde von Borsboom, Mellenbergh und van Heerden (2004) eine neue Konzeption von Validität vorgelegt. Die Autoren beschreiben eine einfache Definition von Validität, die aus zwei Bedingungen besteht. Ein Test ist dann ein valides Instrument zur Messung eines spezifizierten Konstrukts, wenn einerseits das Konstrukt tatsächlich existiert und andererseits Variationen des Konstruktes Variationen in den Testwerten kausal bedingen. Auch wenn der Ansatz von Borsboom et al. (2004) aufgrund seiner Aktualität bislang noch nicht eingehend diskutiert wurde, scheint er mit dem strengen Ansatz von Cronbach und Meehl (1955) und auch dem argumentbasierten Ansatz prinzipiell gut vereinbar. Die sparsame, klare Definition von Validität könnte neue Impulse in der Validitätstheorie geben.

2.1.2 Rechnerische Bestimmung der Konstruktvalidität

Nachdem sich das vorherige Kapitel 2.1.1 mit der historischen Entwicklung der Validitätstheorie beschäftigte, werden in diesem Kapitel Möglichkeiten zur rechnerischen Bestimmung der Validität der Interpretation von Testergebnisse dargestellt[1]. Es werden dabei die beiden Facetten der Konstruktvalidität – die konvergente und die diskriminante Validität – unterschieden.

Das Ziel von Validitätsbemühungen kann vereinfacht ausgedrückt in der Überprüfung theoretischer Annahmen über den Zusammenhang latenter Konstrukte anhand empirischer Daten gesehen werden. Hierzu werden in den meisten Fällen Korrelationen zwischen den Testwerten, die mit dem zu validierenden Test erhoben wurden und den manifesten Ausprägungen anderer Merkmale zu denen ein theoretischer Zusammenhang erwartet wird (konvergente Validität) oder zu denen kein Zusammenhang erwartet wird (diskriminante Validität) bestimmt und anhand geeigneter Grenzwerte inferenzstatistisch getestet. Die Bestimmung der Validität durch die Berechnung von Korrelationen manifester Werte lässt sich aus den Annahmen der KTT begründen.

Im Rahmen der KTT wird angenommen, dass sich ein beobachteter Testwert x_{vi} einer Person v beim Test i in einen wahren Wert τ_{vi} und einen Fehlerwert ε_{vi} zerlegen lässt.

$$x_{vi} = \tau_{vi} + \varepsilon_{vi} \qquad (1)$$

---

[1] Nachfolgend wird der Einfachheit halber an Stellen, an denen keine genauere sprachliche Differenzierung nötig ist, von der Validität eines Tests gesprochen, obwohl genau genommen damit immer die Validität der Interpretation der Testergebnisse gemeint ist.

Hierbei wird angenommen, dass x_{vi} eine Realisierung der Zufallsvariablen X_{vi} mit Erwartungswert τ_{vi} und endlicher Varianz σ^2_x ist. Daraus ergibt sich in Verbindung mit (1), dass

$$E(\varepsilon_{vi}) = 0 \tag{2}$$

der Erwartungswert des Fehlers 0 ist. Es folgt weiter:

$$\varrho(\varepsilon_i, \tau_i) = 0 \tag{3}$$

$$\varrho(\varepsilon_i, \varepsilon_j) = 0 \tag{4}$$

Die Korrelation der Zufallsvariablen ε_i bei einem Test i mit dem wahren Wert τ_i des gleichen Tests i ist gleich 0. Gleiches gilt für die Korrelation des Fehlers bei einem Test i und dem Fehler bei einem zweiten Test j. Die Aussagen (2), (3) und (4) drücken letztendlich aus, dass alle Messfehler rein zufällig sind. Sie machen in Verbindung mit (1) das Modell der KTT aus.

Für die nachfolgenden Darstellungen wird die oben dargestellte allgemeine Schreibweise etwas vereinfacht. Das Modell (1) wird nun in der Form

$$X = T + E \tag{5}$$

geschrieben, wobei X für die Zufallsvariable X bei einem Test i steht. T bezeichnet die Variable τ_i, welche aufgrund der wahren Werte durch Zufallsauswahl von Individuen aus einer theoretisch unendlich großen Population entsteht. Mit E wird die Fehlervariable bezeichnet.

Betrachtet man nun die Varianzen von beobachtetem Wert, wahrem Wert und Fehlerwert, dann zeigt sich:

$$\sigma^2(X) = \sigma^2(T + E) = \sigma^2(T) + \sigma^2(E) + 2\sigma(T, E) \tag{6}$$

Aufgrund von (3) wird die Kovarianz zwischen dem wahren Wert und dem Fehlerwert 0, so dass gilt:

$$\sigma^2(X) = \sigma^2(T) + \sigma^2(E) \tag{7}$$

Die Varianz der beobachteten Testwerte ist also gleich der Summe aus der Varianz der wahren Werte und der Messfehlervarianz. Diese Varianzzerlegung findet Verwendung bei der Bestimmung der Reliabilität. Die Reliabilität $\varrho(X, X')$ gibt die Zuverlässigkeit einer Messung an. Sie ist durch den Anteil der wahren Varianz an der Gesamtvarianz definiert (vgl. Fischer, 1974).

$$\varrho(X,X') = \frac{\sigma^2(T)}{\sigma^2(X)} \tag{8}$$

Je höher der Anteil der wahren Varianz an der Gesamtvarianz ist, desto höher ist auch die Reliabilität. Die Korrelation (8) lässt sich allerdings nicht direkt berechnen, da für den als latente Variable konzeptualisierten wahren Wert T keine manifesten Werte vorliegen. Unter Verwendung des Hilfskonzepts der parallelen Messungen wird (8) aber berechenbar. Zwei unabhängige Messungen X und X' heißen parallel, wenn

$$E(X) = E(X') = E(T) \text{ und } \sigma^2(X) = \sigma^2(X') \tag{9}$$

gilt (zur Herleitung s. z. B. Fischer, 1968). Es kann gezeigt werden, dass sich die Korrelation von zwei parallelen Messungen X und X' in den Anteil der wahren Varianz an der Gesamtvarianz und somit in (8) überführen lässt. Ausgangspunkt dafür ist die Formel der Produkt-Moment-Korrelation:

$$\varrho(X,X') = \frac{E\left[\left(X - E(X)\right)\left(X' - E(X')\right)\right]}{\sigma(X)\sigma(X')} \tag{10}$$

Ersetzt man $X - E(X)$ durch X* und $X' - E(X')$ durch $X'*$, dann wird aus (10) für zwei parallele Tests:

$$\begin{aligned} \varrho(X,X') = \varrho(X*,X'*) = \frac{E\left[(T* + F)(T'* + F')\right]}{\sigma^2(X)} = \\ \frac{E(T*^2)}{\sigma^2(X)} = \frac{\sigma^2(T*)}{\sigma^2(X)} = \frac{\sigma^2(T)}{\sigma^2(X)} \end{aligned} \tag{11}$$

Es zeigt sich, dass die Reliabilität eines Tests durch die Korrelation eines Tests mit seinem Paralleltest berechnet werden kann. Ansätze zur praktischen Bestimmung der Reliabilität sind in der Psychologie einerseits allgemein bekannt und stehen andererseits nicht im Zentrum der vorliegenden Arbeit, weshalb auf eine ausführliche Darstellung verzichtet wird (s. hierzu z. B. Fischer, 1968, 1974; Kristof 1983; Lord & Novick, 1974).

Die Berechnung der Validität geht auf den gleichen Grundgedanken zurück, der auch der Berechnung der Reliabilität zugrunde liegt. Zur Bestimmung der Validität wird allerdings nicht die Korrelation der manifesten Testwerte von zwei parallelen Tests berechnet, sondern die Korrelation der manifesten Testwerte eines zu validierenden Tests mit den manifesten Werten eines Kriteriums. Das Kriterium soll dabei das gleiche Merkmal messen wie der zu validierende Test. Es kann sich bei dem Kriterium um einen weiteren Test oder ein anderes Verhaltensmaß handeln. Auch für das Validitätskriterium Y kann angenommen werden, dass sich die manifesten Testpunktwerte in einen wahren Wert T_Y und einen Fehlerwert E_Y dekomponieren lassen:

$$Y = T_Y + E_Y \tag{12}$$

Die Validität berechnet sich nun anhand der Korrelation der manifesten Testwerte mit den manifesten Kriteriumswerten durch

$$\varrho(X,Y) = \frac{\sigma(X,Y)}{\sigma(X)\,\sigma(Y)}. \tag{13}$$

Durch Einsetzen von (5) und (12) in (13) lässt sich schreiben:

$$\begin{aligned} &\frac{\sigma(X,Y)}{\sigma(X)\sigma(Y)} = \frac{\sigma(T+E,T_Y+E_Y)}{\sigma(T+E)\sigma(T_Y+E_Y)} = \\ &\frac{\sigma(T,T_Y)+\sigma(T,E_Y)+\sigma(E,T_Y)+\sigma(E,E_Y)}{\left(\sigma(T)+\sigma(E)+2\sigma(T,E)\right)\left(\sigma(T_Y)+\sigma(E_Y)+2\sigma(T_Y,E_Y)\right)} = \\ &\frac{\sigma(T,T_Y)}{\sigma(T)\sigma(T_Y)} = \varrho(T,T_Y) \end{aligned} \tag{14}$$

Es zeigt sich, dass – Gültigkeit der Annahmen der KTT vorausgesetzt – die Korrelation der manifesten Testwerte mit den manifesten Kriteriumswerten der Korrelation der wahren Werte von dem zu validierenden Test und den wahren Werten des Kriteriums entspricht. Anhand der Korrelation der manifesten Werte können also Aussagen über latente Zusammenhänge geschlossen werden. Diese Zusammenhänge geben die Validität der Interpretation der mit einem Test erhobenen Werte an.

Vergleicht man die Aussagen (11) und (13), dann wird ersichtlich, dass die Validität der Reliabilität entspricht, wenn ein Test an einem Paralleltest validiert wird. Die Reliabilität eines Tests ist also gleich der Validität dieses Tests in Bezug auf seinen Paralleltest.

Die Bestimmung der Validität anhand von Korrelationen wurde ursprünglich für die kriteriumsorientierte Validierung entwickelt, wird aber in gleicher Weise auch zur Bestimmung der konstruktorientierten Validität verwendet. Die strenge Annahme, dass das zu messende Konstrukt in perfekter Weise durch das Kriterium realisiert wird, wird bei der Untersuchung der Konstruktvalidität gelockert. Hier wird aufgrund theoretischer Überlegungen festgelegt, ob ein Zusammenhang zu erwarten ist (konvergente Validität), oder ob kein beziehungsweise ein niedriger Zusammenhang zu erwarten ist (diskriminante Validität) und anhand empirischer Daten überprüft.

Ohne näher auf die Kritik an der KTT einzugehen, sei an dieser Stelle angemerkt, dass die als Varianzverhältnisse definierten Konzepte Reliabilität und Validität notgedrungen auch von der Merkmalsverteilung der zugrunde liegenden Population abhängen. Bei der Beurteilung der Reliabilität oder der Validität eines Tests ist also immer zu bedenken, dass diese nicht nur das Testverfahren alleine charakterisieren, sondern auch die Verteilung des Merkmals in der zugrunde liegenden Population (vgl. Fischer, 1974 oder Rost, 2004).

In der Abbildung 1 wird die Bestimmung von Reliabilität und Validität aufgrund der Korrelation manifester Variablen zusammenfassend dargestellt.

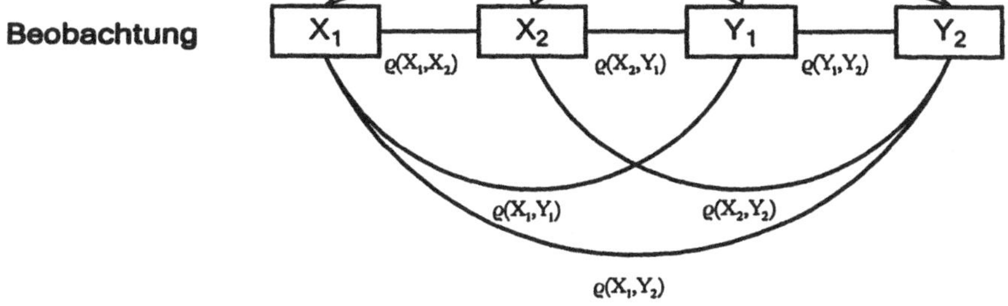

Abbildung 1: Schematische Darstellung der Annahmen der Klassischen Testtheorie zum Zusammenhang zwischen Theorie und Beobachtung für zwei latente Variablen T_X und T_Y und vier manifeste Variablen X_1, X_2, Y_1 und Y_2 (modifiziert und erweitert nach Schmidt, 1992, S. 57).

Zwei im Bereich der Theorie verortete latente Variablen T_X und T_Y werden durch je zwei parallele Tests X_1, X_2 und Y_1, Y_2 operationalisiert. Die Striche, mit denen die Variablen verbunden sind, kennzeichnen ursächliche Einflüsse, die sich in stochastische Zusammenhänge jedweder Form äußern können. Im Rahmen der KTT werden diese meistens durch Korrelationen untersucht. Bei Gültigkeit der Annahmen der KTT kann von den Korrelationen $\varrho(X_1, X_2)$ und $\varrho(Y_1, Y_2)$ auf die Reliabilität der Tests geschlossen werden. Die Korrelationen $\varrho(X_1, Y_1)$, $\varrho(X_1, Y_2)$, $\varrho(X_2, Y_1)$ und $\varrho(X_2, Y_2)$ erlauben Rückschlüsse auf die Validität der Interpretation der mit diesen Tests erhobenen Werte.

Aus den Annahmen der KTT lassen sich Gesetzmäßigkeiten über den Zusammenhang von Reliabilität und Validität ableiten, die nachfolgend dargestellt werden. Gegeben seien zwei manifeste Testwerte X und Y für die entsprechend (5) gilt $X = T + E$ sowie $Y = T_Y + E_Y$. Da X und Y im Allgemeinen nicht fehlerfrei gemessen werden können, weisen beide Tests eine nicht optimale Reliabilität von $\varrho(X, X') < 1$ beziehungsweise $\varrho(Y, Y') < 1$ auf. Aufgrund der nicht optimalen Reliabilität ist auch die berechnete Validität $\varrho(X, Y)$ gegenüber dem theoretischen Maximum vermindert. Gerade das theoretische Maximum ist aber oft von Interesse, da es angibt, in welchem Ausmaß zwei Variablen miteinander korrelieren würden, wenn man vom Einfluss der Messfehler absieht. Das theoretische Maximum des Zusammenhangs zwischen den wahren Werten zweier mit Messfehlern behafteter Tests berechnet sich durch

$$\begin{aligned}\varrho(T,T_Y) &= \frac{\sigma(T,T_Y)}{\sigma(T)\sigma(T_Y)} = \frac{\sigma(X,Y)}{\sigma(T)\sigma(T_Y)} \\ &= \frac{\sigma(X,Y)}{\sigma(X)\sigma(Y)} \Big/ \frac{\sigma(T)}{\sigma(X)} \cdot \frac{\sigma(T_Y)}{\sigma(Y)} = \frac{\varrho(X,Y)}{\sqrt{\varrho(X,X')\varrho(Y,Y')}}.\end{aligned} \tag{15}$$

Der Zusammenhang (15) wird in der Literatur als doppelt minderungskorrigierte Korrelation (Fisseni, 2004; Schmidt, 1992) oder von Kristof (1983) als minderungskorrigierte Korrelation bezeichnet. Er gibt das theoretische Maximum der Korrelation zwischen zwei manifesten Variablen X und Y an, wenn für beide ein Messfehler angenommen wird.

Nimmt man für Y eine perfekte Messung an - wie dies beispielsweise beim kriteriumsorientierten Ansatz der Validität der Fall ist - dann ist die Minderungskorrektur wie folgt vorzunehmen:

$$\varrho(T,Y) = \frac{\varrho(X,Y)}{\sqrt{\varrho(X,X')}} \tag{16}$$

Die Aussage (16) wird als einfache minderungskorrigierte (Fisseni, 2004; Schmidt, 1992) oder teilminderungskorrigierte (Kristof, 1983) Korrelation bezeichnet. Laut Michel und Conrad (1982) sind die durch (15) und (16) formalisierten minderungskorrigierten Validitätskoeffizienten für die Praxis der Testpsychologie wenig dienlich, da sie keine empirischen Zusammenhänge aufhellen, sondern vielmehr theoretische Systemstrukturen abbilden. Auf theoretischer Ebene erscheinen sie aber trotzdem als nützlich, da sie auf zwei interessante Sachverhalte hinweisen. Einerseits lässt sich aus (15) der Maximalwert eines Validitätskoeffizienten bei gegebener Reliabilität bestimmen, und andererseits weist es auf das so genannte Verdünnungsparadoxon hin. Beide werden nachfolgend beschrieben.

Aus (15) kann abgeleitet werden, wie groß die Validität eines Tests bei gegebener Reliabilität maximal werden kann. Eine maximale Validität liegt dann vor, wenn sowohl der Zusammenhang der latenten Merkmale als auch die Reliabilität bei der Kriteriumsmessung optimal sind und somit 1 betragen. In diesem Fall ergibt sich:

$$\varrho(X,Y) = \sqrt{\varrho(X,X')} \tag{17}$$

Die Wurzel der Reliabilität ist demnach als obere Schranke der Validität anzusehen. Liegt die Reliabilität eines Tests beispielsweise bei $\varrho(X,X') = .64$, dann kann die Validität höchstens den Wert $\varrho(X,Y) = .80$ erreichen. Der Ausdruck (17) wird als Reliabilitätsindex bezeichnet.

Das Verdünnungsparadox erwächst ebenfalls direkt aus den Annahmen der KTT. Hält man den Zähler in (15) oder (16) konstant und erhöht den Nenner, dann sinkt der Zusammenhang der wahren Werte. Anders ausgedrückt sinkt die minderungskorrigierte Validität bei steigender Reliabilität der verwendeten Tests, wenn der beobachtete Zusammenhang gleich bleibt. Der wahre Zusammenhang steigt hingegen mit sinkenden Reliabilitäten. Dieser Sachverhalt wird von Fisseni (2004) dahingehend interpretiert, dass hohe Reliabilität und hohe Validität gemäß der KTT partiell unvereinbar sind. Es ist jedoch in Frage zu stellen, ob das Verdünnungsparadox in der Tat in dem Maße paradox ist, wie es auf den ersten Blick erscheinen mag. Die paradox wirkende Validitätsminderung ist ja nur für den Fall zu erwarten, in dem der beobachtete Zusammenhang $\varrho(X,Y)$ in geringerem Maße ansteigt als die Wurzel der Reliabilität eines oder beider Tests. Dies scheint keine besonders realistische Annahme für die Testpraxis zu sein. In der Testpraxis wird man zumeist vielmehr bei steigender Reliabilität einer oder beider Variablen auch eine Erhöhung der Korrelation $\varrho(X,Y)$ beobachten. Entspricht dieser Anstieg der Wurzel der Reliabilität eines oder beider Tests, dann wird die Steigerung der Reliabilität keine Minderung des Zusammenhangs der wahren

Werte $\varrho(T, T_Y)$ bewirken. Ist der Anstieg der Korrelation $\varrho(X, Y)$ größer als der Anstieg der Wurzel der Reliabilität eines oder beider Tests, dann ergibt sich sogar ein Anstieg der Korrelation der wahren Werte. Auftreten können die durch das Verdünnungsparadoxon beschriebenen Gegebenheiten aber durchaus, weshalb die Interdependenz von Reliabilität und Validität bei der Beurteilung der Höhe von Reliabilitäts- und Validitätskoeffizienten zu beachten ist.

Es kann geschlossen werden, dass die KTT eine gute Begründung für die Bestimmung der Konstruktvalidität anhand von Korrelationen liefert. Wie dies bei einer konkreten Anwendung zu erfolgen hat, unterscheidet sich je nachdem, ob der starke Ansatz oder der schwache Ansatz verfolgt wird (vgl. Kapitel 2.1.1). Wird der starke Ansatz verfolgt, dann können aus dem Bereich der Theorie direkt empirische Gesetze abgeleitet werden, die dann einer empirischen Prüfung zu unterziehen sind. Beim schwachen Ansatz können hingegen keine expliziten theoretischen Annahmen anhand empirischer Daten überprüft werden. Die Validität kann in diesem Fall nur aufgrund des Korrelationsmusters der Testwerte mit anderen Variablen näherungsweise erschlossen werden.

Bei der Bestimmung der Konstruktvalidität werden grundlegend zwei Facetten unterschieden – je nachdem, ob ein Zusammenhang zwischen der zu messenden Variablen und einer weiteren Variablen zu erwarten ist, oder ob kein Zusammenhang angenommen wird. Im ersten Fall spricht man von konvergenter Validierung und im zweiten Fall von diskriminanter Validierung.

Eine Möglichkeit beide Validitätsarten mit Hilfe einer Methode zu bestimmen, bietet die Multitrait-Multimethod-Analyse (MTMM), die auf Campbell und Fiske (1959) zurückgeht. Der Ansatz geht von einer Merkmals-Methoden-Einheit (engl.: *trait-method-unit*) aus. Die Autoren beschreiben damit den Gedanken, dass ein Merkmal niemals direkt, sondern immer mit einer bestimmten Methode erfasst wird. Sie nehmen an, dass die Beobachtungsergebnisse sowohl von dem zu messenden Merkmal, als auch von der eingesetzten Methode beeinflusst sind. Das Ziel der MTMM-Analyse besteht darin, die Einflüsse beider Komponenten aufgrund empirischer Daten zu trennen. Hierzu werden mehrere Merkmale (= traits) mit mehreren Methoden (= methods) beobachtet, um dann die erhaltenen Werte miteinander zu korrelieren. So könnten beispielsweise die Merkmale *Depressivität* und *Offenheit* mit den Methoden *Fragebogen*, *Selbstbeobachtung* und *unstandardisiertes Interview* erhoben werden. Zur Durchführung einer MTMM müssen von allen untersuchten Individuen Beobachtungswerte zu beiden Konstrukten vorliegen, die mit allen drei Methoden erhoben wurden. Insgesamt also je sechs Werte. Die Korrelationen werden in einer Korrelationsmatrix, der so genannten Multitrait-Multimethod-Matrix (MTMM-Matrix), zusammengestellt. Diese Matrix bildet die Grundlage der MTMM-Analyse. In ihr können konvergente und diskriminante Validitätskoeffizienten abgelesen werden. Korrelationen der Beobachtungswerte bei identischen Merkmalen und unterschiedlichen Methoden werden als konvergente Validitäten bezeichnet. Als diskriminante Validitäten gelten die Korrelationen der Beobachtungswerte von einem Konstrukt mit einem anderen Konstrukt, unabhängig davon ob die gleichen oder ob unterschiedliche Methoden verwendet wurden.

Campbell und Fiske (1959) beschrieben vier Kriterien zur Beurteilung der konvergenten und der diskriminanten Validität aufgrund der MTMM-Matrix:

1. Die konvergenten Validitäten sollen sich signifikant von 0 unterscheiden und eine substanzielle Höhe aufweisen.
2. Die konvergenten Validitäten sollen höher liegen als die diskriminanten Validitäten bei verschiedenen Methoden.
3. Die konvergenten Validitäten sollen höher liegen als die diskriminanten Validitäten bei gleicher Methode.
4. Die Muster der Korrelationen zwischen verschiedenen Merkmalen sollen über verschiedene Methoden vergleichbar sein.

Werden alle vier Kriterien erfüllt, dann kann auf gegebene Konstruktvalidität geschlossen werden. Obwohl die Kriterien von Campbell und Fiske plausibel sind, zeigt sich an ihnen auch das Hauptproblem der MTMM-Analyse: Die Kriterien geben nur wenig Anhaltspunkte dafür, wie ein inferenzstatistischer Test der Konstruktvalidität zu erfolgen hat. Einem MTMM-Anwender stellen sich hierbei viele Fragen: Ab welchem Grenzwert ist eine Korrelation als substanziell einzustufen? Wann liegen die konvergenten Validitäten hoch genug, um sich von den diskriminanten Validitäten hinreichend zu unterscheiden? Wie ist zu beurteilen, ob die Korrelationsmuster über verschiedene Methoden vergleichbar sind? Die Probleme der Campbell und Fiske-Kriterien werden beispielsweise bei Marsh (1989) sowie Schmitt und Stults (1986) ausgiebig diskutiert.

Die Probleme der Auswertung von MTMM-Analysen nach den Kriterien von Campbell und Fiske haben zur Entwicklung von mehreren alternativen Analysemöglichkeiten geführt. Aktuelle MTMM-Modelle verwenden Strukturgleichungsmodelle zur Untersuchung der Konstruktvalidität. Methodenvergleiche derartiger Modelle finden sich bei Bagozzi (1993), Byrne und Goffin (1993) sowie bei Marsh und Grayson (1995).

2.1.3 Inferenzstatistischer Test der Konstruktvalidität

An der Konstruktvalidität wurde wiederholt kritisiert, dass das Vorgehen bei der Validierung in gewissen Maßen beliebig gestaltet werden kann. Es fehle der Konstruktvalidierung an methodischer Strenge (Pervin, 1981, zitiert nach Fisseni, 2004). Nachfolgend werden Möglichkeiten zur inferenzstatistischen Absicherung der Konstruktvalidität angeführt, mit denen die kritisierte Beliebigkeit der Konstruktvalidierung gemindert werden kann. Es werden Möglichkeiten dargestellt, die es erlauben für Leistungs- und Persönlichkeitstests Korrelationsgrenzwerte festzulegen, an denen ein inferenzstatistischer Test der Konstruktvalidität erfolgen kann.

Der inferenzstatistische Test erfolgt für die konvergente und die diskriminante Validität nach dem gleichen Ansatz: Aus dem Bereich der Theorie werden Annahmen abgeleitet, es werden empirische Daten, die eine Überprüfung der Annahmen erlauben, erhoben und inferenzstatistisch getestet. Die theoretischen Annahmen beziehen sich in der Regel auf Zusammenhänge latenter Konstrukte. Die Zusammenhänge der latenten Variablen können über die Höhe von Korrelationen auf manifester Ebene geschätzt werden. Für den inferenzstatistischen Test sind Grenzwerte von Korrelationskoeffizienten festzulegen. Hierbei resultieren bei der konvergenten Validität und der diskriminanten Validität unterschiedliche Grenzwerte. Bei der konvergenten Validität sind Grenzwerte festzulegen, die mindestens erreicht werden müssen. Bei der diskriminanten Validität sind Grenzwerte festzulegen, die nicht überschritten (bei positiven Grenzwerten) beziehungsweise die nicht unterschritten (bei negativen Grenzwerten) werden dürfen. Die Begründung der festgesetzten Grenzwerte unterscheidet sich in Abhängigkeit davon, ob der schwache Ansatz oder der starke Ansatz der Konstruktvalidierung verfolgt wird.

Beim schwachen Ansatz liegt das Problem vor, dass keine theoretische Basis verfügbar ist, aus der Hypothesen über Korrelationen des Testmerkmals mit anderen Konstrukten abgeleitet werden können. Da nicht klar ist, zu welchen Konstrukten Zusammenhänge zu erwarten sind und zu welchen nicht, können auch keine Grenzwerte von Korrelationskoeffizienten für einen inferenzstatistischen Test der Validität festgelegt werden. Dem schwachen Ansatz folgende Validierungsbemühungen können deshalb nur datengetrieben sein und versprechen aus diesem Grund keine Erkenntnisse, die über die jeweilige Datenlage hinausgehen (vgl. Anastasi, 1986). Der schwache Ansatz wird nachfolgend nicht weiter dargestellt. Beim starken Ansatz dürfte die Festlegung eines Grenzwertes hingegen in den meisten Fällen keine großen Schwierigkeiten bereiten, da er aus dem Bereich der Theorie abgeleitet werden kann. Wie dies erfolgen kann, wird nachfolgend für die konvergente und die diskriminante Validität dargestellt.

Konvergente Validität

Der inferenzstatistische Test von konvergenten Validitätskoeffizienten eines Testverfahrens folgt dem oben beschriebenen Ansatz und birgt keine schwerwiegenden konzeptuellen Probleme. Aufgrund des Bereichs der Theorie werden manifeste Variablen bestimmt, die theoretisch verwandte Konstrukte oder auch das gleiche Konstrukt messen, wie der zu validierende Test. Formt man (15) nach $\varrho(X,Y)$ um, dann erhält man:

$$\varrho(X,Y) = \varrho(T,T_Y) \cdot \sqrt{\varrho(X,X') \cdot \varrho(Y,Y')} \quad (18)$$

Durch Einsetzen in (18) kann die Mindestkorrelation zwischen den manifesten Testwerten X des zu validierenden Tests und einer manifesten konvergenten Variablen Y bestimmt werden. Nullhypothese ist dabei, dass die beobachtete Korrelation kleiner oder gleich (bei positivem Grenzwert) beziehungsweise größer oder gleich dem festgelegten Grenzwert $\varrho(X,Y)$ ist.

Der strengste inferenzstatistische Test eines zu validierenden Tests an einem Messverfahren, das das gleiche Konstrukt misst, würde beim Einsetzen von $\varrho(T,T_Y) = 1$ und $\varrho(X,X') = 1$ resultieren. In diesem Falle wäre zu testen, ob die manifeste Korrelation $\varrho(X,Y)$ größer oder gleich dem Reliabilitätsindex $\sqrt{\varrho(Y,Y')}$ ist, um von gegebener konvergenter Validität ausgehen zu können. In der Praxis wird ein derart strenger inferenzstatistischer Test sicherlich selten zur Anwendung kommen. Dies hat zwei Gründe. Erstens ist die Annahme einer perfekten Reliabilität des neu entwickelten Tests für psychologische Testverfahren in den meisten Fällen als unrealistisch einzuschätzen. Zweitens werden neue Tests in der Regel mit der Zielsetzung entwickelt, ein latentes Konstrukt besser abzubilden als bereits bestehende Verfahren. In diesem Fall wäre keine perfekte Korrelation der latenten Variablen zu erwarten. Wird, wie im obigen Beispiel, eine latente Korrelation von 1 erwartet, dann bestünde das Ziel der Testneuentwicklung darin, exakt das gleiche latente Konstrukt zu messen wie das bereits bestehende Messverfahren.

Als Grenzwert eines Korrelationskoeffizienten für einen inferenzstatistischen Test der konvergenten Validität wird demnach zumeist ein Wert Verwendung finden, der kleiner als der Reliabilitätsindex ist. Welcher Wert in einem konkreten Fall verwendet wird, ist aufgrund theoretischer Überlegungen und nachfolgendem Einsetzen in (18) zu bestimmen.

Diskriminante Validität

Prinzipiell folgt der inferenzstatistische Test der diskriminanten Validität dem gleichen Ansatz wie der inferenzstatistische Test der konvergenten Validität. Beim inferenzstatistischen Test der diskriminanten Validität werden allerdings aufgrund theoretischer Überlegungen latente Konstrukte ausgewählt, die mit dem Konstrukt, das der zu validierende Test zu messen vorgibt, keinen oder einen im Betrag niedrigen Zusammenhang aufweisen. Grenzwerte, für die maximal zu tolerierende Korrelationen zwischen den manifesten Testwerten des zu validierenden Tests und den manifesten Werten des Konstrukts, zu dem kein oder ein im Betrag niedriger Zusammenhang theoretisch zu erwarten ist, können durch Einsetzen in (18) festgelegt werden. Die Nullhypothese der diskriminanten Validität ist hierbei, dass die berechnete Korrelation kleiner oder gleich dem festgelegten Grenzwert ist (bei positivem Grenzwert), beziehungsweise, dass die berechnete Korrelation größer oder gleich dem festgelegten Grenzwert ist (bei negativem Grenzwert). Ist die berechnete Korrelation signifikant höher als der Grenzwert (bei positivem Grenzwert), oder ist die berechnete Korrelation signifikant niedriger als der Grenzwert (bei negativem Grenzwert), dann kann die Nullhypothese der diskriminanten Validität verworfen werden, da sich die theoretisch erwartete Abgrenzung zu dem anderen Konstrukt nicht zeigt. Der Test misst also nicht das, was er zu messen vorgibt. Das beschriebene Vorgehen birgt allerdings das konzeptuelle Problem, dass der herkömmliche Signifikanztest nur Aussagen über den Fehler erster Art macht, also über die Wahrscheinlichkeit mit der eine Nullhypothese irrtümlich verworfen wird. Hinweise auf die Wahrscheinlichkeit des Zutreffens der Nullhypothese gibt der herkömmliche Signifikanztest bekanntermaßen nicht. Nicht signifikante Korrelationskoeffizienten können somit zwar als plausibler Hinweis, aber nicht als Beleg für die diskriminante Validität interpretiert werden. Um diese Problematik abzumildern, ist es bei der Bestimmung der diskriminanten Validität besonders wichtig, vor Beginn der Datenerhebung dezidierte Annahmen über die Höhe der maximal zu tolerierenden Korrelation der manifesten Werte zu treffen. Mit Hilfe dieser Korrelation (Effektstärke), des Alphafehler-Niveaus und der angestrebten Teststärke kann die optimale Stichprobengröße der geplanten Validitätsstudie a-priori festgelegt werden. Obwohl auch dieses Vorgehen eine Bestätigung der Annahme der diskriminanten Validität nicht erlaubt, mindert es aber die Wahrscheinlichkeit, Verletzungen der Annahme der diskriminanten Validität aufgrund zu geringer Stichprobengröße irrtümlicherweise nicht zu entdecken.

Beim inferenzstatistischen Test der diskriminanten Validität können zwei unterschiedlich strenge Ansätze differenziert werden. Der erste Ansatz wird in Anlehnung an die vor Gericht verwendete Redewendung *die Wahrheit und nichts als die*

Wahrheit als *das Konstrukt und nichts als das Konstrukt* bezeichnet. Der weniger strenge zweite Ansatz wird *vor allem das Konstrukt* genannt. Beide Ansätze werden mit je einem hypothetischen Beispiel aus dem Leistungs- und dem Persönlichkeitsbereich dargestellt.

Das Konstrukt und nichts als das Konstrukt

Der Ansatz *das Konstrukt und nichts als das Konstrukt* erlaubt einen strengen inferenzstatistischen Test der diskriminanten Validität. Er kommt zur Anwendung, wenn sichergestellt werden soll, dass manifeste Testwerte nur auf das abzubildende latente Konstrukt und nicht auf ein anderes latentes Konstrukt, zu dem auf theoretischer Ebene keine Zusammenhänge angenommen werden, zurückgeführt werden können. Gefährden manifeste Variablen die theoriekonforme Operationalisierung eines Konstrukts dann werden sie nachfolgend *potenzielle Störvariablen* genannt.

> Definition: Eine manifeste Variable wird als potenzielle Störvariable bezeichnet, wenn sie aufgrund theoretischer Überlegungen ein substanziell anderes latentes Konstrukt repräsentiert als das latente Konstrukt, das es zu messen gilt und gleichzeitig Zusammenhänge zwischen Messwerten beider Konstrukte angenommen werden müssen.

Damit eine manifeste Variable als potenzielle Störvariable gelten kann, müssen demnach zwei Bedingungen erfüllt sein. Einerseits müssen auf theoretischer Ebene das zu messende Merkmal und die potenzielle Störvariable zwei substanziell zu unterscheidende Konstrukte darstellen. Inwieweit dies zutrifft, ist aufgrund theoretischer Überlegungen zu entscheiden. Andererseits müssen auf manifester Ebene, Zusammenhänge zwischen Messwerten beider Konstrukte zu befürchten sein. Inwieweit dies zutrifft, kann aufgrund vorliegender empirischer Ergebnisse beantwortet werden.

Als Beispiel für den Leistungsbereich soll der Zusammenhang der Konstrukte Intelligenz und Prüfungsangst dienen. Prüfungsangst beschreibt eine situationsspezifische Disposition in Stress induzierenden Situationen, wie beispielsweise Klausuren, psychologischen Leistungstests oder öffentlichen Reden, mit Angst zu reagieren (Hodapp, Glanzmann & Laux, 1995). Genaueres zur Prüfungsangst findet sich im Kapitel 2.4. Intelligenz und Prüfungsangst stellen auf theoretischer Ebene substanziell andere Konstrukte dar. Gleichzeitig sind auf manifester Ebene Zusammenhänge zwischen den Messwerten beider Konstrukte zu erwarten. Bei der Metaanalyse von Hembree (1988) zeigte sich für Schulkinder ab der vierten Klasse eine signifikante mittlere Korrelation von -.23 zwischen Intelligenz und Prüfungsangst. Prüfungsangst kann somit gemäß obiger Definition als potenzielle Störvariable bei der Messung der Intelligenz klassifiziert werden. In Prüfungsangst induzierenden Situationen wären für Individuen mit hoher

Ausprägung der Prüfungsangst niedrigere Intelligenzwerte zu erwarten, als für Probanden mit niedrigerer Ausprägung der Prüfungsangst. Die gemessenen Intelligenzwerte enthielten in diesem Fall sowohl Informationen des zu messenden Konstrukts Intelligenz, als auch des nicht zu messenden Konstrukts Prüfungsangst. Für eine theoriekonforme Operationalisierung von Intelligenz wären aber Intelligenztestwerte anzustreben, die ausschließlich durch die Intelligenzausprägung der getesteten Individuen bestimmt sind. Zur Sicherstellung der diskriminant validen Interpretation der Ergebnisse des hypothetischen Intelligenztests als Intelligenzleistung, wäre demnach von theoretischer Seite eine Nullkorrelation zwischen Intelligenz und Prüfungsangst zu fordern. Zum inferenzstatistischen Test dieser Annahme ist zu prüfen, ob die Korrelation zwischen manifesten Intelligenzwerten und manifesten Prüfungsangstwerten signifikant von 0 abweicht. Ergäbe sich kein signifikantes Ergebnis, dann könnte die Nullhypothese der diskriminanten Validität beibehalten werden. Ergäbe sich allerdings eine signifikant von 0 abweichende Korrelation, dann wäre die Hypothese der diskriminanten Validität zu verwerfen. Der dargestellte strenge Test der diskriminanten Validität der manifesten Werte gegen 0, kann allgemein für alle Leistungstests Anwendung finden, die vorgeben maximale Leistungen zu messen.

Auch bei der Untersuchung der diskriminanten Validität von Persönlichkeitstests kann der strenge Ansatz nach dem Ansatz *das Konstrukt und nichts als das Konstrukt* Verwendung finden. Soll beispielsweise ein Test zur Messung des Personmerkmals *Xenophobie* (Fremdenfeindlichkeit) validiert werden, dann sind manifeste Zusammenhänge mit der potenziellen Störvariablen *soziale Erwünschtheit* als unerwünscht einzustufen. Auch in diesem Fall wäre die Nullhypothese der diskriminanten Validität des Xenophobie-Tests hinsichtlich der sozialen Erwünschtheit zu verwerfen, wenn sich signifikante Korrelationen auf manifester Ebene zwischen den beiden Merkmalen zeigen würden.

Die bei dem Ansatz *das Konstrukt und nichts als das Konstrukt* getestete Nullhypothese der diskriminanten Validität wird in Abbildung 2 durch ein Venn-Diagramm dargestellt. In diesem, sowie in allen weiteren Venn-Diagrammen der vorliegenden Arbeit, wird die Varianz einer Variablen durch die Fläche der ihr zugeordneten Kreisfläche repräsentiert. Die Schnittfläche zweier Kreise repräsentiert die gemeinsame Varianz von zwei Variablen. Diese Interpretation der Flächen in einem Venn-Diagramm wird beispielsweise von Kennedy (2002) vorgeschlagen. Das Venn-Diagramm in Abbildung 2 zeigt zwei gleichgroße Kreise, die sich nicht überschneiden. Die Fläche von A repräsentiert die Varianz der manifesten Werte bei einem zu validierenden Test und die Fläche von B die Varianz der manifesten Werte einer potenziellen Störvariablen. Beide Kreise verfügen über gleichgroße Flächen und weisen demnach gleiche Varianzen auf, wie dies beispielsweise bei

z-standardisierten Variablen der Fall ist. Die Variablen A und B haben in diesem Beispiel keine gemeinsame Varianz und überschneiden sich deshalb nicht.

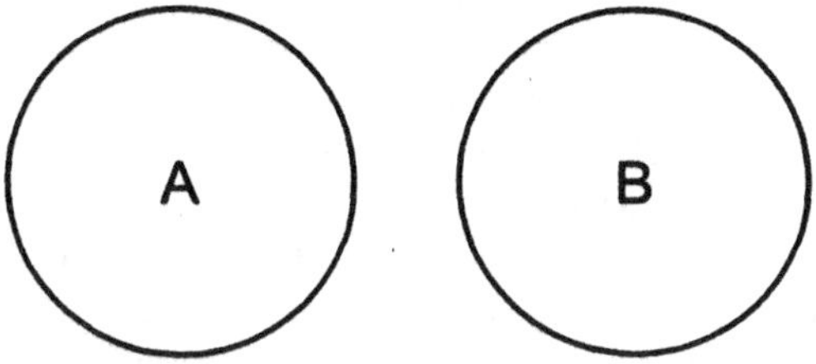

Abbildung 2: Venn-Diagramm der Nullhypothese der diskriminanten Validität für einen zu validierenden Test A und eine potenzielle Störvariable B: *das Konstrukt und nichts als das Konstrukt.*

Es ist hinzuzufügen, dass der dargestellte Ansatz nicht bedeutet, dass zur Sicherstellung der diskriminanten Validität von Tests eine theoretische Nullkorrelation zu allen denkbaren Merkmalen gefordert wird. Ein Test, der dieser Forderung genügen würde, wäre einerseits sicherlich kaum zu konstruieren (es sei denn, es gelänge einen Test zu entwickeln, der ausschließlich unsystematische Fehlervarianz misst) und andererseits für die Praxis wenig hilfreich, da dieser Test ja nur Aussagen über das gemessene Konstrukt erlaubt, dass aber mit keinem anderen Konstrukt in Zusammenhang steht. Es wird betont, dass sich die vorliegende Argumentation speziell auf Zusammenhänge von Testwerten mit potenziellen Störvariablen bezieht. Der Klassifikation von Variablen als potenzielle Störvariablen kommt demnach bei der Untersuchung der diskriminanten Validität hohe Relevanz zu, weshalb sie sorgfältig aufgrund theoretischer Überlegungen sowie vorliegender empirischer Ergebnisse erfolgen sollte.

Vor allem das Konstrukt

Ein weniger strenger Ansatz ist zu verfolgen, wenn die diskriminante Validität eines Tests hinsichtlich eines Konstrukts untersucht werden soll, zu welchem sowohl auf latenter als auch auf manifester Ebene Zusammenhänge angenommen werden. Um die Verwendung eines separaten Testverfahrens zu rechtfertigen, soll dieser Zusammenhang aber eine bestimmte Grenze nicht überschreiten. Der Ansatz *vor allem das Konstrukt* kann sowohl bei der Validierung von Leistungstests, als auch bei der Validierung von Persönlichkeitstests Verwendung finden.

Beispielsweise könnte die diskriminante Validität eines neu entwickelten Schulleistungstests für das Fach Mathematik hinsichtlich der Intelligenz untersucht werden. Für das vorliegende Beispiel sei von theoretischer Seite angenommen, dass schulische Leistungen im Fach Mathematik zwar nicht identisch mit Intelligenz, aber auch nicht als substanziell anderes Konstrukt anzusehen sind. Für viele Fragestellungen sei es aber durchaus sinnvoll, zwischen der Mathematikleistung und der Intelligenzleistung zu differenzieren. Somit wären auch auf manifester Ebene Korrelationen zwischen beiden Leistungsmaßen zu erwarten. Um sicherzugehen, dass der neu entwickelte Test in der Tat Mathematikleistungen und nicht nur Intelligenz misst, sollte die Korrelation zwischen Mathematikleistung und Intelligenz einen bestimmten Wert nicht überschreiten. Es ist ein Grenzwert der Korrelation zwischen den manifesten Mathematiktestwerten und den manifesten Intelligenztestwerten festzulegen, der zwischen einer Nullkorrelation und dem höchsten Wert liegt, den die Validität theoretisch annehmen kann, dem Reliabilitätsindex. Die Festlegung des Grenzwerts kann durch Einsetzen in (18) erfolgen. Nullhypothese ist, dass die Korrelation der manifesten Werte kleiner oder gleich dem Grenzwert (bei positiven Grenzwerten), beziehungsweise größer oder gleich dem Grenzwert (bei negativen Grenzwerten) ist. Kann aufgrund der Befunde die Nullhypothese verworfen werden, dann ist die diskriminante Validität des Mathematiktests hinsichtlich Intelligenz nicht gegeben. Kann die Nullhypothese nicht verworfen worden, dann kann die Annahme der diskriminanten Validität weiter aufrechterhalten werden. Prinzipiell möglich ist auch das Auftreten von Korrelationen, die den Grenzwerten entgegengesetzt sind, also ein anderes Vorzeichen als erwartet aufweisen. Sind diese Korrelationen signifikant von Null verschieden, dann muss generell die Konstruktvalidität von einem oder beiden der eingesetzten Verfahren in Frage gestellt werden.

Optimale Voraussetzungen zur Bestimmung eines Grenzwertes der Korrelation auf manifester Ebene liegen bei formal begründeten Theorien vor. In diesem Fall kann der Grenzwert direkt aus der Theorie abgeleitet werden. Beispielsweise nimmt die Verstärkerempfänglichkeitstheorie von Gray (1970, 1981) zwei zueinander orthogonale Dimensionen Belohnungsempfänglichkeit und Bestrafungsempfänglichkeit an. Die Theorie sagt aus, dass das durch die beiden Dimensionen aufgespannte Koordinatensystem um 30° gegenüber dem nach Eysenck und Eysenck (1985) ebenfalls orthogonalen Dimensionen Neurotizismus und Extraversion aufgespannten Koordinatensystem gedreht ist. Aus den Winkeln lassen sich direkt die theoretisch anzunehmenden Korrelationen zwischen den Konstrukten berechnen. Zwischen Neurotizismus und Belohnungsempfänglichkeit ist demnach eine Korrelation auf latenter Ebene von $\cos(30°) = .50$ zu erwarten. Würde nun die diskriminante Validität der Skala *Neurotizismus* des Eysenck

Personality Questionnaire (EPQ-R; Ruch, 1999) mit einer Reliabilität von $\alpha = .83$ hinsichtlich der Skala *Belohnungsempfänglichkeit* des Action Regulating Emotion Systems (ARES; Hartig & Moosbrugger, 2003) mit einer Reliabilität von $\alpha = .90$ bei einer angenommenen latenten Korrelation von .50 untersucht, dann ergäbe sich nach Einsetzen in (18) ein Grenzwert für die Korrelation der manifesten Werte von .43. Die Annahme der diskriminanten Validität der Neurotizismusskala des EPQ hinsichtlich der Belohnungsempfänglichkeits-Skala des ARES wäre zu verwerfen, wenn eine signifikant höhere Korrelation als .43 zu beobachten wäre.

Abbildung 3 zeigt ein Venn-Diagramm einer möglichen Nullhypothese beim Test der diskriminanten Validität nach dem Ansatz *vor allem das Konstrukt*. Es wird eine Situation dargestellt, in der ein moderater Zusammenhang der manifesten Werte von Konstrukt A mit den manifesten Werten eines zweiten Konstrukts B erwartet wird. Auch hier weisen die beiden Kreise wieder gleiche Flächen auf, was ausdrückt, dass die manifesten Merkmale A und B gleiche Varianzen haben. Die Größe der maximal zu tolerierenden gemeinsamen Varianz wird durch die Größe der Schnittfläche der beiden Kreise dargestellt. Der Anteil der Schnittfläche AB, an der durch beide Kreise abgedeckten Gesamtfläche, beträgt 30%. Es wird also eine maximale Korrelation von $r(\text{A},\text{B}) = \sqrt{0.3} = 0.55$ erwartet. Ergibt sich ein signifikant höherer (bei positivem Grenzwert) beziehungsweise ein signifikant niedrigerer (bei negativem Grenzwert) manifester Zusammenhang zwischen A und B, dann muss die Nullhypothese der diskriminanten Validität verworfen werden. Überschreitet der Zusammenhang zwischen A und B nicht den Grenzwert (bei positivem Grenzwert), beziehungsweise unterschreitet der Zusammenhang zwischen A und B nicht den Grenzwert (bei negativem Zusammenhang), dann kann sie beibehalten werden.

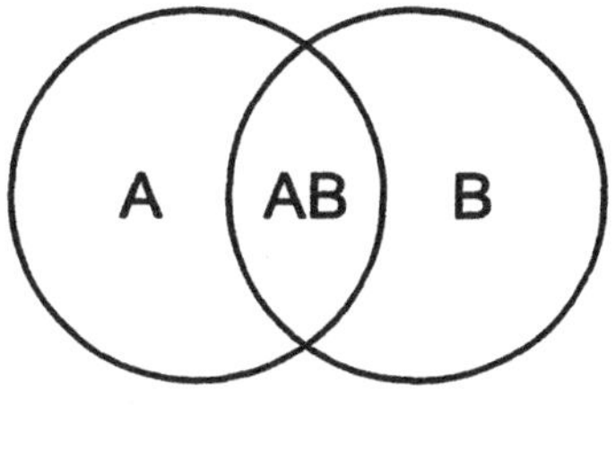

Abbildung 3: Venn-Diagramm der Nullhypothese der diskriminanten Validität für einen Test zur Messung des Konstrukts A hinsichtlich des Konstrukts B nach dem Ansatz *vor allem das Konstrukt*.

An dieser Stelle wird deutlich, dass keine strenge Trennung zwischen diskriminanter und konvergenter Validität besteht. Je näher sich der theoretisch angenommene – und somit für einen inferenzstatistischen Test zu verwendende – Korrelationskoeffizient der Höhe des Reliabilitätsindexes des Testverfahrens annähert, umso mehr geht die diskriminante Validität in die konvergente Validität über. Trotzdem erscheint eine sprachliche Unterscheidung der beiden Validitätsarten sehr hilfreich, da durch diese Differenzierung angezeigt werden kann, ob das Ziel einer Validierung in der Abgrenzung der manifesten Variablen von anderen Konstrukten (diskriminante Validität), oder in der Übereinstimmung der manifesten Variablen mit dem zu messenden latenten Konstrukt (konvergente Validität) liegt.

Über das Konzept der diskriminanten Validität hinausgehend kann an diesem Punkt diskutiert werden, welcher Schluss zu ziehen ist, wenn sich bei dem Ansatz *vor allem das Konstrukt* eine signifikant niedrigere Korrelation (bei positivem Grenzwert), beziehungsweise eine signifikant höhere Korrelation (bei negativem Grenzwert) als der festgelegte Grenzwert ergibt. In diesem Fall kann die Annahme der diskriminanten Validität nicht verworfen werden. Das Ergebnis weist aber gleichzeitig darauf hin, dass das Verfahren die zugrunde liegende Theorie möglicherweise nicht konstruktvalide wiedergibt. Dies wäre mit weiteren Studien zu untersuchen.

Abschließend ist hinzuzufügen, dass Aussagen über die Konstruktvalidität nicht nur aufgrund von Korrelationen gemacht werden können. Prinzipiell sind viele Zugänge möglich. Zentral ist dabei aber immer, dass theoretische Annahmen adäquat anhand von empirischen Daten überprüft werden. Zuweilen wird die Konstruktvalidität beispielsweise mit Hilfe der Faktorenanalyse bestimmt (vgl. Fischer, 1974). Darüber hinaus bestehen weitere Möglichkeiten der Konstruktvalidierung. So könnte aufgrund einer Theorie geschlossen werden, dass sich Individuen hinsichtlich einer bestimmten Störung eindeutig in gestört und gesund klassifizieren lassen. Die Validität eines Tests zur Diagnose dieser Störung könnte demnach über einen Vergleich von zuverlässig als krank oder gesund diagnostizierten Individuen erfolgen. Möchte man nur Gruppenaussagen machen, dann sollten sich die manifesten Testwerte der Gruppe der Kranken signifikant von den manifesten Testwerten der Gruppe der Gesunden unterscheiden.

Es kann zusammengefasst werden: Es existieren Möglichkeiten zum inferenzstatistischen Testen der diskriminanten Validität. Hierdurch kann die Konstruktvalidität methodisch strenger bestimmt werden, als bei herkömmlichen Ansätzen, die zumeist auf einen inferenzstatistischen Test verzichten. Grenzwerte für den inferenzstatistischen Test sind aufgrund theoretischer Überlegungen sowie der Reliabilität der verwendeten Messverfahren zu bestimmen.

2.1.4 Abgrenzung zum Konzept der Konfundierung

Im folgenden Abschnitt wird der Frage nachgegangen, ob das Vorliegen von unerwünscht starken Zusammenhängen zwischen einem zu messenden Konstrukt und einer potenziellen Störvariablen als Konfundierung beider Merkmale bezeichnet werden sollte. Um diese Frage zu beantworten, wird zunächst spezifiziert, was in der Psychologie unter einer Konfundierung verstanden wird. Danach wird dargestellt, welcher Zusammenhang zwischen diskriminanter Validität und Konfundierung besteht. Letztendlich wird die Verwendung des Konzepts der Konfundierung in der vorliegenden Arbeit festgelegt.

Der Begriff Konfundierung wird in der psychologischen Literatur nicht einheitlich sondern für unterschiedliche Arten von Vermischungen verwendet – sei es die Vermischung der Einflüsse mehrerer latenter Variablen auf einen manifesten Messwert in der psychologischen Diagnostik, die Vermischung von Varianzanteilen in der Statistik oder die Vermischung von kausalen Effekten auf eine abhängige Variable in der Experimentalpsychologie.

In einem psychodiagnostischen Kontext spricht Campbell (1960) von der Konfundierung der wahren Werte eines zu messenden Konstrukts mit den Auswirkungen eines systematischen Antwortverhaltens (engl.: *response sets*) bei der Anwendung eines psychologischen Tests. Entsprechend bezeichnen Campbell und Fiske (1959) eine Verletzung der Annahme der diskriminanten Validität beim ursprünglichen Ansatz der MTMM als Konfundierung von Trait- und Methodenvarianz. Diese Begriffsverwendung findet sich auch bei Bagozzi (1993) bei der Berechnung von MTMM-Analysen, die auf Strukturgleichungsmodellen basieren. In gleicher Weise beschreiben Frey und Moosbrugger (2004) sowie Loßnitzer (2003) Konzentrationsleistungswerte als mit Störvariablen konfundiert, wenn die Annahme der diskriminanten Validität verworfen werden muss. Hasselhorn, Hager und Baving (1989) beschreiben ein Phänomen als Konfundierung, das darin besteht, dass metakognitive und motivationale Aspekte bei Experimenten, bei denen Probanden Leistungen vorhersagen sollen (Prädiktionsverfahren), nicht getrennt bestimmt werden können. Hier werden demnach Probleme bei der Interpretation manifester Messwerte bei Anwendung einer speziellen experimentellen Methode als Konfundierung bezeichnet.

In Texten zur Generalisierbarkeitstheorie bezeichnen Cronbach und Kollegen den Sachverhalt, dass bei bestimmten Versuchsplänen Varianzanteile statistisch nicht voneinander getrennt betrachtet werden können, als Konfundierung (z. B. Cronbach, Gleser, Nanda & Rajaratnam, 1972).

In Abgrenzung zu den bislang genannten Verwendungen des Begriffs Konfundierung, existiert in der Experimentalpsychologie eine exakte Definition von Konfundierung. Konfundierung wird hier als Problem verstanden, das bei der kausalen Interpretation empirischer Ergebnisse resultieren kann (vgl. Waldmann, 2002). Zentral ist dabei eine so genannte konfundierende Variable (KV), die bewirkt, dass ein berechneter Zusammenhang zwischen einer unabhängigen Variablen (UV) und einer abhängigen Variablen (AV) von dem wahren kausalen Einfluss der UV auf die AV abweicht.

Eine KV wird definiert als eine Variable, die

- einen Zusammenhang mit einer UV und
- einen Effekt auf eine AV aufweist und
- nicht auf dem kausalen Pfad liegt, den es zu interpretieren gilt.

(vgl. Lumley, 2003)

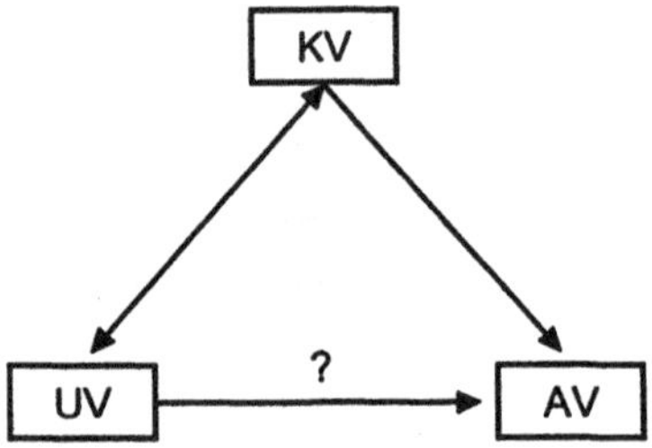

Abbildung 4: Kausalmodell mit einer konfundierenden Variablen (KV), die einen Zusammenhang mit einer unabhängigen Variablen (UV) und einen Effekt auf eine abhängige Variable (AV) hat.

Abbildung 4 zeigt eine schematische Darstellung einer Konfundierung nach dem Verständnis der Experimentalpsychologie. Hierbei wird der Effekt der UV auf die AV durch das Wirken einer KV beeinflusst. Konfundierungen können im Extremfall dazu führen, dass der beobachtete Effekt der UV auf die AV aufgrund der Wirkung einer KV verschwindet oder sogar ins Gegenteil verkehrt wird. Solche Phänomene sind unter dem Begriff Simpsons Paradox (Simpson, 1951) bekannt. Tabelle 1 zeigt ein Beispiel für eine derartige Situation. In der

Tabelle sind die Heilungsraten in absoluten Werten und in Prozentwerten in Abhängigkeit von der Gabe eines Medikaments angegeben.

Tabelle 1: Heilungsraten in absoluten und Prozentwerten in Abhängigkeit von der Gabe eines Medikaments und dem Geschlecht der Patienten

	Geschlecht		Gesamt
Medikament	männlich	weiblich	
Ja	0/4 (0%)	16/36 (44%)	16/40 (40%)
Nein	4/36 (11%)	4/4 (100%)	8/40 (20%)

Betrachtet man die Wirkung des Medikaments auf die Gesamtgruppe, dann zeigt sich für Patienten, die das Medikament einnahmen, eine Heilungsrate von 40%, während Patienten, die das Medikament nicht einnahmen, nur zu 20% gesundeten. Auf den ersten Blick scheint das Medikament also die Heilung der Patienten zu unterstützen. Betrachtet man aber die Subgruppen der Männer und Frauen getrennt, dann scheint das Medikament hingegen einen negativen Effekt auf die Heilung in beiden Subgruppen zu haben. Die Heilungsrate liegt bei Männern, die kein Medikament einnahmen bei 11% während sie bei Männern, die das Medikament einnahmen bei 0% liegt. Frauen die das Medikament einnahmen wurden zu 44% geheilt, wohingegen Frauen, die das Medikament nicht einnahmen zu 100% geheilt wurden. Es zeigt sich die paradoxe Situation, dass das Medikament für die Gesamtgruppe eine Heilung zu begünstigen scheint, während es eindeutig der Gruppe der Frauen und der Gruppe der Männer zu schaden scheint. Dieses Paradox kommt dadurch zustande, dass die KV Geschlecht im Zusammenhang mit der UV Medikament steht und gleichzeitig einen Effekt auf die AV Heilungsrate hat. Wie der Tabelle 1 entnommen werden kann, neigen vor allem Frauen dazu, das Medikament einzunehmen. Dies ist daran abzulesen, dass 90% der Frauen das Medikament verabreicht bekommen haben und nur 10% der Männer. Zusätzlich ist in dem Beispiel die Heilungsquote der Frauen unabhängig davon, ob sie das Medikament eingenommen haben oder nicht mit 50% besser als die der Männer, die bei 10% liegt. In dem Beispiel weist die KV Geschlecht demnach einerseits einen Zusammenhang mit der UV Medikament auf und hat andererseits einen Effekt auf die AV Heilungsrate und liegt, wenn man den Effekt des Medikamentes auf die Heilungsrate ausweisen will, nicht auf dem kausalen Pfad den es zu interpretieren gilt. Der Effekt der UV Medikament auf die AV Heilungsquote ist mit dem Effekt der KV Geschlecht auf die AV Heilungsquote konfundiert. Derartige Datenlagen lassen sich in der Psychologie zumeist nicht sinnvoll interpretieren, da die Effekte von UV und KV im Nachhinein zumeist nicht mehr getrennt werden können.

Mathematische Formalisierungen des Konzepts der Konfundierung aus der Experimentalpsychologie findet man in den Arbeiten der Steyer-Gruppe (Nachtigall & Steyer, 2001; Nachtigall, Suhl & Steyer, 2000; Steyer, Gabler, von Davier & Nachtigall, 2000) und bei Pearl (2000).

Es stellt sich die Frage, wie die allgemeine Verwendung des Begriffes der Konfundierung, wie man ihn beispielsweise bei Campbell und Fiske (1959) findet, mit der Definition einer KV aus der Experimentalpsychologie in Einklang zu bringen ist. Orientiert man sich an der von Cronbach und Meehl (1955) vorgeschlagenen Unterscheidung in einen Bereich der Theorie und einen Bereich der Beobachtung, dann lässt sich die Idee der diskriminanten Validität wie in Abbildung 5 darstellen. In dem dargestellten Beispiel wird von theoretischer Seite angenommen, dass das latente Merkmal T_x und die latente potenzielle Störvariable T_{PS} unabhängig voneinander sind. Diese Annahme kann durch die Korrelation der manifesten Variablen X und PS überprüft werden. Ergibt sich hierbei eine signifikant von 0 abweichende Korrelation, dann ist die Annahme der diskriminanten Validität zu verwerfen und davon auszugehen, dass die manifesten Testwerte X, sowohl durch die latente Eigenschaft T_X, als auch durch die potenzielle Störvariable PS, beeinflusst werden.

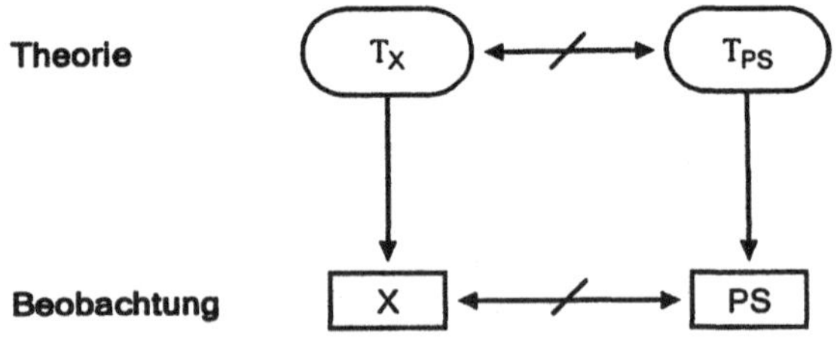

Abbildung 5: Kausalmodell zur Untersuchung der diskriminanten Validität eines latenten Merkmals T_X mit manifester Operationalisierung X hinsichtlich einer latenten potenziellen Störvariablen T_{PS} mit manifester Operationalisierung PS.

Eine Verbindung zwischen diskriminanter Validität und dem Konfundierungsverständnis der Experimentalpsychologie entsteht, wenn der kausale Einfluss des Testwerts X auf eine AV bestimmt werden soll. Diese Situation wird in

Abbildung 6 dargestellt. Der Effekt von X auf die AV wird durch die PS konfundiert, wenn sowohl ein Zusammenhang der PS mit X als auch ein Effekt der PS auf die AV vorliegt.

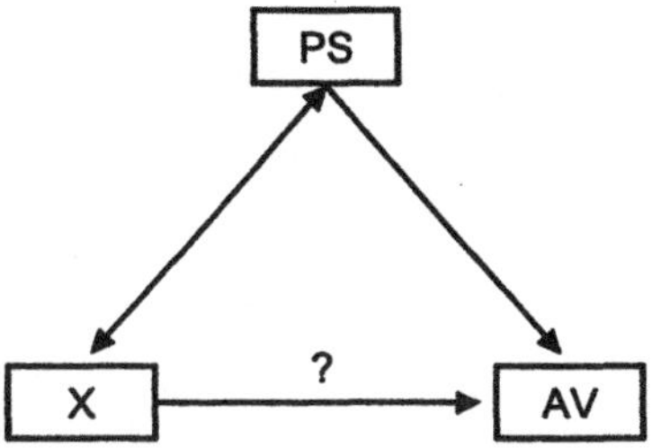

Abbildung 6: Kausalmodell mit einer potenziellen Störvariablen (PS), die einen Zusammenhang mit einen Testwert (X) und einen Effekt auf eine abhängige Variable (AV) hat.

Es wird klar, dass Konfundierungen im Sinne der Experimentalpsychologie das komplette in der Abbildung 6 dargestellte Kausalmodell beinhalten, und sich das Konzept der diskriminanten Validität lediglich auf den Zusammenhang zwischen PS und X bezieht. Nicht gegebene diskriminante Validität *kann* demnach zu Konfundierungen laut der Definition aus der Experimentalpsychologie führen; eine Gleichsetzung der Verletzung der Annahme der diskriminanten Validität und Konfundierung geht hingegen aus der oben genannten Definition einer KV nicht hervor. Konfundierungen resultieren nur dann, wenn eine PS einen Effekt auf eine AV aufweist und zusätzlich die Annahme der diskriminanten Validität verworfen werden kann.

Abschließend soll die Verwendung des Begriffs Konfundierung für die vorliegende Arbeit festgelegt werden. Je nachdem an welchem Sprachgebrauch man sich orientiert, würde sowohl eine Gleichsetzung von diskriminanter Validität und Konfundierung, als auch ein Verständnis von Verletzungen der Annahme der diskriminanten Validität, als Vorraussetzung von Konfundierungen zu begründen sein. In der Experimentalpsychologie liegt ein differenzierteres Konzept der Konfundierung vor, als in der psychologischen Diagnostik oder in der Statistik. Für die vorliegende Arbeit wird daher die experimentalpsychologische Sichtweise Verwendung finden, bei der die diskriminante Validität nicht mit Konfundierung gleichzusetzen ist.

2.1.5 Modellierungsmöglichkeiten zum Vergleich der diskriminanten Validität mehrerer Tests

Eine Fragestellung der vorliegenden Arbeit beschäftigt sich mit dem Vergleich der diskriminanten Validität unterschiedlicher Testformen des FAKT (Moosbrugger & Heyden, 1997). Zum Vergleich verschiedener Testformen oder verschiedener Tests (in diesem Kapitel wird vereinfachend nur von Tests gesprochen) hinsichtlich der Validität stehen mehrere Modellierungsansätze zur Verfügung. Dabei soll die Frage beantwortet werden, ob die Korrelation zwischen den manifesten Testwerten des zu validierenden Tests und den manifesten validitätsrelevanten Variablen bei verschiedenen Tests unterschiedlich ausfällt. Beispielsweise untersuchten Frey und Moosbrugger (2004) ob der Zusammenhang zwischen Konzentrationsleistung und der potenziellen Störvariablen Aktivierung bei zwei Testformen des FAKT unterschiedlich ausfällt. Derartige Effekte einer Drittvariablen (hier Testformen) auf einen bivariaten Zusammenhang (hier zwischen Konzentrationsleistung und Aktivierung) werden als Moderatoreffekte bezeichnet (vgl. Moosbrugger, 2002 oder Frey & Klein, 2004). Nachfolgend werden drei Methoden beschrieben, mit denen der Einfluss einer dichotomen Moderatorvariablen (beispielsweise verschiedene Tests) auf einen bivariaten Zusammenhang modelliert werden kann. Es handelt sich um die Subgruppenanalyse, die moderierte Regression und die Mehrgruppen-Strukturgleichungsanalyse (MSA). An die Beschreibung schließt sich ein Vergleich der drei Methoden an. Alle Methoden werden nur soweit dargestellt, um eine Methodenauswahl für die im empirischen Teil dieser Arbeit dargestellten Studien zu gewährleisten.

Subgruppenanalyse

Will man bestimmen, ob der Zusammenhang zwischen zwei Variablen X und Y von einer dichotomen Moderatorvariablen abhängt, dann ist es nahe liegend, die gesamte Stichprobe aufgrund der Moderatorvariablen in zwei Subgruppen aufzuteilen, für jede Subgruppe Korrelationskoeffizienten zu berechnen und diese zu vergleichen. Ein inferenzstatistischer Test der Korrelationsunterschiede zwischen zwei unabhängigen Subgruppen kann erfolgen, indem man die für die Variablen X und Y pro Subgruppe berechneten Korrelationskoeffizienten r_{XY} mittels

$$Z = \frac{1}{2}\ln\left(\frac{1+r_{XY}}{1-r_{XY}}\right) \qquad (19)$$

Fisher Z-transformiert und die resultierenden Z-Werte gegeneinander testet. Die Testgröße berechnet sich in diesem Fall durch

$$TG = \frac{Z_1 - Z_2}{\sqrt{\frac{1}{(n_1 - 3)} + \frac{1}{(n_2 - 3)}}} \tag{20}$$

wobei Z_1 für den Fisher Z-Wert der ersten Subgruppe, Z_2 für den Fisher Z-Wert der zweiten Subgruppe, n_1 für die Stichprobengröße der ersten Subgruppe und n_2 für die Stichprobengröße der zweiten Subgruppe steht. Getestet wird die Nullhypothese, dass die Korrelationskoeffizienten in den Subgruppen gleich sind. Bei hinreichend großen, sowie unabhängigen Stichproben ist die durch (20) angegebene Testgröße approximativ standardnormalverteilt (s. z. B. Hays, 1994). Ergibt sich ein signifikanter Unterschied zwischen den Subgruppen, dann kann auf einen Moderatoreffekt der Gruppierungsvariablen auf den Zusammenhang zwischen X und Y geschlossen werden.

Die Methode der Subgruppenanalyse liefert allerdings nur dann zuverlässige Ergebnisse, wenn in beiden Subgruppen identische Variationsbreiten für X und für Y vorliegen. Unterscheiden sich die Variationsbreiten einer der beiden Variablen auf den Stufen der Moderatorvariablen, dann tendiert r_{XY} für die Subgruppe mit kleinerer Variationsbreite zu niedrigeren Werten als in der Subgruppe mit höherer Variationsbreite (s. Baron & Kenny, 1986 sowie Borkenau, 1985). Dieser Effekt ist als *Einschränkung der Variationsbreite* (engl.: *restriction of range*) bekannt (vgl. Bortz, 2005, S. 214f). Sind die Variationsbreiten von X und/oder Y in den beiden Subgruppen unterschiedlich hoch (z. B. weil eine Subgruppe Extremwerte enthält und die zweite nicht), dann kann beim Vergleich der Korrelationskoeffizienten der Einfluss der differierenden Variationsbreiten nicht eindeutig von dem eigentlich zu untersuchenden Moderatoreffekt getrennt werden.

Moderierte Regression

Eine weitere Methode zur Modellierung von Moderatoreffekten bei dichotomer Moderatorvariable ist die moderierte Regression. Das Verfahren wurde von Saunders im Jahre 1956 vorgeschlagen. Es handelt sich um eine multiple Regressionsanalyse, bei der ein Kriterium Y aufgrund des linearen Effekts eines Prädiktors x, des linearen Effekts eines Moderators m sowie des Interaktionseffekts $\mathrm{x} \cdot \mathrm{m}$ zwischen Prädiktor und Moderator vorhergesagt wird. Die Modellgleichung der moderierten Regression lautet:

$$\mathrm{Y} = b_0 + b_1 \cdot \mathrm{x} + b_2 \cdot \mathrm{m} + b_3 \cdot \mathrm{x} \cdot \mathrm{m} + \varepsilon\,. \tag{21}$$

Der Moderatoreffekt wird in (21) durch den multiplikativen Term repräsentiert. Der Test des Moderatoreffekts erfolgt durch den Vergleich des Determinationskoeffizienten R^2 der moderierten Regression aus (21) mit dem R^2, einer Regression, die den multiplikativen Term nicht enthält, beziehungsweise für die $b_3 = 0$ gilt. Das erste Modell wird dabei als unrestringiertes Modell u bezeichnet und das zweite Modell als restringiertes Modell r. Die Testgröße des F-Tests kann als

$$F = \frac{\left(R_u^2 - R_r^2\right)\frac{1}{df_h}}{(1 - R_u^2)\frac{1}{df_e}} \tag{22}$$

dargestellt werden, wobei

- R_u^2 für den Determinationskoeffizienten des unrestringierten Modells,
- R_r^2 für den Determinationskoeffizienten des restringierten Modells,
- df_h für die Hypothesenfreiheitsgrade und
- df_e für die Fehlerfreiheitsgrade steht.

Die Hypothesenfreiheitsgrade df_h ergeben sich aus der Anzahl der Parameter, die im restringierten Modell eingeschränkt wurden. Im vorliegenden Fall liegt mit $b_3 = 0$ eine Parameterrestriktion vor, so dass $df_h = 1$ gilt. Die Fehlerfreiheitsgrade df_e berechnen sich aus der Stichprobengröße abzüglich der Parameter im unrestringierten Modell. Für Gleichung (21) gilt demnach $df_e = N - 4$ (zum Vorgehen vgl. auch Moosbrugger, 2002).

Wird die Testgröße aus (22) signifikant, dann kann auf einen Moderatoreffekt von m auf den Zusammenhang zwischen X und Y geschlossen werden.

Es ist zu ergänzen, dass bei Regressionen mit Interaktionsterm aufgrund von Multikollinearität nur die Höhe des Regressionskoeffizienten des Interaktionsterms höchster Ordnung eindeutig interpretiert werden kann (Gelderman, 2000). Besteht Interesse an der Interpretation aller Regressionskoeffizienten, dann sollten Prädiktor- und Moderatorvariable vor Berechnung des Produktterms zentriert werden (vgl. Aiken & West, 1991; Gelderman, 2000). Zumeist kann durch dieses Vorgehen Multikollinearität allerdings nur abgeschwächt und nicht gänzlich vermieden werden.

Neben der Multikollinearitätsproblematik ergab sich bei der Anwendung der moderierten Regression ein weiteres Problem. In vielen Fällen erwies es sich als schwierig, Moderatoreffekte signifikant ausweisen zu können. Von vielen Autoren wird deshalb die geringe Teststärke der moderierten Regression beim inferenzstatistischen Test von Moderatoreffekten bemängelt (Jaccard, Helbig, Wan, Gutman & Kritz-Silverstein, 1990; Jaccard & Wan, 1995; McClelland & Judd, 1993; Morris, Sherman & Mansfield, 1986; Zedeck, 1971). Die niedrige Teststärke wurde auf mehrere Gründe zurückgeführt (vgl. McClelland & Judd, 1993; Jaccard & Wan, 1995). Der vermutlich wichtigste Grund ist darin zu sehen, dass die moderierte Regression von fehlerfrei gemessenen Prädiktoren ausgeht. Typischerweise können psychologische Merkmale aber nicht fehlerfrei gemessen werden, was sich in Abweichungen des Reliabilitätskoeffizienten eines Tests von 1 ausdrückt. Busemeyer und Jones (1983) sowie Aiken und West (1991) zeigten, dass Messfehler in x und m durch die Bildung eines Produktterms $x \cdot m$ verstärkt werden. Unter bestimmten statistischen Voraussetzungen[2] gilt, dass bei einer Korrelation von 0 zwischen x und m die Reliabilität von $x \cdot m$ gleich dem Produkt der Reliabilitäten von x und m ist. Praktisch bedeutet dies, dass bei zwei Tests mit einer Reliabilität von .70 die Reliabilität von $x \cdot m$ den geringen Wert von .49 annimmt. Typischerweise bewirkt die geringe Reliabilität des Produktterms $x \cdot m$ eine geringe Teststärke beim Signifikanztest (Jaccard & Wan, 1995). Diese rein syntaktisch abgeleiteten Annahmen werden durch die Meta-Analyse simulierter Daten von Sackett, Harris und Orr (1986) unterstützt. Hierbei zeigte sich, dass selbst bei großen Stichproben Moderatoreffekte oft nicht erkannt wurden, obwohl sie in den zugrunde liegenden Daten tatsächlich vorhanden waren. Zur Steigerung der Teststärke bei der Untersuchung von Moderatoreffekten mit der moderierten Regression, empfehlen McClelland und Judd (1993) deshalb möglichst große Stichproben zu untersuchen und/oder ein höheres α-Fehlerniveau als üblich zu akzeptieren.

Mehrgruppen-Strukturgleichungsanalyse

Eine Möglichkeit, der nicht perfekten Reliabilität eines oder mehrerer Prädiktoren Rechnung zu tragen, bietet die Analyse mit Strukturgleichungsmodellen, bei der die Messfehler explizit mit in das Modell aufgenommen werden können. Ein Pfaddiagramm mit einem gerichteten Zusammenhang zwischen den Variablen X und Y mit Fehlertermen δ und ε ist Abbildung 7 zu entnehmen. Die Stärke des Einflusses von X auf Y wird durch den Pfadkoeffizienten γ angegeben.

[2] a) Normalverteilung der Residuen in der Grundgesamtheit; b) multivariate Normalverteilung der latenten Variablen τ_m und τ_x; c) beobachtete Werte von Y sind eine Funktion eines wahren Wertes und eines Fehlerwertes

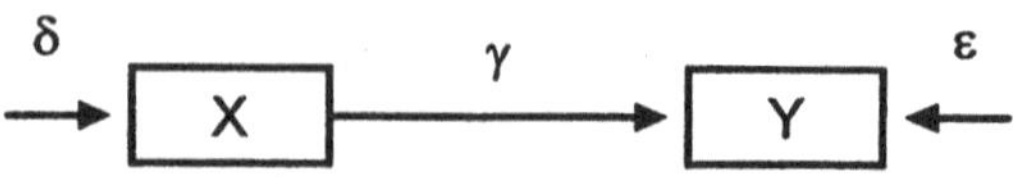

Abbildung 7: Pfaddiagramm des gerichteten Zusammenhangs zwischen X und Y mit Fehlervarianzen δ und ε.

Eine Modellierung von Moderatoreffekten bei dichotomer Moderatorvariable mit Strukturgleichungsmodellen kann durch eine Mehrgruppen-Strukturgleichungsanalyse (MSA) erfolgen. Die MSA gestattet es, auf den Stufen einer diskreten Variablen, unterschiedlich restriktive Modelle zu berechnen und gegeneinander inferenzstatistisch zu testen. Moderatoreffekte können mit der MSA untersucht werden, indem man mit dem χ^2-Differenzentest ein unrestringiertes Modell u gegen ein restringiertes Modell r testet.

Bei der Untersuchung eines Moderatoreffekts bei dichotomer Moderatorvariable wird die Annahme getestet, dass der Zusammenhang zwischen zwei Variablen X und Y auf den beiden Stufen der Moderatorvariablen m unterschiedlich ausfällt. Es ist demnach ein Modell u zu spezifizieren, bei dem der Pfadkoeffizient γ für m = 2 Gruppen separat geschätzt wird. Dieses Modell ist gegen ein Modell r zu testen, bei dem der Pfadkoeffizient γ für die beiden Gruppen gemeinsam geschätzt wird und somit keinen Moderatoreffekt beinhaltet. Um auf einen Moderatoreffekt schließen zu können, muss das unrestringierte Modell eine signifikant bessere Modellanpassung aufweisen als das restringierte Modell (zum Vorgehen s. auch Jaccard & Wan, 1996).

Bei der praktischen Berechnung ist in einem ersten Schritt anhand des globalen χ^2-Wertes sicherzustellen, dass das Modell u (mit Moderatorwirkung) mit df_u eine hinreichende Modellanpassung aufweist. Wird der globale χ^2-Wert signifikant, so bedeutet dies, dass das Modell die Daten in einer oder beiden Gruppen nicht gut repräsentiert und somit zu verwerfen ist. Bleibt der globale χ^2-Wert allerdings nicht signifikant, so weist dies auf eine gute Anpassung des Modells an die zugrunde liegenden Daten hin. In diesem Fall kann in einem zweiten Schritt das Modell u mit dem χ^2-Differenzentest gegen das Modell r mit df_r getestet werden. Testgröße ist die Differenz der globalen χ^2-Werte $\chi^2_r - \chi^2_u = \chi^2_{diff}$. Diese Testgröße ist ebenfalls χ^2-verteilt mit $df_{diff} = df_r - df_u$ Freiheitsgraden. Nullhypothese ist, dass das Modell r genauso gut an die Daten angepasst ist wie das Modell u. Falls χ^2_{diff} signifikant wird, kann die Nullhypothese abgelehnt werden, und es ist auf einen Moderatoreffekt von m auf den Zusammenhang zwischen X und Y zu schließen.

Zusammenfassend sind für den Test eines Moderatoreffekts mit der MSA drei Schritte nötig:

1. Berechne die globale Modellanpassung des unrestringiertes Modells.
2. Berechne die globale Modellanpassung des restringierten Modells.
3. Teste die Differenz der beiden globalen Modellanpassungen.

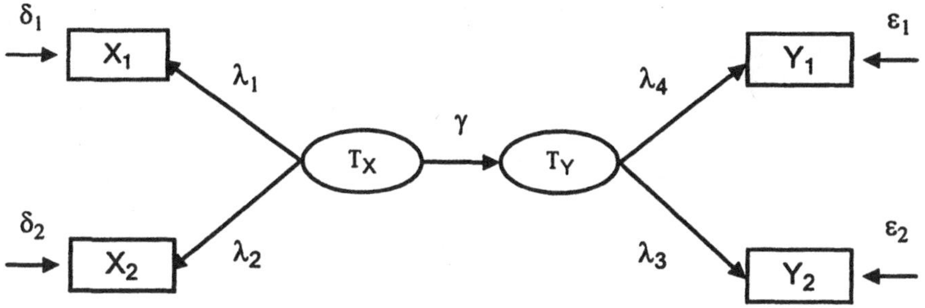

Abbildung 8: Pfaddiagramm des Zusammenhangs von zwei latenten Variablen T_X und T_Y, die durch je zwei manifeste Variablen gemessen werden.

Das in Abbildung 7 dargestellte Pfaddiagramm stellt eine sehr einfache Zusammenhangsstruktur zum Test eines Moderatoreffekts mit Strukturgleichungsmodellen dar. Die MSA erlaubt überdies die Modellierung von latenten Variablen, so dass Moderatoreffekte über latente Zusammenhänge untersucht werden können. Ein Pfaddiagramm für den Zusammenhang von zwei latenten Variablen, die jeweils durch zwei manifeste Variablen operationalisiert werden, ist der Abbildung 8 zu entnehmen. Das Verfahren, das bei einem Modell mit latenten Variablen zum inferenzstatistischen Test eines Moderatoreffekts anzuwenden ist, entspricht dem bereits beschriebenen Vorgehen bei manifesten Variablen: Es wird ein unrestringiertes MSA-Modell, bei dem der Pfadkoeffizient γ separat für beide Gruppen geschätzt wird, gegen ein restringiertes Modell getestet.

Erfordern die theoretischen Begebenheiten noch umfangreichere Modelle, dann können diese zumeist problemlos als Strukturgleichungsmodell spezifiziert werden und in gleicher Weise getestet werden. Für die Durchführung des χ^2-Differenzentests ist lediglich darauf zu achten, dass die Modelle hierarchisch geschachtelt sind. Das unrestringierte Modell muss also eine verallgemeinerte Form des restringierten Modells sein.

Strukturgleichungsmodelle stellen relativ strenge Anforderungen an die Daten. Erst bei vergleichsweise großen Stichproben kann von verlässlichen Parameterschätzungen ausgegangen werden. Da bei MSA-Modellen jede Subgruppe einzeln modelliert wird, kommt erschwerend hinzu, dass die Anforderungen an die Stichprobengröße für jede Subgruppe erfüllt sein müssen. Eine Faustregel zur Bestimmung der minimalen Stichprobengröße sagt aus, dass die Stichprobengröße abzüglich der Anzahl der zu schätzenden Modellparameter größer als 50 sein soll (vgl. Backhaus, Erichson, Plinke & Weiber, 2003). Selbst für das in Abbildung 7 angegebene sehr einfache MSA-Modell sind dieser Faustregel zufolge mindestens 54 Probanden pro Gruppe des unrestringierten Modells nötig. Werden die Modellparameter mit der Methode Maximum Likelihood (ML) geschätzt, dann werden außerdem multivariat normalverteilte Daten vorausgesetzt. Auch die Erfüllung dieser Bedingung bereitet in der Praxis häufig Schwierigkeiten. Die Ergebnisse der Simulationsstudie von Curran, West und Finch (1996) zeigten diesbezüglich aber, dass die Verletzung der Annahme der multivariaten Normalverteilung lediglich zu Überschätzungen des für den Modelltest verwendeten χ^2-Wertes führen. Das heißt, dass bei nicht multivariat normalverteilten Daten, die Wahrscheinlichkeit ansteigt ein Modell abzulehnen. Die Wahrscheinlichkeit ein Modell irrtümlicherweise als der Datenlage angepasst anzusehen, wird hingegen verringert. Verletzungen der Annahme der multivariaten Normalverteilung führen demnach zu einer strengeren Modellprüfung, als dies bei Vorliegen multivariat normalverteilter Daten der Fall ist. Dies ist für die meisten Anwendungen als akzeptabel anzusehen.

Methodenvergleich

Für die praktische Anwendung der dargestellten Methoden ist es wichtig zu wissen, welche Stärken und Schwächen die drei Methoden aufweisen. Die Methoden können anhand der Kriterien Teststärke, Reichhaltigkeit der Modellierung, Aufwand und benötigte Stichprobengröße verglichen werden.

Frey und Klein (2004) führten eine Simulationsstudie durch, bei der die Teststärke der drei oben dargestellten Methoden in Abhängigkeit der Stärke von in den simulierten Daten enthaltenen Moderatoreffekten untersucht wurde. Es wurden für 400 Populationen Werte für zwei normalverteilte Zufallsgrößen X und Y erzeugt. Die Stichprobengröße jeder Population betrug $N = 250$, die sich auf zwei gleich große Gruppen mit jeweils $n_1 = n_2 = 125$ aufteilten. Alle Datensätze wurden mit den drei Methoden analysiert. Als Schätzer für die Teststärke wurde dabei die relative Häufigkeit verwendet, mit der ein in den simulierten Daten enthaltener Moderatoreffekt auch signifikant als solcher erkannt wurde. Erwartungsgemäß zeigte sich, dass die Teststärke bei allen drei Methoden mit zunehmender Größe des Moderatoreffekts anstieg. Wurden Moderatoreffekte fester Größe für alle drei Methoden vorgegeben, dann ergaben sich keine großen Teststärkeunterschiede zwischen den Methoden. Lediglich bei niedrigen korrelativen Zusammenhängen (Korrelation von .1 in einer Gruppe und Korrelation von .0 in der anderen) erwies sich die MSA mit einer Teststärke von .15 gegenüber der moderierten Regression mit einer Teststärke von .06 als signifikant überlegen. Die Subgruppenanalyse lag mit einer Teststärke von .12 zwischen diesen beiden Extremen. Bei Moderatoreffekten mittlerer Stärke (Korrelation von .3 in einer Gruppe und Korrelation von .0 in der anderen) erwiesen sich alle drei Methoden mit einer Teststärke von $\leq$ .68 als nicht hinreichend teststark. Bei großen Moderatoreffekten (Korrelation von .5 oder .7 in einer Gruppe und Korrelation von .0 in der anderen) wiesen alle Methoden eine nahezu perfekte Teststärke auf. Frey und Klein (2004) wiesen in diesem Zusammenhang darauf hin, dass bei der Interpretation der Befunde zu beachten ist, dass die simulierten Daten ihrer Studie unter der Annahme einer perfekten Reliabilität des Prädiktors erzeugt wurden. Sie vermuten dass die Überlegenheit der MSA gegenüber den beiden Alternativmethoden umso stärker ausfallen wird, je mehr die Reliabilität des Prädiktors von 1 abweicht, da nur bei der MSA der Messfehler des Prädiktors explizit mit ins Modell aufgenommen werden kann. Diese Annahme wird durch die oben beschriebenen Befunde zur niedrigen Teststärke der moderierten Regression bei der Ausweisung von Moderatoreffekten indirekt unterstützt. Da die Teststärke der moderierten Regression stark durch die niedrige Reliabilität des Produktterms $x \cdot m$ beeinträchtigt wird, ist anzunehmen, dass die Subgruppenanalyse eine höhere Teststärke aufweist, als die moderierte Regression. Das teststärkste Verfahren zur Ausweisung von Moderatoreffekten bei dichotomer Moderatorvariable dürfte somit die MSA darstellen, gefolgt von der Subgruppenanalyse und der moderierten Regression.

Hinsichtlich der Reichhaltigkeit der Modellierung kann die MSA den anderen beiden Methoden als überlegen angesehen. Sie gestattet mehr Spielräume bei der Modellbildung als die Subgruppenanalyse und die moderierte Regression: Es können Messfehler von Prädiktor und Kriterium explizit mit in das Modell aufgenommen werden und außerdem können umfangreichere Zusammenhangsstrukturen mit Moderatoreffekten unter Einbeziehung latenter Variablen spezifiziert werden. Beides ist weder mit der Subgruppenanalyse noch mit der moderierten Regression möglich. Im Vergleich zur Subgruppenanalyse gestattet es die moderierte Regression auch, neben der Untersuchung des Moderatoreffekts bei Interesse auch Aussagen über die Haupteffekte von x und m auf Y zu machen. Aus diesem Grund empfehlen McClelland und Judd (1993) die moderierte Regression der Subgruppenanalyse bei der Untersuchung von Moderatoreffekten vorzuziehen. Die Reichhaltigkeit der Modellierung ist demnach bei der MSA als am größten anzusehen, gefolgt von der moderierten Regression und der Subgruppenanalyse.

Alle drei Verfahren können mit relativ wenig Aufwand berechnet werden. Entsprechende Befehlssyntaxen findet man beispielsweise im Anhang der Studie von Frey und Klein (2004) oder bei Jaccard und Wan (1996). Die Subgruppenanalyse und die moderierte Regression können sogar durch einfaches Anwählen von Menüpunkten des Standard-Statistikpakets Statistica berechnet werden. Der Aufwand bei der MSA ist im Vergleich etwas größer, da die Spezifikation einer Befehlssyntax unumgänglich ist und mehr Arbeitschritte nötig sind. Der Aufwand bei der Berechnung ist demnach bei der Subgruppenanalyse und der moderierten Regression niedriger als bei der MSA einzustufen.

Betrachtet man die Stichprobengröße unabhängig von der Teststärke und bezieht sich ausschließlich auf die Berechenbarkeit der Modelle, dann benötigen die Subgruppenanalyse und die moderierte Regression kleinere Stichprobengrößen als die MSA. Bezieht man die Teststärke mit in die Überlegungen ein, dann sind bei der moderierten Regression größere Stichproben als bei der Subgruppenanalyse und der MSA nötig, um einen Moderatoreffekt signifikant ausweisen zu können.

Aus dem angestellten Vergleich lassen sich Empfehlungen für die praktische Verwendung der Methoden ableiten. Zunächst ist anzumerken, dass keine der drei Methoden besonders teststark bei der Entdeckung von Moderatoreffekten ist (vgl. Frey & Klein, 2004). Eine zufrieden stellende Teststärke wird demnach nur dann zu erreichen sein, wenn große Moderatoreffekte an einer großen Stichprobe untersucht werden. Erst ab einem Korrelationsunterschied von .5 zwischen den beiden Gruppen ergab sich bei der Simulationsstudie von Frey und Klein (2004) eine sehr hohe Teststärke. Kann auf große Stichproben zurückgegriffen werden, dann ist aufgrund der Reichhaltigkeit der Modellierung die MSA den anderen beiden Methoden vorzuziehen. Erlaubt die Größe der vorliegenden Stichprobe die Anwendung der MSA nicht, dann sollte die moderierte Regression der Subgruppenanalyse vorgezogen werden, da sie einen größeren Interpretationsspielraum gewährt. Aufgrund der niedrigen Teststärke der moderierten Regression dürfte es aber bei kleinen und mittleren Stichprobengrößen oft schwer sein, einen Moderatoreffekt als signifikant auszuweisen. Dieses Problem kann abgeschwächt werden, indem man einen α-Fehler von > 5% akzeptiert. Die Stabilität eines mit der moderierten Regression gefundenen Moderatoreffekts – unabhängig ob signifikant oder nicht – kann durch zusätzliche Berechnung einer Subgruppenanalyse untersucht werden.

2.2 Grundlagen des adaptiven Testens

Adaptives Testen ist ein Ansatz zur Messung interindividueller Unterschiede psychischer oder anderer latenter Eigenschaften, bei dem es vom Antwortverhalten des Probanden abhängt, welche Items er vorgelegt bekommt. Bei dieser speziellen Form der Messung wird das Ziel verfolgt, einem Individuum jeweils nur solche Items vorzulegen, die bestmöglich auf die individuelle Ausprägung der zu messenden latenten Eigenschaft abgestimmt sind. Ein Proband mit einer hohen Ausprägung einer zu messenden latenten Eigenschaft bekommt dabei schwierigere Aufgaben vorgelegt, als ein Proband mit einer niedrigeren Ausprägung. Dies führt dazu, dass unterschiedliche Probanden bei adaptiven Tests in der Regel unterschiedliche Items bearbeiten. Die Vorgabe unterschiedlicher Itemsätze je Proband führt allerdings zu Problemen der interindividuellen Vergleichbarkeit der Testwerte. Da je nach Ausprägung der zu messenden latenten Eigenschaft unterschiedlich schwierige Items vorgegeben werden, kann die häufig bei nicht-adaptiven Tests verwendete Anzahl korrekter Antworten kein sinnvoller Schätzer der individuellen Ausprägung der Eigenschaft sein. Ein Vergleich von Testleistungen, die auf unterschiedlichen Items basieren, kann allerdings problemlos erfolgen, wenn alle Items des Tests den Annahmen eines Modells der Item Response Theorie (IRT) entsprechen. Adaptive Tests basieren aus diesem Grund meistens auf einem Satz von Items, für die IRT-Konformität angenommen werden kann. Die drei am häufigsten bei adaptiven Tests eingesetzten IRT-Modelle werden im nachfolgenden Kapitel 2.2.1 dargestellt.

Die Verfügbarkeit eines hinreichend großen IRT-konformen Itempools stellt aber nur ein Bestimmungsstück eines adaptiven Tests dar. Ein weiteres zentrales Bestimmungsstück stellt der Testalgorithmus eines adaptiven Tests dar. Ein Testalgorithmus besteht aus einer Menge von Regeln, welche die Auswahl und die Abfolge der vorzulegenden Items spezifizieren. Ein Testalgorithmus lässt sich nach Thissen und Mislevy (2000) am besten durch drei Bestimmungsstücke beschreiben:

„1. How to start: What is the first item presented to the examinee?

2. How to continue: After each response, what is the next item?

3. How to stop: When is the test over?" (p. 101)

Erstens ist demnach festzulegen, welche Merkmale Items aufweisen sollten, die am Beginn eines adaptiven Tests eingesetzt werden. Verschiedene Möglichkeiten, einen adaptiven Test zu beginnen, werden im Kapitel 2.2.2 dargestellt. Im Verlauf eines adaptiven Tests stellt sich die Frage, wie die Auswahl des als nächstes zu präsentierenden Items erfolgen soll. Die wichtigsten Algorithmen zur Itemauswahl werden im Kapitel 2.2.3 angegeben. Eine adaptive Testung wird solange fortgesetzt, bis ein a-priori definiertes Abbruchkriterium erfüllt ist. Im Kapitel 2.2.4 wird dargestellt, welche Abbruchkriterien beim adaptiven Testen Verwendung finden.

Die Umsetzung der adaptiven Teststrategie führt zu einer Reihe von Vor- und Nachteilen, die im Kapitel 2.2.5 zusammenfassend dargestellt werden. Aktuelle Forschungsfragen zum adaptiven Testen werden im Kapitel 2.2.6 besprochen.

2.2.1 Wahl des Messmodells

Adaptive Tests basieren fast immer auf einem IRT-Modell. Ein IRT-Modell erlaubt sowohl eine sinnvolle Interpretation als auch einen interindividuellen Vergleich von Testwerten, unabhängig davon, welche Items ein Proband beantwortet hat. Den Grundgedanken der IRT kann man zu zwei wesentlichen Annahmen zusammenfassen (Hambleton, Zaal & Pieters, 1991). Erstens postuliert die IRT, dass die Testleistung eines Probanden durch latente Eigenschaften vorhergesagt werden kann und zweitens, dass der Zusammenhang des Antwortverhaltens bei einem Item und den zugrunde liegenden latenten Eigenschaften mit einer monoton steigenden Funktion beschreibbar ist. Diese Funktion spezifiziert, dass Probanden mit höheren Ausprägungen der latenten Eigenschaften eine höhere erwartete Wahrscheinlichkeit aufweisen ein Item zu lösen, als Probanden mit niedrigeren Ausprägungen der latenten Eigenschaften.

Bei adaptiven Tests wird meistens die Annahme getroffen, dass das Antwortverhalten mit nur einer latenten Eigenschaftsdimension beschrieben werden kann. Erst in den letzten Jahren wurden theoretische Ansätze zur Realisierung mehrdimensionaler adaptiver Tests entwickelt (van der Linden, 1999; Segall, 1996; Segall, 2000; Wang & Chen, 2004). Bei eindimensionalen Modellen gibt die itemcharakteristische Kurve (ICC) die Wahrscheinlichkeit ein Item zu lösen als Funktion einer latenten Eigenschaft an. Für die ICC wird meistens angenommen, dass sie mit einem, mit zwei oder auch mit drei Parametern beschrieben werden kann. Das dreiparametrige logistische Testmodell (3-PL) ist das komplexeste der drei Modelle. Im deutschsprachigen Raum wird es auch als das dreiparametrige logistische Birnbaum-Modell bezeichnet (Kubinger & Jäger, 2003). Die Modelle mit ein oder zwei Parametern sind Spezialfälle des 3-PL.

Die Modellgleichung lautet:

$$P_i(\theta) = c_i + \frac{1 - c_i}{1 + e^{-1.7a_i(\theta - b_i)}} \tag{23}$$

Der Ausdruck (23) beschreibt die Wahrscheinlichkeit $P_i(\theta)$ eines Individuums mit der Ausprägung θ einer latenten Eigenschaft (Personenparameter) ein Item i richtig zu beantworten als Funktion der ICC-Steigung a_i (Diskriminationsparameter), der Schwierigkeit b_i (Schwierigkeitsparameter) und der Ratewahrscheinlichkeit c_i (Rateparameter) eines Items. Der Zusammenhang zwischen der Ausprägung des Personenparameters θ und der Wahrscheinlichkeit, eine korrekte Antwort zu geben, wird durch eine logistische Funktion beschrieben. Die Wahrscheinlichkeit, ein Item richtig zu beantworten, steigt mit wachsendem θ monoton an.

Bei der Modellierung von Einstellungs- oder Persönlichkeitsitems wird häufig das zweiparametrige logistische Testmodell (2-PL) verwendet (vgl. Segall, 2005), das auch zweiparametriges logistisches Birnbaum-Modell genannt wird (Kubinger & Jäger, 2003). Das 2-PL ist ein Spezialfall des 3-PL, bei dem angenommen wird, dass Raten keinen Einfluss auf die Wahrscheinlichkeit einer korrekten Antwort hat, so dass $c_i = 0$ gilt.

Zur Skalierung von Leistungsitems wird oft das einparametrige logistische Testmodell (1-PL) verwendet, das auch unter dem Namen Rasch-Modell bekannt ist (vgl. Segall, 2005). Das 1-PL ist ebenfalls ein Spezialfall von (23). Es nimmt an, dass einerseits Raten keinen Einfluss auf das Antwortverhalten hat ($c_i = 0$), und dass andererseits die ICC-Steigung für alle Items eines Tests gleich 1 ist ($a_i = 1$).

Bei der Kalibrierung des Itempools eines adaptiven Tests sollte die Verwendung eines möglichst sparsamen IRT-Modells angestrebt werden. Allerdings steigt die Wahrscheinlichkeit, eine akzeptable Modellanpassung bei der Modellierung von Verhaltensdaten zu erzielen, mit steigender Parameterzahl. Bei den dargestellten IRT-Modellen besteht demnach beim 3-PL die größte Wahrscheinlichkeit auf eine akzeptable Modellanpassung. Hambleton, Zaal und Pieters (1991) vermuten, dass das 3-PL aus diesem Grund häufig bei der Kalibrierung des Itempools von adaptiven Tests verwendet wird.

Die IRT ist nach Hambleton, Zaal und Pieters (1991) vor allem aus zwei Gründen für das adaptiven Testen vorteilhaft: Einerseits sind die geschätzten Modellparameter a_i, b_i und c_i unabhängig von einer bestimmten Stichprobe aus der Population für die der Test entwickelt wurde, und andererseits sind Schätzungen der individuellen Ausprägung der latenten Eigenschaft unabhängig davon, welche

Items aus einem IRT-homogenen Itempool einem Probanden vorgelegt wurden. Der erste Punkt beseitigt einige Probleme im Zusammenhang mit der Bestimmung von Itemstatistiken der großen Itemmengen, die für adaptives Testen nötig sind, und die im Rahmen der KTT nicht gelöst werden können (vgl. Hambleton, Zaal & Pieters, 1991). Der zweite Punkt erlaubt den interindividuellen Vergleich individueller Ausprägungen verschiedener Probanden auf der latenten Eigenschaftsdimension, auch wenn sie unterschiedliche Items beantwortet haben.

2.2.2 Testbeginn

Die Auswahl eines Items bei einem adaptiven Test orientiert sich am vorherigen Antwortverhalten des Probanden. Welches Item ist zu Beginn der Testung zu wählen, bei der der Proband noch kein Antwortverhalten gezeigt hat und keine Schätzung für die individuelle Ausprägung der latenten Eigenschaft vorliegt? Oft wird zu Beginn eines adaptiven Tests ein Item vorgelegt, das eine mittlere Schwierigkeit für die Population aufweist, aus der das zu untersuchende Individuum gezogen wurde. Dieses Vorgehen führt dazu, dass bestimmte Items eines adaptiven Tests sehr häufig verwendet werden und in der Population potenzieller Probanden bekannt werden können. Das Bekannt werden stellt jedoch die Validität der betroffenen Items in Frage. Die meisten Autoren sehen in der Wahl des ersten Items trotz allem kein schwerwiegendes Problem, da es einen zu vernachlässigenden Einfluss auf die geschätzte individuelle Ausprägung der latenten Eigenschaft habe (Hambleton, Zaal & Pieters, 1991). Möglichkeiten, wie eine zu häufige Vorgabe bestimmter Items eingeschränkt werden kann, werden bei Thissen und Mislevy (2000) diskutiert.

2.2.3 Strategien der Itemauswahl

Liegen Antworten auf ein oder mehrere Items eines adaptiven Tests vor, dann kann aufgrund des individuellen Antwortmusters ein auf die individuelle Leistungsfähigkeit des Probanden abgestimmtes Item ausgewählt und zur Bearbeitung vorgelegt werden. Die Auswahl folgt einer einfachen Grundregel: Hat ein Proband ein Item korrekt beantwortet, dann wird als nächstes ein schwierigeres Item vorgelegt; hat ein Proband ein Item inkorrekt beantwortet, dann wird als nächstes eine leichteres Item vorgelegt (vgl. Hambleton, Zaal & Pieters, 1991). Diese Grundregel kann auf unterschiedliche Weise umgesetzt werden. Die bestehenden Ansätze lassen sich in zweistufige Strategien und mehrstufige Strategien unterscheiden. Die mehrstufigen Strategien lassen sich weiter in fest verzweigte (engl.: *fixed-branched*) und maßgeschneiderte Strategien (engl.: *tailored*) differenzieren.

Bei der *zweistufigen Strategie* (Lord, 1971a, 1980) bekommen alle Probanden als Erstes einen kurzen Test vorgelegt, der einer Grobeinschätzung der individuellen Ausprägung der zu messenden latenten Eigenschaft dient. In Abhängigkeit des Ergebnisses bei diesem Test, wird dem Probanden ein längerer zweiter Test vorgelegt, der auf die geschätzte Ausprägung der latenten Eigenschaft abgestimmt ist. Meistens stehen für die zweite Stufe drei bis fünf Testformen zur Verfügung. Die Schätzung der individuellen Ausprägung der latenten Eigenschaft erfolgt durch eine Kombination der Ergebnisse beider Tests. Dieser zweitstufige Algorithmus weist den Vorteil auf, dass er ohne den Einsatz von Computern durchgeführt werden kann.

Während bei der zweistufigen Strategie nur eine Verzweigung erfolgt, wird bei mehrstufigen Strategien nach jeder Antwort eines Probanden auf ein Item entschieden, welches Item als nächstes vorzulegen ist.

Man spricht von einem *fest verzweigten Test*, wenn bereits vor Testbeginn feststeht, welche Items bei welchem Antwortverhalten vorgelegt werden. Bei mehrstufigen, fest verzweigten adaptiven Tests starten alle Probanden mit einem Item mittlerer Schwierigkeit. Geben sie eine korrekte Antwort, dann wird als nächstes ein bereits vorher festgelegtes schwierigeres Item vorgelegt. Können sie hingegen das Item nicht korrekt beantworten, dann bekommen sie ein leichteres Item präsentiert, das ebenso vorher festgelegt ist. Die individuelle Ausprägung der latenten Eigenschaft kann auf zwei verschiedene Arten geschätzt werden: Die Schwierigkeit des Items, das als nächstes Item nach dem zuletzt beantworteten vorgelegt worden wäre oder aber die mittlere Schwierigkeit aller vorgelegten Items inklusive des Items, das nach dem letzten beantworteten Item vorgelegt worden wäre, aber exklusive des ersten Items, das für alle Probanden identisch ist (s. Hambleton, Zaal & Pieters, 1991). Zwei Beispiele für fest verzweigte mehrstufige Strategien sind der flexi-level-Test und der strataptive Test (Lord, 1971b; Weiss, 1982).

Mehrstufige *maßgeschneiderte Strategien* sind die heute vorherrschende Form des adaptiven Testens. Sie erlauben eine sehr flexible Anpassung der vorzugebenden Items an die individuelle Leistungsfähigkeit der Probanden. Da ihre Umsetzung einen leistungsfähigen Computer benötigt, wurden sie erst verwirklicht, nachdem diese zu erschwinglichen Preisen verfügbar wurden. Die Verzweigung bei mehrstufigen maßgeschneiderten Strategien ergibt sich erst während der Testung, weshalb sie auch variabel verzweigte Tests (engl.: *variable branched*) genannt werden. Die maßgeschneiderte Strategie setzt ein, nachdem ein oder mehrere Items vorgelegt wurden und eine erste Schätzung der individuellen Ausprägung der zu messenden latenten Eigenschaft vorliegt. Nun wird dasjenige Item ausgewählt und zur Bearbeitung vorgelegt, das unter der Bedingung des geschätzten Personenparameters optimale Eigenschaften aufweist. Um welche Eigenschaften es sich handelt wird weiter unten beschrieben. Wurde das Item beantwortet, wird die Personenparameterschätzung unter Einbeziehung dieser Antwort aktualisiert und ein als nächstes vorzulegende Item ausgewählt, das unter der Bedingung der aktualisierten Schätzung der latenten Eigenschaft optimale Eigenschaften aufweist. Dieser Prozess wird solange fortgesetzt, bis ein Abbruchkriterium (s. Kapitel 2.2.4) erfüllt ist. Die einzelnen Schritte der maßgeschneiderten Strategie werden in Tabelle 2 zusammengefasst.

Tabelle 2: Ablauf eines maßgeschneiderten adaptiven Tests

Schritt	Beschreibung
1. Berechne vorläufigen Personenparameterschätzer.	Die vorläufige Schätzung der individuellen Ausprägung der latenten Eigenschaft $\hat{\theta}_k$ basiert auf den ersten k Antworten.
2. Wähle das als nächstes vorzulegende Item.	Es wird das Item mit optimalen Eigenschaften unter Bedingung von $\hat{\theta}_k$ ausgewählt.
3. Lege das Item vor und registriere die Antwort.	
4. Wiederhole Schritt 1 bis 3	Die Wiederholungen werden durchgeführt bis ein Abbruchkriterium erfüllt ist.
5. Berechne endgültigen Personenparameterschätzer	Die endgültige Schätzung der individuellen Ausprägung der latenten Eigenschaft $\hat{\theta}$ basiert auf allen Antworten.

Zurzeit werden bei adaptiven Tests vor allem zwei Ansätze zur Itemauswahl verwendet, die auf unterschiedliche Weise definieren, was unter optimalen Eigenschaften eines Items bei gegebener Schätzung der individuellen Ausprägung der latenten Eigenschaft $\hat{\theta}_k$ aufgrund k Antworten zu verstehen ist. Der erste Ansatz wählt dasjenige Item aus, das unter Bedingung von $\hat{\theta}_k$ maximale Information aufweist (engl.: *maximum information*; Lord, 1980). Der zweite Ansatz zur Itemauswahl ist ein bayesstatstisches Verfahren, das auf Owen (1975) zurückgeht. Dieser Ansatz wählt das als nächste zu präsentierende Item so aus, dass die a-posteriori zu erwartende Standardabweichung von $\hat{\theta}_k$ in Abhängigkeit der k gegebenen Antworten minimiert wird (engl.: *maximum expected precision*).

Zur Personenparameterschätzung werden bei maßgeschneiderten adaptiven Tests vor allem zwei Methoden verwendet. Einerseits werden Maximum-Likelihood-Schätzer verwendet, wie beispielsweise der WML-Schätzer (weighted maximum likelihood; Warm, 1989). Andererseits finden bayesstatistische Schätzer Verwendung, wie beispielsweise der EAP (expected a-posteriori; Bock & Mislevy, 1982). Beide Methoden eignen sich gut zur Schätzung der individuellen Ausprägung einer latenten Eigenschaft, weisen aber dennoch kleine Unterschiede bezüglich der Schätzgüte auf. Mit dem bayesstatistischen Ansatz bestimmte θ-Schätzer neigen zu kleineren bedingten Standardfehlern $\sigma(\hat{\theta}\,|\,\theta)$, weisen aber gleichzeitig den Nachteil eines größeren Bias $B(\theta)=\mu(\hat{\theta}\,|\,\theta)-\theta$, vor allem in extremen θ-Bereichen auf. Die Wahl des Schätzverfahrens für einen adaptiven Test beinhaltet demnach eine Abwägung zwischen kleinen Standardfehlern beim bayesstatistischen Ansatzes und kleinem Bias beim ML-Ansatzes (Segall, 2005). Vergleiche von Methoden zur θ-Schätzung findet man beispielsweise bei Cheng und Liou (2000) sowie Wainer und Thissen (1987). Eine umfassende Überlegenheit einer einzelnen Methode zeichnet sich in der Literatur derzeit nicht ab, so dass die Wahl je nach den Ansprüchen des zu entwickelnden adaptiven Tests erfolgen sollte.

2.2.4 Testende

Ein adaptiver Test wird solange fortgesetzt, bis ein vorher definiertes Abbruchkriterium erfüllt ist. Linacre (2000) nennt fünf mögliche Kriterien, die bei einem adaptiven Test zum Einsatz kommen können. Ein adaptiver Test ist zu beenden, wenn alle im Itempool verfügbaren Items vorgelegt wurden, oder

1. eine festgelegte Anzahl von Items vorgelegt wurde, oder
2. der Standardfehler der Personenparameterschätzung hinreichend klein ist, oder
3. bei kriteriumsorientierten Ansätzen eine Entscheidung mit akzeptabler Irrtumswahrscheinlichkeit gefällt werden kann, oder
4. der Proband den Test nicht ordnungsgemäß bearbeitet.

Bei realisierten Umsetzungen des adaptiven Testens wird zumeist eine Kombination mehrerer Abbruchkriterien eingesetzt oder unterschiedliche Abbruchkriterien zur Auswahl bereitgestellt.

Segall (2005) weist darauf hin, dass die Wahl des Abbruchkriteriums stark vom jeweiligen Anwendungskontext, der Beschaffenheit des Itempools und möglichen Einschränkungen bei der Durchführung eines adaptiven Tests abhängt. Sollen die individuellen Testwerte beispielsweise bei Auswahlentscheidungen verwendet werden, dann sind Personenparameter mit gleichem Standardfehler der latenten Eigenschaft über alle Probanden wünschenswert. Werden hingegen ganze Schulklassen gemeinsam getestet, dann wird es wegen organisatorischer Rahmenbedingungen oft kaum möglich sein, einen adaptiven Test mit flexibler Testlänge durchzuführen. In diesen Fällen wird oft eine Kombination der Punkte 2 und 3 verwendet.

2.2.5 Vor- und Nachteile

In diesem Abschnitt werden Auswirkungen des adaptiven Testens auf psychometrische Kenngrößen und auf Reaktionen der Probanden dargestellt. Es werden drei Aspekte unterschieden. Erstens wird der vermeintliche Hauptvorteil des adaptiven Testens dargestellt. Dieser besteht in der Möglichkeit zur Steigerung der Messpräzision bei gleicher Itemanzahl im Vergleich zu einem nicht-adaptiven Test, beziehungsweise in der Möglichkeit zur Verminderung der Itemanzahl bei gleicher Messpräzision wie ein nicht-adaptiver Test. Der Einfachheit halber wird dieser Punkt nur mit gesteigerter Messpräzision überschrieben. Zweitens werden Auswirkungen des adaptiven Testens dargestellt, die vor allem auf die computerbasierte Testadministration beim adaptiven Testen zurückgehen. Drittens werden offene Forschungsfragen zu den Auswirkungen des adaptiven Testens diskutiert.

Hauptvorteil: gesteigerte Messpräzision

Segall (2005) sieht den Hauptvorteil von adaptiven Tests in der gesteigerten Messpräzision (engl.: *measurement precision*). Dieser Vorteil ist bei IRT-basierten adaptiven Tests auf zwei unterschiedliche Sachverhalte zu beziehen.

Erstens liegen bei IRT-basierten Tests differenziertere Informationen zur Messpräzision vor als bei KTT-basierten Tests. Das Mehr an Information zur Messpräzision besteht darin, dass bei IRT-basierten Tests anhand der Testinformationsfunktion $I(\theta)$ Angaben über die Messpräzision in Abhängigkeit des Personenparameters θ gemacht werden können. Diese differenzierten Informationen bietet die KTT nicht, da hier angenommen wird, dass der Standardmessfehler und somit die Messpräzision über den gesamten θ-Bereich konstant ist.

Zweitens weisen adaptive Tests im Vergleich zu KTT-basierten Tests oftmals eine höhere Reliabilität auf. Ein Vergleich der Messpräzision von IRT- und KTT-basierten Tests kann anhand von Reliabilitätskoeffizienten erfolgen. Reliabilitätskoeffizienten stellen ein globales Maß der Messpräzision über den gesamten θ-Bereich dar. Sie nutzen zwar die im Rahmen der IRT verfügbaren differenzierten

Informationen nicht voll aus, weisen aber neben der Möglichkeit des Messpräzisionsvergleichs von IRT-basierten mit KTT-basierten Tests den zusätzlichen Vorteil auf, dass sie gut kommunizierbar sind. Bei einem Vergleich der Reliabilität eines adaptiven Tests mit der Reliabilität eines nicht-adaptiven Vergleichsverfahrens ist zu beachten, dass natürlich auch bei adaptiven Tests die Reliabilität in einem positiven Zusammenhang mit der Anzahl der verwendeten Items steht. Fügt man einem Test weitere homogene Items hinzu, also Items, die die gleiche latente Eigenschaft messen, dann ist eine Reliabilitätssteigerung zu erwarten. Die zu erwartende Reliabilität, die nach dem Hinzufügen oder auch dem Entfernen von homogenen Items zu einem Test mit bekannter Reliabilität resultiert, kann mit klassischen Spearman-Brown-Formel (vgl. z. B. Moosbrugger & Hartig, 2003) geschätzt werden. Es liegt auf der Hand, dass ein Vergleich der Reliabilität eines adaptiven mit der Reliabilität eines nicht-adaptiven Tests nur dann eindeutig zu interpretieren ist, wenn beide Tests die gleiche Itemanzahl aufweisen.

Bei der Entwicklung adaptiver Tests steht oftmals nicht das Erreichen einer sehr hohen Reliabilität, sondern vielmehr die Entwicklung eines Tests mit möglichst geringer Itemanzahl bei hinreichender Reliabilität im Vordergrund. Der Messpräzisionsvorteil des adaptiven Testens wird in der Testpraxis vor allem zugunsten einer Verringerung der Anzahl benötigter Items eingesetzt. Bei bereits realisierten adaptiven Tests wird häufig eine Verringerung der benötigten Itemanzahl um 50% und mehr beobachtet, wenn eine nicht-adaptive Testform durch eine adaptive Testform gleicher Reliabilität ersetzt wird. Hierzu werden nachfolgend beispielhaft vier empirische Befunde aus verschiedenen Anwendungsbereichen dargestellt:

Seit 1976 wird die Papier und Bleistift Version der Armed Services Vocational Aptitude Battery (ASVAB) zur Personalauswahl beim U.S.-amerikanischen Militär eingesetzt. Seit Beginn der 1980er Jahre begann das U.S.-amerikanische Verteidigungsministerium an der Umstellung der ASVAB auf eine computerbasierte adaptive Testform zu arbeiten. Inzwischen ist diese adaptive Testform, die Computerized Adaptive Testing version of the Armed Services Vocational Aptitude Battery (CAT-ASVAB; Sands, Waters & McBride, 1997) eines der am gründlichsten untersuchten, und mit rund 400.000 Probanden pro Jahr, eines der meistbenutzten psychodiagnostischen Instrumente überhaupt. Für die Skalen der CAT-ASVAB zeigte sich, dass bei vergleichbarer Reliabilität 40% bis 50% weniger Items benötigt werden als bei der nicht-adaptiven ASVAB (McBride & Martin, 1983; Moreno, Wetzel, McBride & Weiss, 1984; Moreno & Segall, 1997).

Kingsbury und Houser (1999) berichten über den Einsatz eines adaptiven Mathematikleistungstests bei Schulkindern in Portland, USA. Der Mathematiktest ist

Bestandteil eines großen Testsystems, mit dem bislang 200.000 Schulkinder untersucht wurden. Die adaptive Testform des Mathematiktests benötigt bei etwas niedrigerer Reliabilität im Mittel nur 17.3 Items, wohingegen der zuvor eingesetzte nicht-adaptive IRT-basierte Papier und Bleistift Test 56 Items aufweist. Die Reliabilität der adaptiven Testform fällt mit Werten zwischen .84 und .88 (in Abhängigkeit der Altersgruppe), wie von den Testentwicklern geplant, etwas niedriger aus als bei der nicht adaptiven Testform, die eine Reliabilität von .94 bis .96 (in Abhängigkeit der Altersgruppe) aufweist. Die Verringerung der Reliabilität wurde von den Testentwicklern bewusst angestrebt, da sie Reliabilitätskoeffizienten um .85 für die Anwendung im schulischen Bereich für ausreichend ansahen. Die gewünschte Reliabilität wurde durch ein entsprechendes Abbruchkriterium festgelegt; eine Möglichkeit die bei KTT-basierten Tests nicht besteht. Bei der Entwicklung des adaptiven Mathematikleistungstests von Kingsbury und Houser (1999) konnte also, ohne unerwünschte Einschränkung der Reliabilität, eine Verringerung der Itemanzahl um 69% erzielt werden.

Über eine nur teilweise erfolgreiche Entwicklung eines adaptiven Tests zur Personalauswahl von Computerprogrammierern bei einer großen Versicherungsgesellschaft berichten Overton, Harms, Taylor und Zickar (1997) sowie Zickar, Overton, Taylor und Harms (1999). Auch bei dieser Testentwicklung wurde, basierend auf einer vorhandenen nicht-adaptiven Testform (20 Items), eine computerbasierte adaptive Testform (12 Items) erstellt. Zwar kommt die adaptive Testform mit 40% weniger Items aus als die nicht-adaptive Testform, die Bearbeitungszeit ist aber mit 60 Minuten bei der adaptiven Testform mehr als doppelt so lang als bei der nicht-adaptiven Testform, deren Bearbeitung durchschnittlich 25 Minuten dauert. Angaben zur Reliabilität der beiden Testformen werden von den Autoren leider nicht gemacht. Zickar et al. (1999) führen die enttäuschende Testzeitverlängerung darauf zurück, dass bei der adaptiven Testform vor allem Items mit individuell mittlerer Schwierigkeit vorgelegt wurden. Die Bearbeitungszeit dieser Items war bedeutend länger als bei sehr leichten oder sehr schwierigen Items. Eine mögliche Erklärung der unerwünscht langen Bearbeitungszeit bei der adaptiven Testform könnte darin bestehen, dass die Items sehr komplex waren. Die Bearbeitung vieler Items dauerte länger als fünf Minuten. Es ist anzunehmen, dass sich bei alternativer Verwendung von Items geringerer Komplexität die erhoffte Verkürzung der Testzeit eingestellt hätte. Zur abschließenden Beurteilung müssten allerdings Angaben über die Reliabilität der beiden Verfahren vorliegen.

Vispoel und Kollegen entwickelten einen computerbasierten adaptiven Hörtest zur Messung musikalischer Begabung (z. B. Vispoel, 1999). Bei einer Studie an 172 College-Studenten erwies sich die adaptive Testform der nicht-adaptiven

Testform überlegen. Die adaptive Testform benötigte 57% weniger Items, um die gleiche Reliabilität wie die nicht-adaptive Testform zu erreichen. Wurde die Itemanzahl für beide Testformen mit 30 Items konstant gehalten, dann war die Reliabilität der adaptiven Testform mit .97 höher als die Reliabilität der nicht-adaptiven Testform, die bei .94 lag (Vispoel, Wang & Bleiler, 1997).

Vorteile aufgrund computerbasierter Testadministration

Da adaptive Tests heute fast ausschließlich computerbasiert vorgegeben werden, weisen sie demnach fast immer die Vorteile einer computerbasierten Testadministration auf. Zu diesen Vorteilen gehören: Sofortige und fehlerfreie Testwertbestimmung, hohe Testsicherheit, standardisierter Versuchsablauf, minimaler Bedarf an geschulten Testleitern, probandenbestimmte Bearbeitungsgeschwindigkeit, Testen bei Bedarf, problemloses Einpflegen neuer Items, problemloses Entfernen mangelhafter Items sowie zusätzliche Möglichkeiten der Itemgestaltung (vgl. auch Linacre, 2000 oder Segall, 2005).

Nachteile

Neben den genannten Vorteilen weisen adaptive Tests auch einige Nachteile auf. Die nachfolgend angeführten Nachteile beziehen sich nur auf computerbasierte adaptive Tests. Sie betreffen vor allem den sehr großen Aufwand der in den verschiedenen Entwicklungsphasen eines adaptiven Tests nötig ist. Dieser übersteigt den Aufwand, der für die Entwicklung eines nicht-adaptiven KTT-basierten Tests benötigt wird, oft um ein Vielfaches. Nachfolgend werden die Phasen aufgelistet, zu denen bei der Entwicklung eines adaptiven Tests ein Mehraufwand im Vergleich zu einem KTT-basierten Test entsteht.

Die Konstruktion eines adaptiven Tests beginnt mit der Entwicklung eines großen Itempools. Segall (2005) vermutet allerdings, dass die Ansprüche an die Größe der Itempools nur zu einem Teil auf die seitens des adaptiven Testens gestellten Anforderungen zurückzuführen sind. Vielmehr erfordere der oft zeitgleich mit der Einführung eines adaptiven Tests umgestellte Testmodus hohe Itemzahlen zur Gewährleistung der Testsicherheit. Oft wird mit Einführung eines adaptiven Tests von periodischer Testung (z. B. eine Testung am Ende des Schuljahrs) auf kontinuierliche Testung (z. B. Testung über das ganze Jahr hinweg) umgestellt. Um bei kontinuierlicher Testung die Testsicherheit zu gewähren, sind größere Itemzahlen notwendig.

In der weiteren Entwicklung eines adaptiven Tests sind die entwickelten Items einer Kalibrierungsstichprobe vorzulegen und nachfolgend auf Grundlage eines IRT-Modells zu kalibrieren. Hierzu wird ein tiefergehendes Verständnis der IRT benötigt. Zusätzlich werden für umfangreichere IRT-Modelle oft relativ große Stichproben benötigt, um verlässliche Schätzer der Modellparameter zu erhalten.

Ein zusätzlicher Nachteil von adaptiven Tests ist darin zu sehen, dass sowohl für die Testentwicklung als auch für die Testvorgabe Spezialsoftware benötigt wird. Darüber hinaus sind die wenigen kommerziell angebotenen Programme zur Administration adaptiver Tests sehr teuer und entsprechen oft nicht den Anforderungen von Testentwicklern, so dass die Programmierung eigener Software selten vermieden werden kann. Letztendlich muss die zur Testadministration nötige Hardware angeschafft und unterhalten werden. Auch hierdurch entstehen Kosten.

Neben diesen eher technischen und ökonomischen Gesichtspunkten wurden in Bezug auf computerbasierte Tests wiederholt Bedenken hinsichtlich der Testfairness geäußert. So wurde befürchtet, dass Subgruppen mit hoher Computerängstlichkeit oder eingeschränkten Zugangsmöglichkeiten zu Computern bei computerbasierten Tests benachteiligt würden. Bislang liegen allerdings keine konsistenten Befunde zur Unterstützung dieser Befürchtungen vor. Segall (2005) nimmt an, dass sich die Bedenken bezüglich Testfairness von computerbasierten Tests mit der weiteren Verbreitung von Computern zerstreuen werden.

2.2.6 Aktuelle Forschungsfragen

Die letzten drei Jahrzehnte haben gezeigt, dass die zunächst nur mathematisch dargelegten Grundzüge des adaptiven Testens auch praktisch umgesetzt werden können. Es wurden bislang schätzungsweise 20 qualitativ hochwertige adaptive Tests entwickelt. Viele Fragen zum adaptiven Testen sind aber noch näher zu untersuchen. Die vermutlich wichtigsten offenen Fragen lassen sich vier Aspekten zuordnen: praktische Fragestellungen, Effekte des adaptiven Testens auf die Validität der Messung, Effekte des adaptiven Testens auf die Motivation der Probanden zur Bearbeitung des Tests und Anwendung des adaptiven Testens in weiteren Bereichen neben der Leistungsdiagnostik.

Praktische Fragestellungen

Nicht abschließend beantwortete Fragen zur praktischen Realisierung adaptiver Tests sehen Wainer et al. (2000) unter anderem darin, wie mit instruktionswidrigem Verhalten von Probanden umgegangen werden kann, wie Möglichkeiten zum Schummeln ausgeschlossen werden können, ob und wie ein optionales Auslassen von Items verwirklicht werden kann und inwieweit Zeitbeschränkungen beim adaptiven Testen ohne Modellverletzungen des zugrunde gelegten

IRT-Modells realisierbar sind. Zum letzten Punkt weisen Wainer et al. (2000) auf die Möglichkeit der gezielten Manipulation von Item-Darbietungszeiten hin, um eine Veränderung der Itemschwierigkeiten zu bewirken. Kurz dargebotene Items sollten eine höhere Schwierigkeit aufweisen als lang dargebotene Items. Die gleichen Items könnten durch dieses Vorgehen bei Probanden mit unterschiedlicher Ausprägung der latenten Eigenschaft vorgegeben werden, nur mit unterschiedlicher Darbietungszeit. Die Autoren sehen in diesem Vorgehen eine viel versprechende Möglichkeit, den Aufwand bei der Erstellung des Itempools für einen adaptiven Test bedeutend zu verringern. Erste Befunde von Steyer, Partchev und Kröhne (2003) unterstützen diese Annahme. Ferne wurde der im Zentrum der vorliegenden Arbeit stehende FAKT (Moosbrugger & Heyden, 1997; Kapitel 2.3) von Wainer et al. (2000) bislang anscheinend nicht rezipiert. Beim FAKT wird nämlich genau die beschriebene gezielte Veränderung der Itemschwierigkeit durch Manipulation der Darbietungszeit bereits verwirklicht. Dieser Der FAKT benötigt nur acht verschiedene Items, um den gesamten Bereich der zu messenden latenten Eigenschaft Konzentrationsleistung adaptiv zu messen.

Effekte des adaptiven Testens auf die Validität der Messung

Bislang liegen nur begrenzte Befunde zu den Effekten des adaptiven Testens auf die Validität vor.

Die konvergente Validität adaptiver Testformen fällt bei den meisten vorliegenden adaptiven Testformen vergleichbar zur konvergenten Validität der nicht-adaptiven Vergleichsverfahren aus. Dieser Befund ist wenig verwunderlich, wenn man bedenkt, dass die Mehrzahl adaptiver Tests als äquivalente Vergleichsverfahren zu bestehenden Verfahren entwickelt wurde. Da Äquivalenzaussagen vor allem aufgrund von Validitätskoeffizienten (z. B. Korrelation zwischen adaptiver und nicht-adaptiver Testform) begründet werden, drückt der Befund vergleichbarer Validität adaptiver und nicht-adaptiver Testformen im Wesentlichen nur die erfolgreiche Entwicklung von äquivalenten Testformen aus. Angaben zur Äquivalenz zwischen adaptiver und nicht-adaptiver Testdarbietung findet man für den CAT-ASVAB bei Moreno und Segall (1997), für den Test zur Personalauswahl von Computerprogrammierern bei Zickar, Overton, Taylor und Harms (1999) und für den Hörtest musikalischer Begabung bei Vispoel et al. (1997). In allen drei Fällen erwiesen sich die adaptiven Testformen als äquivalent zu den nicht-adaptiven Testformen. Über Äquivalenzaussagen hinausgehend wäre es aber sehr interessant zu wissen, ob und wenn ja welchen Effekt adaptives Testen auf die Validität der Messung hat. Unter der Bedingung eines theoriekonformen Itempools sollte sich die überlegene Messpräzision adaptiver Tests auch auf die Höhe von Validitätskoeffizienten positiv auswirken. Dies lässt sich aus den Annahmen der KTT ableiten (vgl. Kapitel 2.1.2). Gegeben sei beispielsweise ein nicht-adaptiver Test mit Reliabilität von $\varrho(X, X') = .8$, ein weiteres nicht-adaptives Verfahren zur Messung einer konvergenten Variablen mit gleicher Reliabilität von $\varrho(Y, Y') = .8$ und ein theoretisch angenommener Zusammenhang von $\varrho(T_X, T_Y) = .7$. Würde statt des nicht-adaptiven Tests ein adaptiver Test mit einer höheren Reliabilität von $\varrho(X, X') = .9$ eingesetzt werden, dann wäre aufgrund (18) ein Anstieg des konvergenten Validitätskoeffizienten $\varrho(X, Y)$ von .56 (nicht-adaptiv) auf .59 (adaptiv) zu erwarten. Für zukünftige Entwicklungen adaptiver Tests wäre deshalb zu entscheiden, ob Äquivalenz zu bestehenden nicht-adaptiven Tests zwingend nötig ist. Sollte dies nicht der Fall sein, dann könnte anhand empirischer Ergebnisse geklärt werden, ob die durch adaptives Testen theoretisch zu erwartende Steigerung der konvergenten Validität auch empirisch gefunden werden kann.

Hinsichtlich der prädiktiven Validität zeigte sich in einigen Fällen ein kleiner Vorteil der adaptiven Testformen über ihre nicht-adaptiven Vergleichsverfahren (Alkhadher, Clarke & Anderson, 1998; Cudeck, 1985; Zickar, Overton, Taylor & Harms, 1999). Hier könnte die überlegene Reliabilität der adaptiven Testformen zu den leichten Erhöhungen der prädiktiven Validitätskoeffizienten geführt haben. Eine Überlegenheit des adaptiven Testens im Vergleich zum nicht-adaptiven Testen lässt sich allerdings ebenfalls nur dann erwarten und sinnvoll untersuchen, wenn das Ziel der Entwicklung eines adaptiven Tests nicht in Äquivalenz mit einer nicht-adaptiven Testform besteht, sondern in einer Steigerung der Reliabilität.

Die Auswirkungen des adaptiven Testens auf die diskriminante Validität wurden bislang im Bereich des selbstadaptierten Testens (Rocklin & O'Donnell, 1987) und anhand des FAKT (Moosbrugger & Heyden, 1997) untersucht. Aus den Annahmen der KTT ergibt sich rein rechnerisch kein Vorteil des adaptiven Testens im Hinblick auf die diskriminante Validität. Empirische Befunde zeigen aber in mehreren Fällen, dass adaptive Tests über eine bessere diskriminante Validität verfügen als nicht-adaptive Tests. Zunächst werden die empirischen Befunde aus dem Bereich des selbstadaptierten Testens zusammenfassend dargestellt. Ein selbstadaptierter Test (SAT) ist ein adaptiver Test, bei dem ein Proband die Itemschwierigkeit des nächsten Items selbst festlegen kann. Selbstadaptierte Tests realisieren somit keine psychometrisch orientierte, sondern eine durch den Probanden gesteuerte Itemauswahl. Bis auf diese Besonderheit gelten alle oben genannten Aspekte des adaptiven Testens auch für das selbstadaptierte Testen. Mehrere Studien untersuchten den Zusammenhang von Testleistung und der potenziellen Störvariablen Prüfungsangst in Abhängigkeit ob ein adaptiver, ein selbstadaptierter oder ein nicht-adaptiver Test zur Messung der Testleistung eingesetzt wurde. Die berichteten negativen Korrelationen waren bei der Verwendung eines nicht-adaptiven Tests höher als bei der Verwendung von adaptiven Tests (Vispoel, Rocklin & Wang, 1994) und selbstadaptierten Tests (O'Donnell & Rocklin, 1991, zitiert nach Rocklin, 1994; Vispoel, Wang, de la Torre, Bleiler & Dings, 1992; Vispoel et al., 1994). Ähnliche Befunde zeigten sich auch hinsichtlich des verbalen Selbstkonzepts als weitere potenzielle Störvariable. Vispoel, et al. (1994) verglichen den Zusammenhang zwischen der Leistung bei einem Vokabeltest und dem per Selbstbericht erhobenen verbalen Selbstkonzept (gemessen mit dem Self-Description Questionnaire III, SDQ III, Marsh, 1989, zitiert nach Vispoel, et al., 1994) in Abhängigkeit davon ob der Vokabeltest adaptiv, selbstadaptiert oder nicht-adaptiv dargeboten wurde. Die höchste Korrelation zwischen Testleistung und verbalem Selbstkonzept ergab sich mit .66 bei nicht-adaptiver Testdarbietung. Niedrigere Korrelationen ergaben sich bei adaptiver (.37) und selbstadaptierter Testdarbietung (.08). Weitere Studien berichten, dass bei selbstadaptierter Testdarbietung zumeist leicht niedrigere Korrelationen zwischen Testleistung und potenziellen Störvariablen ergaben, als bei adaptiver Testdarbietung (Rocklin & O'Donnell, 1991, zitiert nach Vispoel et al., 1994; Vispoel & Coffman, 1994; Vispoel et al., 1992). Zu den Auswirkungen des adaptiven Testens mit dem FAKT auf die diskriminante Validität der gemessenen Konzentrationsleistungswerte liegt die eingangs beschriebene Studie von Frey und Moosbrugger (2004) vor. Hierbei zeigten sich bei Anwendung der adaptiven Testformen des FAKT niedrigere umgekehrt u-förmige Zusammenhänge zwischen der zu messenden Konzentrationsleistung und der potenziellen Störvariablen Aktivierung als bei der nicht-adaptiven Testform. Mit den adaptiven Testformen des FAKT gemessene Konzentrationsleistungswerte weisen somit eine höhere diskriminante Validität hinsichtlich der potenziellen Störvariablen Aktivierung auf als Konzentrationsleistungswerte die mit der nicht-adaptiven Testform gemessen wurden. Gerade weil ein Vorteil des adaptiven Testens im Vergleich zum nicht-adaptiven Testen nicht syntaktisch aus den Annahmen der KTT abgeleitet werden kann, ist dieser Punkt psychologisch höchst interessant. Vermutlich ist der Vorteil auf interne Prozesse zurückzuführen, die bei den Probanden während der Testbearbeitung ablaufen. Ein möglicher psychologischer Erklärungsansatz für die beobachteten positiven Effekte des adaptiven Testens auf die diskriminante Validität wird im Kapitel 2.5 dargestellt.

Es lässt sich zusammenfassen, dass bei adaptiver und selbstadaptierter Testdarbietung im Betrag niedrigere Korrelationen zwischen Testleistung und potenziellen Störvariablen resultieren als bei nicht-adaptiver Testdarbietung. Die berichteten Befunde weisen darauf hin, dass sich adaptives Testen (und selbstadaptiertes

Testen als Spezialform des adaptiven Testens) förderlich auf die diskriminante Validität der Messung auswirkt. Dieser Befund kann nicht rein syntaktisch erklärt werden und erscheint deshalb psychologisch von hohem Interesse.

Effekte des adaptiven Testens auf die Motivation zur Testbearbeitung

Es galt viele Jahre lang als kaum hinterfragtes Faktum, dass sich adaptives Testen förderlich auf die Motivation eines Probanden zur Testbearbeitung auswirkt. Diese Annahme scheint auf erste Arbeiten zum adaptiven Testen von Betz und Weiss (1976a, 1976b) und Betz (1975) zurückzugehen. Die Autoren vermuteten, dass adaptives Testen vor allem bei leistungsschwächeren Individuen eine Steigerung der Motivation zur Testbearbeitung bewirke. Dies unterstützend berichten Betz und Weiss (1976b), dass die nach einer Testung durch Selbstbericht gemessene Motivation zu Testbearbeitung in einer Gruppe mit hoher Fähigkeitsausprägung bei adaptiver Testung ($M = 12.7$, $SD = 1.8$) ähnlich hoch ausfiel wie bei nicht-adaptiver Testung ($M = 12.5$, $SD = 2.0$), wohingegen sich bei einer Gruppe mit niedriger Fähigkeitsausprägung bei adaptiver Testung ($M = 12.0$, $SD = 2.8$) etwas höhere Motivationswerte ergaben als bei nicht-adaptiver Testung ($M = 11.0$, $SD = 2.1$). Bei einer berechneten zweifaktoriellen Varianzanalyse mit den Faktoren *Fähigkeit* (hoch, niedrig) und *Adaptivität* (adaptiv, nicht-adaptiv) resultierten diese Ergebnisse in einer signifikanten Interaktion $\text{Fähigkeit} \cdot \text{Adaptivität}$, $F(1, 341) = 7.83$, $p = .006$, $\eta^2 = .023$. Die Autoren erklären den Befund damit, dass die Probanden bei einem adaptiven Test nur Items vorgelegt bekommen, die auf ihr individuelles Leistungsniveau abgestimmt sind. Dabei würde die Vorgabe von Items vermieden, die für ein Individuum viel zu leicht sind und damit Langeweile auslösen könnten oder viel zu schwer sind und damit Frustration auslösen könnten. Bis auf die berichteten Ergebnisse von Betz und Weiss (1976b) liegen allerdings kaum Befunde vor, die die Annahmen einer motivationssteigernden Wirkung adaptiven Testens weiter stützen. Unabhängig davon, findet sich diese Annahme in vielen Lehrbüchern der psychologischen Diagnostik wieder (Fisseni, 2004; Jäger & Petermann, 1999; Kubinger, 1995). Unterstützung erhält die Annahme zusätzlich von theoretischer Seite, da sie gut durch das Risikowahl-Modell von Atkinson (1957, 1964) begründet werden kann (s. Kapitel 2.5.1). Aktuelle theoretische und empirische Arbeiten stellen aber nachdrücklich in Frage, ob adaptives Testen in der Tat zu einer Steigerung der Motivation zur Testbearbeitung im Vergleich zu einer nicht-adaptiven Testvorgabe führt. Eine Reihe von Autoren führte bislang vor allem auf theoretischer Ebene das plausible Argument an, dass die Vorgabe von Items mit einer mittleren individuellen Lösungswahrscheinlichkeit von 50% gerade nicht zu einer besonders hohen Motivation zur Testbearbeitung führen sollte. Es sei vielmehr anzunehmen, dass es im Vergleich zu Tests, die die Probanden bislang bearbeiteten, eine ungewohnt frustrierende Testerfahrung darstelle, im Mittel nur die Hälfte der vorgelegten Items lösen zu können und das unabhängig von der eigenen Anstrengung (vgl. z. B. Bergstrom, Lunz & Gershon, 1992; Eggen, 2004; Eggen & Verschoor, 2004; Ponsoda, Olea, Rodriguez & Revuelta, 1999). Neuere empirische Befunde unterstützten diese Annahmen. So berichten Tonidandel, Quiñones und Adams (2002) über einen negativen linearen Zusammenhang zwischen der objektiven Schwierigkeit eines adaptiven Tests und der nach der Testung per Selbstbeurteilung erhobenen Motivation zur Testbearbeitung (test-taking motivation) von $r = .10$ ($p = .02$). Je höher die manipulierte Schwierigkeit eines vorgelegten Tests war, desto niedriger fiel die wahrgenommene Motivation zur Testbearbeitung aus. Für adaptive Tests ist demnach eine niedrigere Motivation zur Testbearbeitung zu erwarten als für nicht-adaptive Tests. Eine mögliche Begründung ist darin zu sehen, dass bei adaptiven Tests meistens eine mittlere Lösungswahrscheinlichkeit von 50% resultiert. Bei der Mehrzahl nicht-adaptiver Tests ist die mittlere Lösungswahrscheinlichkeit für den Großteil der Probanden jedoch deutlich höher. Adaptive Tests sind also meistens schwieriger als durchschnittliche nicht-adaptive Tests. Aufgrund der geringen beobachteten Effektstärke sollte das von Tonidandel et al. (2002) berichtete Ergebnis allerdings nicht überinterpretiert werden. Eventuell liegt die kleine Effektstärke aber auch in methodischen Schwächen der Arbeit begründet. Wie auch immer, der Befund scheint in jedem Fall bemerkenswert, da er den über drei Dekaden anscheinend weitgehend unreflektiert übernommenen Annahmen zu den Effekten des adaptiven Testens auf die Motivation zur Testbearbeitung diametral widerspricht und zudem plausibel erklärt werden kann. Vor dem Hintergrund der oben angeführten plausiblen Kritik an der Annahme der motivationssteigernden Wirkung des adaptiven Testens und dem Befund von Tonidandel et al. (2002), scheinen weitere Forschungsbemühungen zu den Auswirkungen des adaptiven Testens auf die Motivation zur Testbearbeitung angezeigt.

Neue Anwendungsgebiete

Bislang wurden adaptive Tests fast ausschließlich zur Messung von Leistungsmerkmalen erstellt. Wainer et al. (2000) sehen vor allem im Bereich der kognitiven Psychologie als auch im Bereich der Persönlichkeits- und Sozialpsychologie weitere Anwendungsmöglichkeiten für adaptives Testen. Embretson (1985) gibt eine Zusammenfassung ihres Forschungsprogramms zur Untersuchung von kognitiven Prozessen, die der Bearbeitung von Testitems zugrunde liegen. Diese Informationen könnten in einem weiteren Schritt zur Konstruktion theoriebasierter Items verwendet werden. Die Idee dahinter ist, dass eine kognitive Theorie zur Vorhersage der beim adaptiven Testen benötigten IRT-Parameter (Schwierigkeit, Steigung, Rateparameter) erstellt werden können.

Zusätzlich kann das Prinzip des adaptiven Testens auf die Messung von Personmerkmalen oder Einstellungen in der Persönlichkeits- oder Sozialpsychologie verwendet werden (Wainer et al., 2000). Simulationsstudien zeigen, dass ähnlich wie bei der Messung von Leistungsmerkmalen rund 50% der Items durch adaptives Testen eingespart werden können (Reise & Henson, 2000; Waller & Reise, 1989). Bislang ist es zumindest drei Forschergruppen gelungen, anwendbare adaptive Tests zur Messung von Personmerkmalen oder Einstellungen zu entwickeln. Bereits im Jahre 1990 entwickelten Koch und Dodd einen adaptiven Test zur Messung der Einstellung gegenüber Alkohol. Eine Forschergruppe der psychosomatischen Abteilung des Charité-Klinikums der Humboldt-Universität zu Berlin entwickelte drei adaptive Tests zur Messung von State-Angst (Becker, 2004; Walter et al., 2005), State-Depression (Fliege et al., 2003) und State-Stress (Kocalevent et al., 2004). Das Verfahren zur Messung von State-Angst (A-CAT) wird inzwischen erfolgreich im täglichen Klinikbetrieb eingesetzt. Ein weiterer realisierter adaptiver Persönlichkeitstest wurde ebenfalls für den medizinischen Anwendungsbereich entwickelt. Bjorner, Kosinski und Ware (2003) sowie Ware et al. (2003) berichten über die erfolgreiche Entwicklung eines adaptiven Tests zur Messung der empfundenen Beeinträchtigungen durch Kopfschmerzen.

2.3 Der Frankfurter Adaptive Konzentrationsleistungs-Test (FAKT)

Die Auswirkungen des adaptiven Testens auf die diskriminante Validität werden durch die vorliegende Arbeit am Beispiel des Frankfurter Adaptiven Konzentrationsleistungs-Tests (FAKT; Moosbrugger & Heyden, 1997) untersucht. Im einleitenden Kapitel 2.3.1 wird dargestellt welche Definition von Konzentration dem FAKT zugrunde gelegt wurde. Vom FAKT existieren drei Testformen; zwei adaptive und eine nicht-adaptive. Die Konzeption des FAKT wird in Kapitel 2.3.2 vorgestellt. Es werden zunächst die von allen drei Testformen eingesetzten Items beschrieben. Danach wird auf Besonderheiten der drei Testformen eingegangen. Es wird für jede Testform dargestellt, wie die Fragen nach dem *how to start*, dem *how to continue* und dem *how to stop* beantwortet werden (vgl. Kapitel 2.2). Darauf folgt eine Zusammenstellung der Gütekriterien der drei Testformen (Kapitel 2.3.3). Das abschließende Kapitel 2.4 geht über die reine Beschreibung des FAKT hinaus. Es wird ausgeführt, welche potenziellen Störvariablen die diskriminante Validität von Konzentrationsleistungsmessungen mit dem FAKT beinträchtigen könnten.

2.3.1 Konzentration beim FAKT

Der FAKT strebt die Messung des Konstrukts Konzentration an. Die im Testmanual (Moosbrugger & Heyden, 1997) angegeben Definition von Konzentration beruft sich auf Amelang und Zielinski (1994), wobei Konzentration als allgemeine Fähigkeit verstanden wird, sich bei der Bearbeitung einer Aufgabe ununterbrochen aufgabenrelevanten Merkmalen zuzuwenden und gleichzeitig Reize auszublenden, die für die Aufgabenbearbeitung irrelevant sind. Es sei angemerkt, dass weitere Definitionen von Konzentration existieren. Die Forschung zur Konzentration steht traditionell in enger Verbindung mit der Aufmerksamkeitsforschung. Vor allem zur Aufmerksamkeit existieren in vielen Teildisziplinen der Psychologie umfangreiche eigene Forschungsbereiche. So werden Aufmerksamkeitsphänomene tiefer gehend seitens der Psychologischen Diagnostik, der Allgemeinen Psychologie, der Physiologischen Psychologie und der Pädagogischen Psychologie untersucht. In jedem der genannten Bereiche liegen meistens mehrere konkurrierende Theorieansätze vor, die vor allem innerhalb der jeweiligen Teildisziplin rezipiert werden. Die einzelnen Ansätze sollen und können hier nicht näher dargestellt werden, da sich das Thema der vorliegenden Arbeit nicht mit der Grundlagenforschung im Bereich der Aufmerksamkeitstheorie beschäftigt. Vergleichende Zusammenstellungen von Theorieansätzen zur Aufmerksamkeit findet man beispielsweise bei Goldhammer und Moosbrugger (in Druck), Schmidt-Atzert, Büttner und Bühner (2004), van der Heijden (2004) sowie bei van der Heijden und Bem (1997). Zu der Frage ob Konzentration konzeptuell von Aufmerksamkeit abgegrenzt werden sollte, oder ob Konzentration im Rahmen von Aufmerksamkeitstheorien betrachtet werden kann, existieren unterschiedliche Ansichten. Einerseits finden sich Ansichten, die Konzentration als ein von der Aufmerksamkeit verschiedenes Konzept ansehen. Beispielsweise verstehen Schmidt-Atzert et al. (2004) unter Aufmerksamkeit ein wahrnehmungsnahes Phänomen, das durch „das selektive Beachten relevanter Reize oder Informationen" definiert wird (S. 5). In Abgrenzung dazu wird unter Konzentration ein Phänomen verstanden, dass sich nicht auf die Wahrnehmung, sondern auf die Verarbeitung von Informationen bezieht. Konzentration wird als „die Fähigkeit, unter Bedingungen schnell und genau zu arbeiten, die das Erbringen einer kognitiven Leistung normalerweise erschweren" (Schmidt-Atzert et al., 2004, S. 9) definiert. Die Autoren gehen davon aus, dass jede kognitive Leistung, wie beispielsweise Wahrnehmung, Aufmerksamkeit, Behalten, Schlussfolgern oder Psychomotorik durch Konzentration gesteigert werden können. In ähnlicher Weise beziehen auch Westhoff und Hagemeister (2005) Aufmerksamkeit auf die Wahrnehmung und Konzentration auf das Arbeiten. Trotz der konzeptuellen Abgrenzung der Konstrukte Konzentration und Aufmerksamkeit, kann vor dem Hintergrund dieser Ansätze eine Zusammenführung der beiden Konstrukte erreicht werden, da Konzentration als konzentrierte Aufmerksamkeit bezeichnet werden kann. Andere Ansätze verzichten auf eine konzeptuelle Trennung der beiden Konstrukte. Beispielsweise integrieren Goldhammer und Moosbrugger (in Druck) Konzentration in ein mehrdimensionales Modell der Aufmerksamkeit. Hierbei wird angenommen, dass hohe Konzentration aus dem Zusammenwirken von Aufmerksamkeitskomponenten, die eine andauernde Selektion, Koordination und Kontrolle von Handlungsschemata unter Einsatz willentlicher Anstrengung bewirken. Alle drei Testformen des FAKT streben die Messung einer solchen Leistung an.

2.3.2 Testkonzeption

Der FAKT ist ein vollständig computerbasiertes Verfahren, dass die Messung der individuellen Ausprägung der maximalen Konzentrationsleistung anstrebt. Bei der Testdurchführung werden einem Probanden intellektuell anspruchslose Items auf einem Computerbildschirm dargeboten. Jedes Item weist einen äußeren Kreis auf, in dem unterschiedliche geometrische Formen angeordnet sein können. Die geometrischen Formen unterscheiden sich systematisch auf den Dimensionen *Punkte-Anzahl* (zwei oder drei), *Gestalt* (Kreis oder Quadrat) und *Anordnung der Punkte* (normal oder horizontal gespiegelt). Durch die Kombination der drei Dimensionen ergeben sich acht Items (s. Abbildung 9).

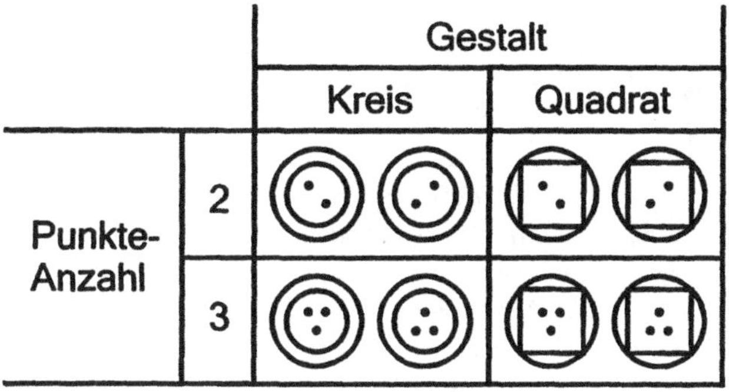

Abbildung 9: Die acht Items des FAKT. Aus Moosbrugger und Heyden, 1997, S. 18.

Die acht Items des FAKT sind in eine Menge von Zielitems und eine Menge von nicht-Zielitems unterteilt. Die Menge der Zielitems wird durch die Testinstruktion definiert und besteht aus allen Items, die ein Quadrat und zwei Punkte aufweisen und allen Items, die einen Kreis und drei Punkte aufweisen. Die Aufgabe eines Probanden besteht darin, für jedes Item zu entscheiden, ob es zu der Menge der von Zielitems oder zu der Menge der nicht-Zielitems gehört. Die Dimension Anordnung der Punkte ist für die Klassifikation eines Items als Ziel- oder nicht-Zielitem irrelevant. Sie dient lediglich zur Vermeidung von sich wiederholenden Ketten gleicher Items bei der Testdurchführung. Damit keine Verzerrungen der Testwerte durch ein Vergessen der Instruktion entstehen können, wird während der Testdurchführung jeweils am oberen Bildschirmrand eingeblendet, welche Merkmale die Zielitems aufweisen. Die Urteilsabgabe erfolgt über Tastendruck einer handelsüblichen Computertastatur oder wahlweise mit einer speziellen Reaktionstastatur.

Die Abfolge der Items ist bei allen drei Testformen identisch. Ausgehend von einer Zufallsreihenfolge, wurde eine Abfolge von 640 Items erstellt. Bei dieser Abfolge kommt jedes Item gleich häufig vor und zusätzlich ist die Wahrscheinlichkeit für jedes Item gleich hoch auf das vorherige Item zu folgen. Dies führt dazu, dass für die gesamte Abfolge von 640 Items 50% Zielitems vorgegeben werden. Wurden alle 640 Items bei einer Testung abgearbeitet, dann wird die Abfolge wiederholt.

Testformen

Vom FAKT liegen drei Testformen mit den Bezeichnungen FAKT-SR, FAKT-S und FAKT-E vor.

Die nicht-adaptive Testform *FAKT-SR* (*S*imultandarbietung, *r*eaktionszeitbasiert) ähnelt herkömmlichen Konzentrationsleistungs- oder Aufmerksamkeitsleistungstests am stärksten. Bei dieser Testform wird jeweils eine Zeile von 10 Items zur sequenziellen Bearbeitung auf dem Computerbildschirm dargeboten. Das jeweils zu bearbeitende Zeichen wird durch einen Pfeil markiert (s. Abbildung 10). Die Itemzeile bleibt solange auf dem Computerbildschirm sichtbar, bis alle Items bearbeitet wurden. Danach wird eine neue Itemzeile mit 10 weiteren Items eingeblendet. Die individuelle Ausprägung der Konzentrationsleistung, der Konzentrationsleistungswert KW, ergibt sich bei der Testform FAKT-SR durch den mit 100 multiplizierten Quotienten aus der Anzahl aller adäquaten Antworten und der Summe der Reaktionszeiten auf alle bearbeiteten Items i.

$$KW = 100 \cdot \frac{G - 2 \cdot F}{\sum_{i=1}^{G} t_{R_i}} \qquad (24)$$

Die Anzahl adäquater Antworten ergibt sich aus der Gesamtzahl der bearbeiteten Items G abzüglich der doppelten Fehleranzahl F. Eine Begründung der doppelten Fehlergewichtung findet sich bei Oehlschlägel und Moosbrugger (1991).

Bei der adaptiven Testform *FAKT-S* (*S*imultandarbietungsweise) wird, wie bei der zuvor beschriebenen Testform FAKT-SR, eine Zeile von 10 Items auf dem Computerbildschirm dargeboten (Abbildung 10). Der Unterschied zur nicht-adaptiven Testform FAKT-SR besteht darin, dass bei der Testform FAKT-S die Itemzeile nicht in jedem Fall solange auf dem Computerbildschirm dargestellt bleibt, bis alle Items bearbeitet wurden. Zumeist wird sie, bevor sie vollständig bearbeitet werden konnte, ausgeblendet und durch eine weitere Itemzeile ersetzt. Die Darbietungszeit der Itemzeilen passt sich dabei adaptiv an die bereits gezeigte individuelle Leistung des Probanden an. Wie dies genau geschieht und wie bei dieser Testform die Berechnung der individuellen Ausprägung des KW erfolgt, wird später bei der Beschreibung der Strategien der Itemauswahl dargestellt.

Die ebenfalls adaptive Testform *FAKT-E* (*E*inzeldarbietung) unterscheidet sich von den beiden bereits dargestellten Testformen dadurch, dass immer nur ein einzelnes Item zur Bearbeitung in der Mitte des Computerbildschirms dargeboten wird (Abbildung 11). Die Darbietungszeit wird wie bei der Testform FAKT-S adaptiv an die gezeigte Leistung des Probanden angepasst.

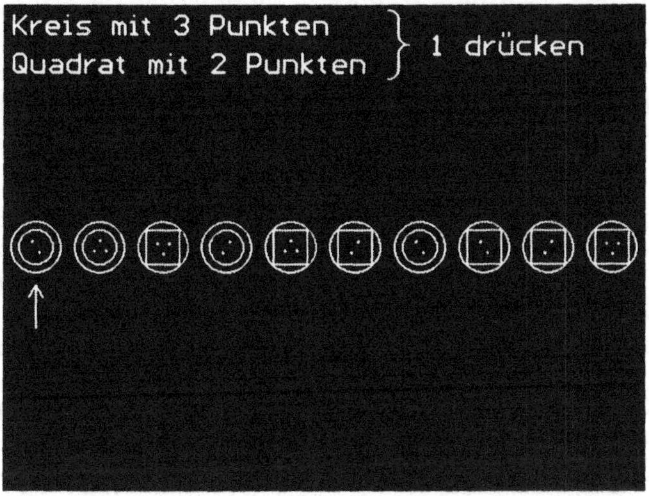

Abbildung 10: Bildschirmdarstellung der Testdurchführung bei den Testformen FAKT-SR und FAKT-S.

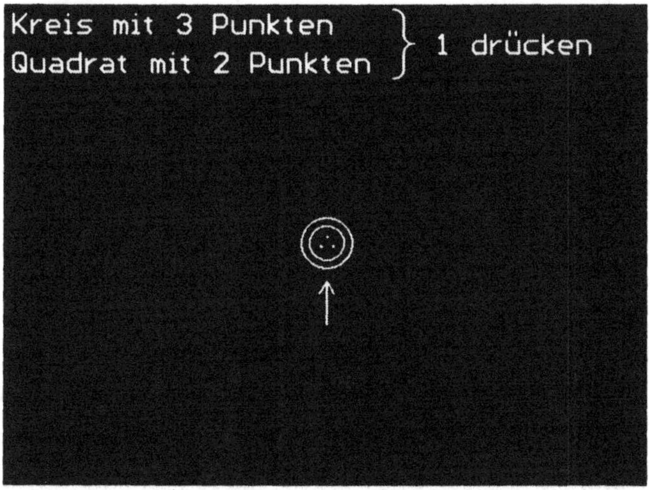

Abbildung 11: Bildschirmdarstellung der Testdurchführung bei der Testform FAKT-E.

Testbeginn

Der nicht-adaptive FAKT-SR beginnt mit der simultanen Darbietung der ersten zehn Items der festgelegten Abfolge von 640 Items. Sie bleiben solange auf dem Bildschirm sichtbar, bis sie vollständig bearbeitet wurden.

Bei den adaptiven Testformen FAKT-S und FAKT-E wird die Darbietungszeit adaptiv an die gezeigte Leistungsfähigkeit des Probanden angepasst. Um dem Probanden einen problemlosen Einstieg in den Test zu ermöglichen, ist die anfängliche Darbietungszeit relativ lang. Sie beträgt beim FAKT-S zehn Sekunden für die erste Itemzeile und beim FAKT-E drei Sekunden für das erste einzeln dargebotene Item.

Bei allen drei Testformen des FAKT steigt zu Beginn der Testung die gezeigte Testleistung zumeist stark an, um sich nach kurzer Zeit auf einem hohen Niveau zu stabilisieren. Für die Bestimmung der individuellen Ausprägung der Konzentrationsleistung ist vor allem die Höhe des erreichten Niveaus interessant. Dem Testanwender stehen bei allen drei Testformen deshalb zwei Optionen zur Verfügung, wie der anfängliche Leistungsanstieg aus der Testwertbestimmung ausgeschlossen werden kann. Einerseits kann die Länge der anfänglichen Übungsphase auf eine Minute fixiert werden. Die Testwertbestimmung beginnt dann in der zweiten Testminute. Diese Option ist für Gruppentestungen vorteilhaft, da die Testlänge über alle Probanden konstant gehalten werden kann. Sind gleiche Testlängen für die untersuchten Probanden nicht nötig, dann kann die zweite Option verwendet werden. Bei dieser ist der Beginn der Testwertbestimmung von dem beobachteten Leistungsanstieg abhängig. Die Testwertbestimmung beginnt dann, wenn die Leistung eines Probanden keine Steigerung mehr aufweist (vgl. Moosbrugger & Heyden, 1997). Diese Option führt meistens zu einer kürzeren Testlänge als die Wahl einer Übungsphase mit fixierter Länge von einer Minute.

Strategien der Itemauswahl

Bei der nicht-adaptiven Testform FAKT-SR wird die festgelegte Abfolge der Items ohne Zeitbeschränkung zur Bearbeitung in Reihen von jeweils zehn Items vorgegeben.

Bei der adaptiven Testform FAKT-E wird die Darbietungszeit des auf dem Computerbildschirm dargebotenen Items adaptiv an die Leistungsfähigkeit des Probanden angepasst. Wird ein Item korrekt beantwortet, dann wird die Darbietungszeit des nächsten Items um 10% verkürzt. Wurde keine Antwort gegeben, dann verlängert sich die Darbietungszeit um 11.11%. Dies macht eine Verkürzung der Darbietungszeit um 10% rückgängig. Wurde eine falsche Antwort gegeben, dann verlängert sich die Darbietungszeit um 23.46%, wodurch zwei Verkürzungen der Darbietungszeit um 10% rückgängig gemacht werden. Dieser Algorithmus sei an einem Beispiel verdeutlicht. Das erste Item wird einem Probanden für die Dauer von 3 Sekunden dargeboten. Es sei angenommen, dass das Item korrekt beantwortet wurde, so dass sich die Darbietungszeit des nächsten Items um 10% auf 2.7 Sekunden verkürzt. Wenn, der Proband danach das Antwortverhalten korrekt, korrekt, korrekt, keine Antwort, korrekt, falsch zeigen würde, dann ergäbe sich folgende Abfolge der Darbietungszeiten in Sekunden: 2.43, 2.19, 1.97, 2.19, 1.97, 2.43. Bei realen Testungen mit den adaptiven Testformen des FAKT pendelt sich die Itemdarbietungszeit schnell auf einen relativ stabilen Wert ein. Die Strategie der Darbietungszeitanpassung der adaptiven Testformen des FAKT führt dazu, dass die Wahrscheinlichkeit, ein Item adäquat zu beantworten, $P_a = .50$ beträgt. Die Wahrscheinlichkeit für eine nicht-adäquate Antwort (P_{na}) beträgt ebenfalls .50. Das Ziel der adaptiven Darbietungszeitanpassung besteht in der möglichst genauen Bestimmung jener Darbietungszeit, bei der für ein Individuum

$$P_a = P_{na} = .50 \qquad (25)$$

gilt. Sie wird liminale Darbietungszeit genannt.

Der Konzentrationsleistungswert KW ergibt sich aus dem mit 100 multiplizierten Kehrwert der mittleren Itemdarbietungszeit (vgl. Moosbrugger und Heyden, 1997 für eine Herleitung).

In Abbildung 12 wird die mittlere Itemdarbietungszeit und der KW eines hypothetischen Probanden in Abhängigkeit der Testlänge abgebildet. Die durchgezogene Linie gibt den zeitlichen Verlauf der Darbietungszeit eines Items dar. Die gepunktete Linie stellt den zeitlichen Verlauf des KW dar. Zu Beginn der Testung kann der hypothetische Proband die vorgelegten Items fast durchgängig korrekt bearbeiten, was sich in einem schnellen Rückgang der Itemdarbietungszeit niederschlägt. Nach ca. 30 Items pendelt sich die Itemdarbietungszeit auf einen Wert um 0.5 Sekunden pro Item ein. Die Bestimmung des KW beginnt nach Ablauf der ersten Testminute. Die Schwankungen um den bei dieser Testung resultierenden wahren KW von 200 werden mit zunehmender Testlänge schnell kleiner, um dann bis zum Ende der Testung weitgehend stabil zu bleiben. Der Abbildung liegen hypothetische Daten für eine Testung mit einer Länge von sechs Minuten zugrunde. Da sich in diesem idealisierten Beispiel der KW schnell auf einen stabilen Wert einpendelt, hätte ein adaptives Testende zu einer bedeutend kürzeren Testzeit geführt.

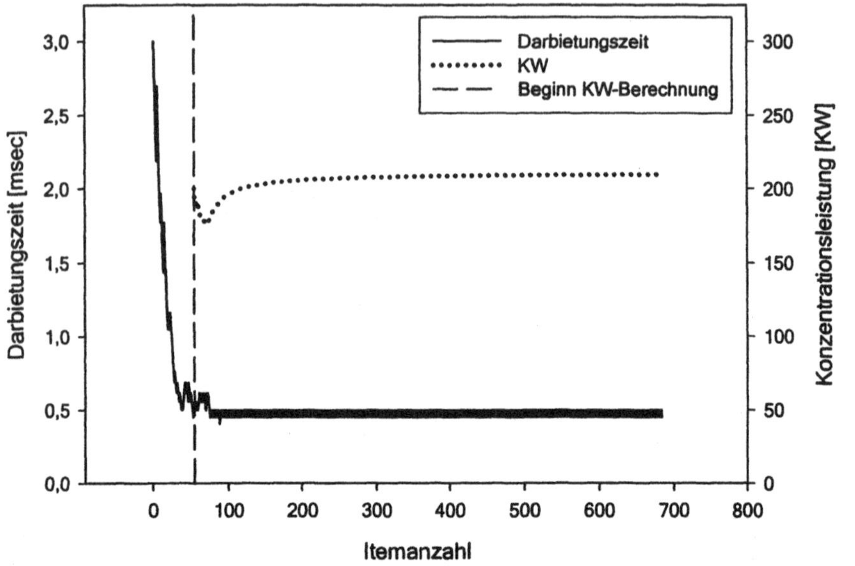

Abbildung 12: Idealisierter zeitlicher Verlauf der geschätzten Konzentrationsleistung und der Itemdarbietungszeit bei Testung mit dem FAKT-E in Abhängigkeit der Anzahl dargebotener Items.

Die adaptive Anpassung der Darbietungszeit beim FAKT-S folgt dem gleichen Prinzip wie beim FAKT-E. Die liminale Darbietungszeit ist beim FAKT-S gefunden, wenn die Wahrscheinlichkeit einer adäquaten Bearbeitung der ersten Hälfte der zehn simultan auf dem Computerbildschirm dargebotenen Items .50 beträgt. Die Bestimmung des Konzentrationsleistungswerts erfolgt wie bei der Testform FAKT-E.

Durch die bei den adaptiven Testformen FAKT-S und FAKT-E realisierte Strategie der Itemauswahl werden die einzelnen Items beziehungsweise die Itemzeilen auf a-priori festgelegten Darbietungszeitstufen vorgegeben. Die Itemauswahl folgt demnach einer mehrstufigen, fest verzweigten adaptiven Strategie der Itemauswahl (vgl. Kapitel 2.2.3).

Vergleichbarkeit der Konzentrationsleistung zwischen den Testformen

Oben wurde ausgeführt, dass der KW bei den adaptiven Testformen FAKT-S und FAKT-E anders berechnet wird als bei der nicht-adaptiven Testform FAKT-SR. Dies führt dazu, dass mit den adaptiven Testformen des FAKT gemessene

KWs nicht direkt mit KWs verglichen werden können, die mit der nicht-adaptiven Testform FAKT-SR gemessen wurden. Überdies scheint die Berechnung eines alternativen Koeffizienten, mit dem ein fairer Vergleich von KWs zwischen adaptiver und nicht-adaptiver Testdarbietung erfolgen kann, problematisch. Es wäre nahe liegend einen solchen Koeffizienten durch eine Verrechnung der Anzahl richtiger und falscher Antworten zu bestimmen. Beispielsweise könnte ein alternatives Konzentrationsleistungsmaß KW_a für alle Testformen durch die Gesamtanzahl vorgelegter Items GZ abzüglich der doppelten Anzahl von Fehlern F und der Anzahl der nicht bearbeiteten Items NB berechnet werden:

$$KW_a = GZ - 2 \cdot F - NB \,. \tag{26}$$

Die Begründung von (26) ist im Anhang A zu finden. Auch KW_a erlaubt allerdings keinen fairen Vergleich der Konzentrationsleistung zwischen den Testformen des FAKT. Dies liegt in dem von den Testformen FAKT-S und FAKT-E verwendeten adaptiven Algorithmus begründet, der dazu führt, dass rund die Hälfte aller vorgelegten Items von einem Probanden falsch oder nicht bearbeitet wird, so dass gilt:

$$E(GZ) = F + \frac{NB}{2} \,. \tag{27}$$

Bei der nicht-adaptiven Testform FAKT-SR ist hingegen die Anzahl der Fehler ausschließlich durch das Antwortverhalten eines Probanden abhängig. Vor diesem Hintergrund ist anzunehmen, dass KW_a die Konzentrationsleistung bei den adaptiven Testformen des FAKT unterschätzt.

Messmodell

An einer Stichprobe von $N = 235$ Probanden untersuchten Moosbrugger und Heyden (1995), ob das gezeigte Antwortverhalten bei den adaptiven Testformen FAKT-S und FAKT-E IRT-konform ist. Zunächst wurde überprüft, ob Modellkonformität mit dem 1-PL besteht. Als Antwortkategorien wurden *korrekt* und *inkorrekt* unterschieden, wobei falsche Antworten und keine Antworten zu den inkorrekten Antworten zählen. Es zeigten sich keine überzufälligen Verletzungen der Annahmen des 1-PL. Zusätzlich wurde die Modellkonformität mit dem mehrdimensionalen polychotomen Raschmodell (z. B. Fischer, 1974) überprüft. Hierbei wurden die drei Antwortkategorien *korrekte Antwort*, *inkorrekte Antwort* und *keine Antwort* verwendet. Es zeigten sich keine Verletzungen der Modellannahmen. Moosbrugger und Heyden (1995) schließen, dass die Items des FAKT eine konstruktvalide homogene Dimension erfassen.

Testende

Bei allen drei Testformen des FAKT kann seitens des Anwenders zwischen zwei Abbruchkriterien gewählt werden. Der Test wird abgebrochen, wenn eine

- frei wählbare konstante Testzeit zwischen 2 bis 90 Minuten (Standardtestzeit: 6 Minuten), oder
- eine hinreichende Stabilität des individuellen Konzentrationsleistungswerts erreicht ist.

Wird eine konstante Testzeit festgelegt, dann wird der Test unabhängig von der Stabilität von der geschätzten Konzentrationsleistung nach Verstreichen der festgelegten Zeit abgebrochen.

Wird der Test in Abhängigkeit von der Stabilität der Messung beendet, kann die Testlänge interindividuell variieren. Die Testlänge beträgt bei Wahl dieser Option aber immer mindestens zwei Minuten und maximal sechs Minuten. Die Bestimmung der hinreichenden Stabilität basiert bei allen drei Testformen auf dem Standardfehler des geschätzten Konzentrationsleistungswerts (vgl. Moosbrugger & Heyden, 1997, S. 30ff)[3].

2.3.3 Gütekriterien

Objektivität

Da alle drei Testformen des FAKT vollständig computerbasiert instruiert, durchgeführt und ausgewertet werden, weisen sie eine sehr gute Durchführungs-, Auswertungs- und Interpretationsobjektivität auf.

Reliabilität

Zur Reliabilität werden im Testmanual Angaben zur internen Konsistenz und zur Retest-Reliabilität gemacht. Bei konstanter Übungsphase von einer Minute und einer konstanten Standardtestzeit von sechs Minuten weisen die drei Testformen des FAKT eine sehr hohe interne Konsistenz von $.91 \leq \alpha \leq .96$ auf. Leicht höhere Werte von $.93 \leq \alpha \leq .97$ ergeben sich, wenn die Übungsphase beendet wird, wenn der Leistungsanstieg zu Beginn der Testung keine Steigung mehr aufweist und die Testung bei Erreichen einer hinreichenden Stabilität abgebrochen wird.

---

[3] Auch bei der Testform FAKT-SR, bei der keine adaptive Anpassung der Darbietungszeit erfolgt, kann somit die Testung adaptiv beendet werden. Der Einfachheit halber wird im Folgenden trotzdem von der *nicht-adaptiven* Testform FAKT-SR gesprochen.

Die Retest-Reliabilität bei konstanter Übungsphase von einer Minute und einer konstanten Standardtestzeit von sechs Minuten liegt mit Werten zwischen .70 bis .96 im annehmbaren bis sehr guten Bereich. Die Reliabilitäten der drei Testformen unterscheiden sich nur unwesentlich.

Validität

Hinsichtlich der Validität liegen Angaben und Ergebnisse zur Inhaltsvalidität sowie zur konvergenten und diskriminanten Validität vor.

Die Aufgabenstellung besteht bei allen drei Testformen des FAKT darin, unter Zeitdruck bestimmte Eigenschaften vorgelegter Items zu beachten (Anzahl der Punkte, Form), und gleichzeitig irrelevante Eigenschaften (Anordnung der Punkte) auszublenden. Diese Aufgabenstellung eignet sich gut zur Messung der individuellen Konzentrationsleistung laut obiger Definition, womit das Verfahren eine hohe Inhaltsvalidität aufweist (Moosbrugger & Heyden, 1997).

Bezüglich der konvergenten Validität liegen Korrelationen zwischen den mit den drei Testformen erhobenen Konzentrationsleistungswerten und mit anderen Tests erhobenen Aufmerksamkeitsmaßen vor. Vor dem Hintergrund, dass das vom FAKT erhobene Merkmal als konzentrierte Aufmerksamkeit bezeichnet werden kann, erscheint dieses Vorgehen berechtigt. Theoretisch sind substanzielle Korrelationen zwischen Konzentrationsleistung und Aufmerksamkeit zu erwarten, die aufgrund der gegebenen leichten Unterscheidbarkeit der beiden Konstrukte jedoch nicht die Höhe von Reliabilitätskoeffizienten erreichen dürften. Diesen Annahmen entsprechend, zeigten sich Korrelationen zwischen den mit den FAKT-Testformen erhobenen KWs und den KL-Werten des nicht-adaptiven Aufmerksamkeits-Belastungstest d2 (Brickenkamp, 1994) in der Papier und Bleistift Version von .40 bis .61. Die Korrelationen zwischen dem L-Wert der nicht-adaptiven Papier und Bleistift Version des Frankfurter Aufmerksamkeits-Inventars (FAIR; Moosbrugger & Oehlschlägel, 1996) und den KWs des FAKT lagen zwischen .44 und .55. Die konvergenten Validitätskoeffizienten unterscheiden sich hierbei nur unwesentlich zwischen den drei FAKT-Testformen. Es ist zuammenzufassen, dass die Höhe der Korrelationen zwischen der mit dem FAKT gemessenen Konzentrationsleistung und dem Merkmal Aufmerksamkeit im theoretisch zu erwartenden Bereich liegen.

Ergebnisse zur diskriminanten Validität liegen zu einzelnen Intelligenzfacetten, den mit dem NEO-Fünf-Faktoren-Inventar (NEO-FFI; Borkenau & Ostendorf, 1993) gemessenen Personmerkmalen Neurotizismus, Extraversion, Offenheit für Erfahrungen, Verträglichkeit und Gewissenhaftigkeit sowie zu der potenziellen Störvariablen Aktivierung vor. Die mit dem NEO-FFI gemessenen Personmerkmale entsprechen der in Kapitel 2.1.3 gegebenen Definition einer potenziellen Störvariablen. Während alle fünf Merkmale auf theoretischer Ebene klar vom Konstrukt Konzentration zu trennen sind, sind auf manifester Ebene Zusammenhänge mit Konzentrationsleistung zu erwarten. Bei einem strengen Test der diskriminanten Validität sollten sich für alle fünf Skalen keine signifikant von 0 verschiedenen Korrelationen ergeben. Der Tabelle 3 sind die von Doll (1994) berichteten Korrelationskoeffizienten mit Irrtumswahrscheinlichkeiten für die Zusammenhänge zwischen den mit der Testform FAKT-S bei einminütiger Übungsphase und 6-minütiger Testzeit gemessenen KWs und den mit dem NEO-FFI gemessenen so genannten *Big Five*. Die Tabelle gibt Korrelationen für Erst- und Zweitmessung an. Es ergaben sich ausschließlich nicht signifikante Korrelationen von -.04 bis .20. Die berichteten Korrelationen sind für die zweite Messung leicht niedriger als bei der ersten Messung. Doll (1994) macht keine Angaben über Korrelationen zwischen mit den anderen beiden Testformen FAKT-SR und FAKT-E erhobenen Konzentrationsleistungswerten und den NEO-FFI-Skalen. Ein Vergleich der Korrelationen zwischen adaptiver und nicht-adaptiver Testdarbietung ist deshalb nicht möglich. Ein solcher Vergleich zwischen den Testformen wurde für die potenzielle Störvariable Aktivierung bei von Frey und Moosbrugger (2004) durchgeführt. Die Ergebnisse wurden bereits in Kapitel 1 und Kapitel 2.2.6 dargestellt.

Tabelle 3: Korrelationen zwischen den Big Five und der mit dem FAKT-S gemessenen Konzentrationsleistung ($N = 72$)

	Messung 1		Messung 2	
Skala	*r*	*p*	*r*	*p*
Neurotizismus	-.03	.811	-.04	.736
Extraversion	.20	.093	.03	.817
Offenheit für Erfahrungen	-.02	.878	-.01	.928
Verträglichkeit	-.06	.593	.04	.724
Gewissenhaftigkeit	.17	.158	.17	.143

Es kann zusammengefasst werden, dass vor allem die adaptiven Testformen des FAKT eine hohe diskriminante Validität aufzuweisen scheinen. Die Ergebnisse von Frey und Moosbrugger (2004) lassen vermuten, dass die nicht-adaptiven

Testform FAKT-SR im Vergleich mit den adaptiven Testformen eine geringere diskriminante Validität hat.

2.4 Potenzielle Störvariablen der Konzentrationsleistungsmessung

Die Studie von Frey und Moosbrugger (2004) legt die Annahme nahe, dass die diskriminante Validität der adaptiven Testformen des FAKT generell höher sein könnte, als die der nicht adaptiven Testform. Um diese Annahme abzusichern, ist zu untersuchen, ob sich vergleichbare Ergebnisse auch für weitere potenzielle Störvariablen beobachten lassen. Frey und Moosbrugger untersuchten unerwünschte Zusammenhänge zwischen Konzentrationsleistung und Aktivierung in Abhängigkeit der Testform. Die Aktivierung wurde durch Differenzbildung individueller post- und prä-Werte gebildet. Es wurde also die Veränderung eines situativen physiologischen Zustands während der Testung als potenzielle Störvariable untersucht. Um die Breite des angenommenen Effekts auf die diskriminante Validität einschätzen zu können, sind vergleichbare Zusammenhangsstudien mit weiteren Klassen potenzieller Störvariablen anzustreben. Es bietet sich eine Unterscheidung von Variablenklassen an:

1. Zustände (States)
2. Zustandsveränderungen während der Testung (Δ-States)
3. Eigenschaften (Traits)
4. Externale situative Einflüsse (Situationen)

In den nachfolgenden Abschnitten wird für jede Gruppe ein Beispiel einer Variable angeführt, die eine konstruktgetreue Messung maximaler Konzentrationsleistung stören könnte. Als potenzielle Störvariablen bieten sich Emotionen an, weil diese in vielfältiger Weise mit Leistungsmaßen in Zusammenhang stehen können. Hierbei sind zwei Sichtweisen möglich. Einerseits kann die Wirkung von Emotionen im Sinne unabhängiger Variablen auf Leistungswerte untersucht werden. Andererseits können die Effekte des Abschneidens bei einem Test auf Emotionen untersucht werden, wobei Emotionen als abhängige Variablen betrachtet werden. Im vorliegenden Fall erscheint vor allem der Effekt von Emotionen auf Leistung interessant, weil dies den Messfehleranteil bei der Messung der maximalen Leistung potenziell erhöhen und somit die diskriminante Validität einschränken kann. Die Untersuchung der Auswirkungen von Leistungstestungen auf Emotionen ist hingegen eher dem Bereich der Grundlagenforschung der Emotionspsychologie zuzuordnen. Da die Fragstellung der vorliegenden Arbeit psychodiagnostisch ausgerichtet ist, werden nachfolgend Emotionen nur im

Sinne unabhängiger Variablen betrachtet, die einen unerwünschten Einfluss auf die Messung maximaler Konzentrationsleistung haben können.

Als exemplarische Variablen für die vier Klassen potenzieller Störvariablen werden State-Ärger, Veränderung von negativem Affekt, Trait-Besorgnis und Lärm während der Testung verwendet. Die nachfolgenden vier Abschnitte weisen eine ähnliche Struktur auf. Zunächst wird jede der vier potenziellen Störvariablen kurz beschrieben. Danach werden empirische Befunde zum Zusammenhang mit Leistungsmaßen und mögliche theoriebasierte Erklärungen der Befunde dargestellt. Anschließend wird beurteilt, ob die betreffende Variable aufgrund der im Kapitel 2.1.3 genannten Definition als potenzielle Störvariable bei der Messung maximaler Konzentrationsleistung bezeichnet werden kann. Abschließend wird jeweils begründet, ab welchem Grenzwert Zusammenhänge mit der gemessenen Konzentrationsleistung beziehungsweise ab welcher Effektstärke externale situative Einflüsse auf die gemessene Konzentrationsleistung als unerwünscht anzusehen sind, wenn die Messung maximaler Konzentrationsleistung angestrebt wird. Im empirischen Teil der Arbeit wird dann untersucht, ob der Effekt dieser vier potenziellen Störvariablen auf gemessene Konzentrationsleistung in Abhängigkeit davon variiert, ob eine adaptive oder die nicht-adaptive Testform des FAKT verwendet wird. Die Auswahl der Variablen bezieht sich übrigens bewusst auf Variablen, die nicht auf ein einzelnes Konstrukt zurückführbar sind. Hierdurch soll die Generalisierung der Befunde auf die oben genannten vier Klassen potenzieller Störvariablen erleichtert werden. Wären beispielsweise die Effekte von State-Angst, State-Angst-Differenzen, Trait-Angst und Angst auslösenden Situationen auf Konzentrationsleistung untersucht worden, dann würde eine Generalisierung der Ergebnisse auf die vier Klassen problematisch sein, da die Ergebnisse unter Umständen nur für den Phänomenbereich Angst Gültigkeit besäßen. Weisen hingegen mehrere Studien mit potenziellen Störvariablen, die auf unterschiedliche Konstrukte zurückzuführen sind, auf ein gemeinsames Befundmuster hin, dann ist eine Generalisierung auf die vier Klassen potenzieller Störvariable mit weniger Unsicherheit behaftet.

2.4.1 State-Ärger

Exemplarisch für die Klasse der State-Variablen wird State-Ärger als potenzielle Störvariable bei der Messung der maximalen Konzentrationsleistung herangezogen. Als notwendige, aber nicht hinreichende Bedingung für das Erleben von Ärger wird eine selbst oder fremd verschuldete Blockierung einer zielgerichteten Handlung angesehen (Schwenkmezger, 1991). Es lassen sich fünf Facetten des Ärgers differenzieren. So wird zwischen State-Ärger und Trait-Ärger sowie den drei Ärgerausdrucksstilen nach innen gerichteter Ärger, nach außen gerichtetem Ärger und Ärger-Kontrolle unterschieden (vgl. z. B. Schwarzer & Schwarzer, 1982; Schwenkmezger, Hodapp & Spielberger, 1992). Der Fokus der vorliegenden Arbeit liegt dabei auf State-Ärger. Das Empfinden von State-Ärger ist gekennzeichnet von Gefühlen der Spannung, der Störung, der Irritation und der Wut und geht zumeist mit einer Aktivierung des autonomen Nervensystems einher.

Bei empirischen Untersuchungen zeigte es sich, dass in Abhängigkeit von dem Zeitpunkt der Messung von State-Ärger und der Art der Aufgabe, sowohl positiv als auch negativ gerichtete Zusammenhänge zwischen State-Ärger und Leistungsvariablen auftreten können. Von Lane, Terry, Beedie und Stevens (2004) liegt eine aktuelle Studie zum Zusammenhang von State-Ärger und Konzentrationsleistung vor. Die Autoren untersuchten an einer Stichprobe von $N = 136$ Probanden den Zusammenhang von vor der Leistungsmessung erhobenem State-Ärger mit Konzentrationsleistung in Abhängigkeit der State-Depressivität. Die Konzentrationsleistung wurde mit einer Gitter-Aufgabe gemessen, bei der die Aufgabe für die Probanden darin bestand, in einem Gitter von $10 \cdot 10$ Ziffern, unter Zeitdruck Ziffern in aufsteigender Reihenfolge zu markieren. State-Ärger und State-Depressivität wurden mit der Brunel Mood Scale (BRUMS; Terry, Lane, Lane & Keohane, 1999) erhoben. Der Zusammenhang zwischen vor der Leistungsmessung erhobenem State-Ärger und Konzentrationsleistung wurde durch die Depressivität der untersuchten Probanden moderiert. Bei nicht-depressiven Probanden ergab sich eine Korrelation von .30 (p <.05), bei depressiven Probanden von .18 (p >.05). Der Zusammenhang zwischen State-Ärger und Konzentrationsleistung fiel also bei nicht-Depressiven höher aus als bei Depressiven – wenngleich in beiden Fällen ein positiver Zusammenhang beobachtet wurde. Chang und Wilson (2004) konnten einen Effekt von Ärger auf Leistung experimentell nachweisen. Probanden, die gebeten wurden, eine ärgerliche Situation zu erinnern und aufzuschreiben, zeigten schlechtere Leistungen bei einer nachfolgenden Problemlöseaufgabe als Probanden, die gebeten wurden eine erfreuliche Situation zu erinnern und aufzuschreiben.

Zusammenhänge zwischen vor einer Leistungsmessung erhobenem State-Ärger und Leistung werden zumeist dadurch erklärt, dass eine bestehende State-Ärgeremotion relevant für das Verhalten in nachfolgend durchgeführten Tätigkeiten sein kann (s. z. B. Schwenkmezger, 1991). Eine vor einer Testung bestehende State-Ärgeremotion kann somit einen Effekt auf die Art der Bearbeitung eines Leistungstests haben. Erscheint eine gestellte Testaufgabe lösbar, dann ist nach Schwenkmezger (1991) zu erwarten, dass State-Ärgeremotionen eine Erhöhung der Aufmerksamkeitszuwendung bewirken. Dies kann in Anlehnung an Wortman und Brehm (1975) als *jetzt-erst-recht-Reaktion* im Sinne eines Reaktanzphänomens beschrieben werden. Lassen sich leistungssteigernde Effekte von State-Ärger finden, dann weist dies darauf hin, dass das verwendete Testverfahren nicht die maximale Leistung misst. Bei einem Test, der tatsächlich die individuell maximale Leistung misst, dürften hingegen keine Leistungssteigerungen in Abhängigkeit der individuellen Ausprägung des State-Ärgers möglich sein. Aus der Definition einer potenziellen Störvariablen lassen sich zwei Bedingungen ableiten. Um eine Variable als potenzielle Störvariable bezeichnen zu können, sollten einerseits auf theoretischer Ebene das zu messende Konstrukt und die potenzielle Störvariable zwei substanziell zu unterscheidende Konstrukte darstellen und andererseits sollten auf empirischer Ebene Zusammenhänge zwischen manifesten Messwerten beider Konstrukte zu befürchten sein. Für State-Ärger treffen beide Bedingungen einer potenziellen Störvariablen bei der Messung der maximalen Konzentrationsleistung zu:

Auf theoretischer Ebene stellen maximale Konzentrationsleistung und State-Ärger substanziell unterscheidbare Konstrukte dar. Dies zeigt sich beispielsweise daran, dass die Definitionen der Konstrukte das jeweils andere Konstrukt nicht erwähnen. Für die vorliegende Arbeit wird die Annahme getroffen, dass seitens des Bereichs der Theorie kein Überschneidungsbereich der Konstrukte vorliegt (Abbildung 13).

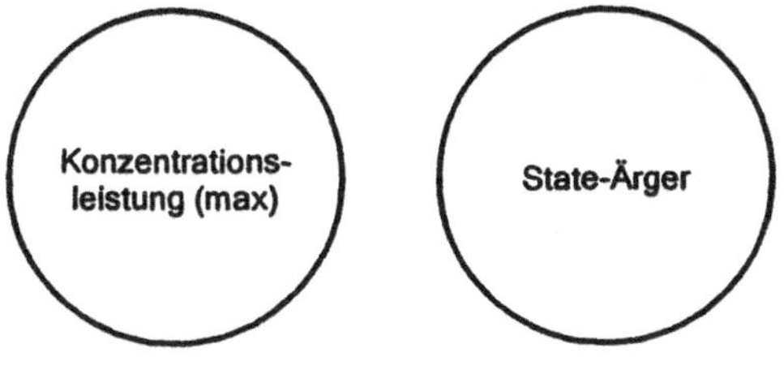

Abbildung 13: Venn-Diagramm des theoretisch zu erwartenden Zusammenhangs zwischen maximaler Konzentrationsleistung und State-Ärger.

Auf empirischer Ebene müssen aufgrund empirischer Befunde positive Zusammenhänge zwischen den manifesten Messwerten der maximalen Konzentrationsleistung und der individuellen Ausprägung von State-Ärger angenommen werden.

State-Ärger ist somit als potenzielle Störvariable bei der Messung der maximalen Konzentrationsleistung anzusehen.

Messwerte, die die individuell maximale Konzentrationsleistung konstruktgetreu repräsentieren, sollten theoretisch eine Nullkorrelation mit State-Ärger aufweisen. Der inferenzstatistische Test der diskriminanten Validität von maximalen Konzentrationsleistungswerten hinsichtlich State-Ärger hat deshalb nach dem Ansatz *das Konstrukt und nichts als das Konstrukt* am Grenzwert 0 zu erfolgen.

2.4.2 Veränderung von negativem Affekt

Exemplarisch für die Klasse Δ-States wird die Veränderung von negativem Affekt während der Testung als potenzielle Störvariable bei der Messung der maximalen Konzentrationsleistung betrachtet. Negativer Affekt (NA) beschreibt einen recht breit konzeptualisierten Gefühlszustand negativer Anspannung (Krohne, Egloff, Kohlmann & Tausch, 1996). Hohe NA zeichnet sich durch Angst, Nervosität und Gereiztheit aus. Die Konzeptualisierung von NA ist damit relativ eng an das Verständnis von State-Angst angelehnt (vgl. Tellegen, 1985; Watson, Clark & Tellegen, 1988). State-Angst wird als emotionaler Zustand beschrieben, der durch Anspannung, Besorgnis, Nervosität, innere Unruhe, Furcht vor zukünftigen Ereignissen und einer erhöhten Aktivität des autonomen Nervensystems gekennzeichnet ist (z. B. Spielberger, 1972). Bei der Validierung der deutschen Version der Positive and Negative Affect Schedule (PANAS; Krohne et al., 1996) zeigte sich erwartungsgemäß eine hohe Korrelation von .58 ($p < .001$) zwischen NA und State-Angst. Vor diesem Hintergrund liegt es nahe, für die Beschreibung des Zusammenhangs von NA auf Leistung auf Theorien und Ergebnisse aus dem Bereich der Angstforschung zurückzugreifen.

Zum Zusammenhang zwischen Leistung und State-Angst liegen zahlreiche empirische Befunde vor, deren Hauptaussagen prägnant durch Metaanalysen (Seipp & Schwarzer, 1991; Seipp, 1991) zusammengefasst werden. Bei der Meta-Analyse von Seipp & Schwarzer (1991) beziehungsweise Seipp (1991), die auf dem gleichen Datenmaterial basiert, wurden 126 Studien zum Zusammenhang von Angst und akademischen Leistung miteinbezogen. Der Mittelwert der Korrelation zwischen State-Angst und Leistung lag bei -.21 ($p < .05$). Obwohl die gefundene mittlere Korrelation lediglich als kleiner Effekt zu klassifizieren ist, kann sie bei der Leistungsdiagnostik möglicherweise zu erheblichen Verzerrungen führen. Die Korrelation von -.21 lässt sich durch Einsetzen in

$$d = \frac{2 \cdot r}{\sqrt{1 - r^2}} \qquad (28)$$

auch als standardisierte Mittelwertsdifferenz von $d = -0.43$ ausdrücken (s. z. B. Rosenthal, Rosnow & Rubin, 2000). Unter der Annahme der Normalverteilung bedeutet dies, dass die Leistungswerte von ängstlichen Individuen fast eine halbe Standardabweichung niedriger ausfallen, als die Leistungswerte nicht-ängstlicher Individuen (vgl. Seipp & Schwarzer, 1991). Erklärt werden negative Zusammenhänge zwischen State-Angst und Leistung häufig durch den kognitiven Interferenzansatz von Sarason (1986; s. auch Wine, 1982 sowie Zeidner, 1998). Der Ansatz nimmt an, dass Probanden mit einem hohen Ausmaß an Angst während der Testbearbeitung von testirrelevanten Kognitionen gestört werden. Es wird angenommen, dass die testirrelevanten Kognitionen von der Testbearbeitung ablenken und dadurch mit der gezeigten Testleistung interferieren können. Diesem Erklärungsansatz zufolge sollte das individuelle Testergebnis umso schlechter ausfallen, je größer die Angst ist. Der kognitive Interferenzansatz wird zur Erklärung von negativen Zusammenhängen zwischen Leistung und einer Vielzahl von Angst-Facetten wie State-Angst, Veränderung von State-Angst, Trait-Angst oder auch speziellen Ängsten wie Prüfungsangst verwendet. Setzt man die Gültigkeit des kognitiven Interferenzansatzes voraus, dann folgt, dass vor allem das Ausmaß der Veränderung von State-Angst während einer Testung gute Hinweise auf das Ausmaß von testirrelevanten Kognitionen im Testverlauf gibt. Ein Anstieg der State-Angst während der Testung – und somit auch der NA – ist dann zu erwarten, wenn das Ergebnis des Tests in irgendeiner Weise vom Probanden als selbstwertrelevant bewertet wird. Eine solche Situation dürfte beispielsweise dann vorliegen, wenn eine Ergebnisrückmeldung erfolgt sowie bei Testungen, von deren Ergebnis Selektionsentscheidungen abhängig gemacht werden, wie bei der Personalauswahl oder bei der Vergabe von Studienplätzen. Aufgrund der starken Überlappung der Konstrukte State-Angst und NA und der hohen korrelativen Beziehung zwischen den beiden Merkmalen, wird für die vorliegende Arbeit der kognitive Interferenzansatz als gültig für den Zusammenhang zwischen Leistung und Veränderung von NA während der Testung angenommen.

Sollten sich bei einer Leistungsmessung negative Korrelationen zwischen der Veränderung von NA und Leistung zeigen, dann ist anzunehmen, dass die gemessene Leistung nicht der maximalen Leistung entspricht, sondern, dass die gemessenen Leistungswerte niedriger sind als die maximal mögliche Leistung. Bei einem Test, der tatsächlich die individuell maximale Leistung misst, dürften hingegen keine Leistungsminderungen in Abhängigkeit der NA-Veränderung möglich sein.

Für die Veränderung von NA treffen beide Bedingungen bei der Messung der maximalen Konzentrationsleistung zu:

Auf theoretischer Ebene stellen maximale Konzentrationsleistung und NA und somit auch Veränderung von NA substanziell zu unterscheidende Konstrukte dar. Dies zeigt sich beispielsweise darin, dass in den Definitionen der Konstrukte das jeweils andere Konstrukt nicht erwähnt wird. Für die vorliegende Arbeit wird angenommen, dass im Bereich der Theorie kein Überschneidungsbereich der Konstrukte Konzentration und NA besteht (Abbildung 14).

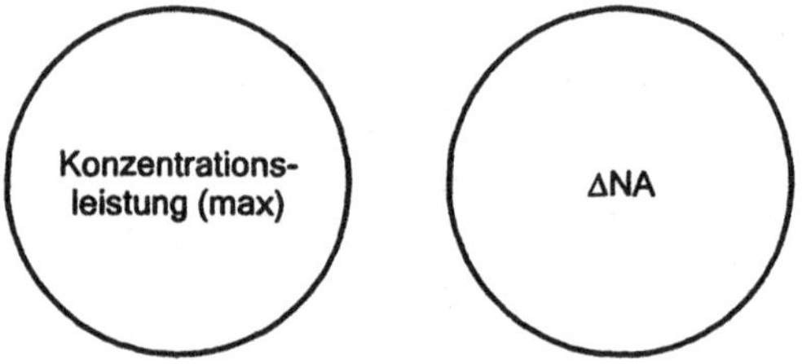

Abbildung 14: Venn-Diagramm des theoretisch zu erwartenden Zusammenhangs zwischen maximaler Konzentrationsleistung und Veränderung des negativen Affekts (ΔNA).

Auf empirischer Ebene sind Zusammenhänge zwischen Messwerten der maximalen Konzentrationsleistung und Veränderung des NAs anzunehmen. Veränderung von NA entspricht damit der Definition einer potenziellen Störvariablen bei der Messung der maximalen Konzentrationsleistung.

Messwerte, die die individuell maximale Konzentrationsleistung konstruktgetreu repräsentieren, sollten theoretisch eine Nullkorrelation mit der Veränderung von NA während der Testung aufweisen. Der inferenzstatistische Test der diskriminanten Validität von maximalen Konzentrationsleistungswerten hinsichtlich der Veränderung von NA hat deshalb nach dem Ansatz *das Konstrukt und nichts als das Konstrukt* am Grenzwert 0 zu erfolgen.

2.4.3 Prüfungsangst

Als exemplarisch für die Klasse der Trait-Variablen wird eine Komponente der Prüfungsangst verwendet. Prüfungsangst beschreibt eine situationsspezifische Disposition in Stress induzierenden Situationen wie beispielsweise Klausuren, psychologischen Leistungstests oder öffentlichen Reden mit State-Angst zu reagieren (Hodapp, et al., 1995). Prüfungsangst wird heute meistens als multidimensionales Konstrukt angesehen. Liebert und Morris (1967) schlugen die Differenzierung zwischen einer Besorgnis- und einer Emotionalitätskomponente der Prüfungsangst vor. Während die Besorgniskomponente auf Kognitionen bezogen ist, die sich mit antizipierten Leistungen und deren Konsequenzen beschäftigt, bezieht sich die Emotionalitätskomponente auf Wahrnehmungen von prüfungsbezogenen Emotionen und Reaktionen des autonomen Nervensystems. Hodapp und Benson (1997) untersuchten die Dimensionalität des Konstrukts Prüfungsangst durch den Vergleich mehrerer konfirmatorischer faktorenanalytischer Modelle. Das Modell mit drei Komponenten Besorgnis, Emotionalität und Mangel an Zuversicht zeigte die beste Modellanpassung. Dieser Studie zufolge lässt sich Prüfungsangst am besten als dreidimensionales Konstrukt beschreiben.

Zusammenhänge mit Leistungsvariablen werden vor allem für die Prüfungsangstkomponente Besorgnis berichtet. Aufgrund zahlreicher Studien kann ein negativer Zusammenhang zwischen den beiden Konstrukten als gut gesichert gelten. In der Metaanalyse von Seipp und Schwarzer (1991) beziehungsweise Seipp (1991) ergab sich eine Korrelation zwischen Besorgnis und Leistung von -.22. Ein ähnliches Ergebnis zeigte sich bei der bereits genannten umfangreichen Metaanalyse von Hembree (1988), bei der sich ein Zusammenhang von -.28 zwischen Besorgnis und Leistung zeigte. Bei vielen Einzelstudien ergaben sich allerdings höhere Zusammenhänge zwischen Besorgnis und Leistung. Dies mag darauf zurückzuführen sein, dass in die oben genannten Metaanalysen auch Studien mit einbezogen wurden, bei der psychometrisch zweifelhafte Skalen zur Messung der Besorgnis oder problematische Leistungsmaße Verwendung fanden. Ein höherer Zusammenhang wurde beispielsweise bei einer pfadanalytischen Untersuchung von Hodapp, et al. (1995) gefunden. Es zeigte sich ein Pfadkoeffizient von -.41 ($p < .05$) für den gerichteten Zusammenhang von Besorgnis auf Leistung.

Erklärt wird der negative Zusammenhang zwischen Besorgnis und Leistung meistens durch den kognitiven Interferenzansatz von Sarason (1986). Es wird angenommen, dass Individuen in persönlich relevanten Prüfungssituationen in Abhängigkeit der Besorgnis State-Angst entwickeln. Es wird argumentiert, dass Individuen mit hoher State-Angst in Prüfungssituation von selbstzentrierten, um die eigene Leistung kreisenden Kognitionen geplagt werden. Es wird angenommen, dass diese Kognitionen Aufmerksamkeit binden, die ansonsten zur Bearbeitung der gestellten Aufgaben verwendet werden könnte.

Auch für die Prüfungsangstkomponente Besorgnis kann argumentiert werden, dass ein negativer Zusammenhang mit Leistung darauf hinweisen, dass die gemessenen Leistungen unter den maximal möglichen Leistungen liegen. Sollen tatsächlich Aussagen über die maximale Testleistung getroffen werden, dann sollte kein Zusammenhang zu verzeichnen sein. Auch Besorgnis entspricht den beiden Bedingungen einer potenziellen Störvariablen bei der Messung maximaler Konzentrationsleistung:

Bei der Beurteilung des theoretisch zu erwartenden Zusammenhangs von Leistung und Besorgnis ist klar zwischen Zusammenhängen von Konstrukten und konzeptueller Identität der Konstrukte zu unterscheiden. Es handelt sich bei der Prüfungsangstkomponente Besorgnis um eine situationsspezifische Angst, die in Prüfungssituationen zu einem Anstieg der State-Angst führen kann. Die State-Angst kann ihrerseits Kognitionen auslösen, die mit der bestmöglichen Testbearbeitung interferieren und somit die gemessene Konzentrationsleistung unter das individuelle Maximum absenken kann. Besorgnis und die gemessene Konzentrationsleistung können empirisch also durchaus einen Zusammenhang aufweisen – sie stellen dadurch natürlich keineswegs ein identisches Konstrukt dar. Vor diesem Hintergrund werden für die vorliegende Arbeit maximale Konzentrationsleistung und Besorgnis als theoretisch unabhängig und als substanziell zu unterscheidende Konstrukte betrachtet. Im Bereich der Theorie besteht kein Überschneidungsbereich der beiden Konstrukte (Abbildung 15).

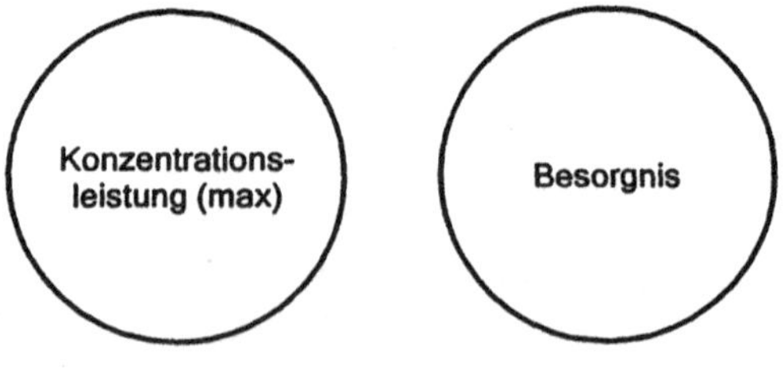

Abbildung 15: Venn-Diagramm des theoretisch zu erwartenden Zusammenhangs zwischen maximaler Konzentrationsleistung und der Prüfungsangstkomponente Besorgnis.

Auf empirischer Ebene müssen aufgrund der genannten Befunde Zusammenhänge zwischen Konzentrationsleistung und Besorgnis angenommen werden.

Messwerte, die die individuell maximale Konzentrationsleistung repräsentieren, sollten theoretisch eine Nullkorrelation mit Besorgnis aufweisen. Der inferenzstatistische Test der diskriminanten Validität von maximalen Konzentrationsleistungswerten hinsichtlich der Besorgnis hat nach dem Ansatz *das Konstrukt und nichts als das Konstrukt* am Grenzwert 0 zu erfolgen.

2.4.4 Lärm während der Testung

Exemplarisch für die Klasse der Situationen wird der Effekt von Lärm während der Testung als potenzielle Störquelle bei der Messung der maximalen Konzentrationsleistung betrachtet. Als Lärm werden „durch unregelmäßige, nicht-periodische Schallwellen-Muster erzeugte, mehr oder weniger intensive Geräusche, die für den Empfänger keine sachsinnhafte Information enthalten und in der Regel als störend empfunden werden" (Fröhlich, 2000, S. 278) verstanden. Ein optimaler Konzentrationsleistungstest würde unabhängig von Lärm während der Testung immer den individuell maximalen Testwert liefern. Diese theoretische Forderung ist natürlich nur bis zu einer gewissen Intensität von Lärm als realistisch anzusehen. Es liegt auf der Hand, dass Lärm derart intensiv sein kann, dass die bestmögliche Bearbeitung eines Konzentrationsleistungstests in jedem Fall eingeschränkt oder auch unmöglich gemacht wird. Trotzdem ist es von theoretischer Seite wünschenswert, dass maximale Konzentrationsleistungswerte durch Lärm während der Testung möglichst wenig beeinflusst werden, da Lärm und Konzentrationsleistung zwei unterschiedliche Sachverhalte darstellen. Der individuelle Testwert soll ja letztendlich Aussagen über die maximale Konzentrationsleistung machen und nicht über eine situationsspezifische Konzentrationsleistung. Lärm wird in der vorliegenden Arbeit als dichotomes Merkmal betrachtet (Ruhe vs. Lärm). Da dichotome Variablen keine Varianz aufweisen, wird an dieser Stelle kein Venn-Diagramm angegeben.

Auf empirischer Ebene liegen zahlreiche Befunde vor, dass Lärmexposition Leistungen negativ beeinflussen kann. Ab einer Lärmintensität von 50 dB ist mit Konzentrationsproblemen zu rechnen (Frieling & Sonntag, 1999). Leistungseinbußen sind besonders bei Situationen zu erwarten, in denen Probanden stark (z. B. durch Doppelaufgaben) beansprucht werden (z. B. Bell, 1978; Finkelman, Zeitlin, Filippi & Friend, 1977). Bei weniger anspruchsvollen Aufgaben, wurde zuweilen auch ein Leistungsanstieg bei Lärmexposition beobachtet.

Eine Erklärung lärminduzierter Leistungsminderungen bei anspruchsvollen Aufgaben ist nach dem psychologischen Wörterbuch von Dorsch (Häcker & Stapf; 2004) darin zu sehen, dass Lärm unkontrollierbare Aufmerksamkeitsschwankungen hervorruft. So kann beispielsweise das bewusste Ausblenden von Lärm während der Testung Aufmerksamkeit beanspruchen. Um optimale Leistungen bei anspruchsvollen Aufgaben zu erzielen, sollte in der Regel die gesamte verfügbare Aufmerksamkeit zur Testbearbeitung verwendet werden. Wird ein Teil der verfügbaren Aufmerksamkeit hingegen dem Lärm beziehungsweise dessen bewusster Ausblendung gewidmet, dann sind Leistungseinbußen zu erwarten. Die lärminduzierte Leistungssteigerung bei wenig anspruchsvollen Aufgaben kann hingegen durch die psycho-physiologisch unspezifische aktivierende Wirkung von Lärm erklärt werden (Häcker & Stapf, 2004). Fröhlich (2000) weist außerdem darauf hin, dass eine umfassende Klärung der höchst differenzierten Lärmwirkungen auf Leistungsmaße zurzeit noch nicht vorliegt.

Es kann zusammengefasst werden, dass auf theoretischer Ebene maximale Konzentrationsleistung und Lärm zwei unterschiedliche Sachverhalte darstellen. Auf empirischer Ebene sind allerdings Effekte von Lärm auf Konzentrationsleistung zu erwarten. Lärm entspricht damit der Definition einer potenziellen Störvariablen bei der Messung der maximalen Konzentrationsleistung.

Der inferenzstatistische Test kann durch einen Vergleich von Konzentrationsleistungswerten erfolgen, die einerseits ohne und andererseits mit Lärmbeeinflussung erhoben wurden. Lärm sollte möglichst keinen Effekt auf die Konzentrationsleistung haben.

2.5 Effekte des adaptiven Testens auf die Motivation zur Testbearbeitung

In diesem Kapitel wird ein Ansatz vorgestellt, mit dem die hohe diskriminante Validität der adaptiven Testformen des FAKT möglicherweise erklärt werden kann. Für die dargestellte motivationspsychologische Erklärung wird das Risikowahl-Modell von Atkinson (1957, 1964) herangezogen. Dieser Erklärungsansatz stellt natürlich nur einen Möglichen aus einer Vielzahl denkbarer theoretischer Erklärungsrahmen dar. Es dürften unschwer weitere plausible Theorien und Modelle gefunden werden, die eine Erklärung des in Frage stehenden Effekts der adaptiven Testformen des FAKT auf die diskriminante Validität in Aussicht stellen. Die vorliegende Arbeit beschränkt sich auf den vorgestellten Ansatz, da dieser einerseits die Ableitung von Annahmen ermöglicht, die den Effekt plausibel zu erklären vermögen und da er andererseits in der Psychologie über eine breite Bekanntheit verfügt und dementsprechend gut kommunizierbar ist. Vor dem Hintergrund, dass die Psychologie der Leistungsmotivation für sich alleine gesehen schon ein sehr umfangreiches Forschungsgebiet darstellt, werden für die vorliegende Arbeit nur diejenigen Sachverhalte dargestellt, die nötig sind, um Annahmen zur Erklärung der hohen diskriminanten Validität der adaptiven Testformen des FAKT im Vergleich zu der nicht-adaptiven Testform ableiten zu können. Hierbei wird die Gültigkeit des Risikowahlmodells vorausgesetzt. Die im Kapitel 3.5 dargestellte Untersuchung ist demnach keine Grundlagenstudie zum Risikowahl-Modell. Es wird sich vielmehr des Risikowahl-Modells bedient, um die im Zentrum der Arbeit stehende Frage nach den Auswirkungen des adaptiven Testens mit dem FAKT auf die diskriminante Validität theoriebasiert zu verstehen.

Im Vordergrund der Darstellungen dieses Kapitels steht dabei die Ableitung von Annahmen, welche Effekte die adaptive Vorgabe der Testitems beim FAKT auf die probandenseitige Motivation zur Bearbeitung des Tests hat. Einen guten Rahmen dafür bietet das Risikowahl-Modell, das in Kapitel 2.5.1 skizziert wird. Zur empirischen Untersuchung motivationaler Prozesse müssen motivationale Variablen auf geeignete Weise quantifiziert werden. Zu diesem Zweck einsetzbare Verfahren werden im Kapitel 2.5.2 dargestellt. Abschließend werden die zusammengetragenen Informationen verwendet, um einen motivationspsychologischen Ansatz zur Erklärung der hohen diskriminanten Validität der adaptiven Testformen des FAKT zu formulieren (Kapitel 2.5.3).

2.5.1 Das Risikowahl-Modell

Einleitend werden einige zentrale Konzepte der klassischen Motivationspsychologie dargelegt, die das Verständnis des Risikowahl-Modells erleichtern. Allgemein besteht der Kern motivierten Verhaltens darin, „daß [*sic*] jemand (1) ein Ziel hat, daß [*sic*] er (2) sich anstrengt und daß [*sic*] er (3) ablenkungsfrei bei der Sache bleibt." (Rheinberg, 2004, S 14). Die Lebensbezüge, in denen sich motiviertes Verhalten zeigt, sind dabei denkbar vielfältig. Demnach sollte nicht von „der Motivation" gesprochen werden, sondern zwischen unterschiedlichen Motivationsphänomenen in verschiedenen Kontexten differenziert werden. Hierbei kann es sich beispielsweise um Kontexte handeln, in denen Themen wie Leistung, Macht oder sozialer Anschluss von Relevanz sind. An Motivationsphänomenen wird in der klassischen Motivationspsychologie zumeist zwischen Motiven, aktueller Motivation und motiviertem Verhalten unterschieden.

Motive gelten als stabile Personmerkmale (Traits). Sie beeinflussen, in welcher Weise ein Individuum eine bestimmte Klasse von handlungsrelevanten Situationen wahrnimmt und bewertet. Beispielsweise beeinflusst das Leistungsmotiv inwieweit Situationen als leistungsrelevant wahrgenommen und bewertet werden. Eine leistungsbezogene Bewertung resultiert oft bei Situationen, in denen Gütemaßstäbe eine wichtige Rolle spielen. Bei Individuen mit hoch ausgeprägtem Leistungsmotiv lösen derartige Situationen in der Regel stärkere Impulse zur Ausführung leistungsbezogener Handlungen aus, als bei einem Individuum mit niedriger ausgeprägtem Leistungsmotiv. Individuen mit hoch ausgeprägtem Leistungsmotiv nehmen in der Umwelt häufiger Gelegenheiten wahr, in denen sie ihre Leistungsfähigkeit unter Beweis stellen können. Ein Motiv ist demnach als ein wiederkehrendes Anliegen in handlungsrelevanten Situationen des Lebensvollzugs anzusehen (Heckhausen, 1974). Ein zentrales Element ist bei diesem Motivationsverständnis die Unterscheidung zwischen Person und Situation. Nur wenn eine Situation von einem Individuum als relevant hinsichtlich eines Motivs wahrgenommen und bewertet wird, kann dies in einem Anliegen zur Ausführung motivierten Verhaltens resultieren. Eine Situation, in der man alleine auf einen Bus wartet, dürfte beispielsweise für die Mehrzahl der Individuen nicht dazu geeignet sein, das Machtmotiv anzuregen. Wird eine Situation aber als relevant hinsichtlich eines Motivs bewertet, dann resultiert in Abhängigkeit der individuellen Ausprägung des jeweiligen Motivs eine aktuelle Motivation, die ihrerseits einen Einfluss auf Verhalten und Erleben hat. Obwohl Motive und aktuelle Motivation in engem Zusammenhang stehen, sind sie also konzeptuell voneinander scharf abgegrenzt. Während Motive als stabile Personmerkmale konzeptualisiert sind, beschreibt das Verständnis der klassischen Motivationspsychologie die aktuelle Motivation im Sinne eines momentanen Zustands (State). Die Trennung von

Motiven und aktueller Motivation, die aus der Wechselwirkung zwischen Situation und Person resultiert und Verhalten beeinflussen kann, ist in Abbildung 16 schematisch dargestellt.

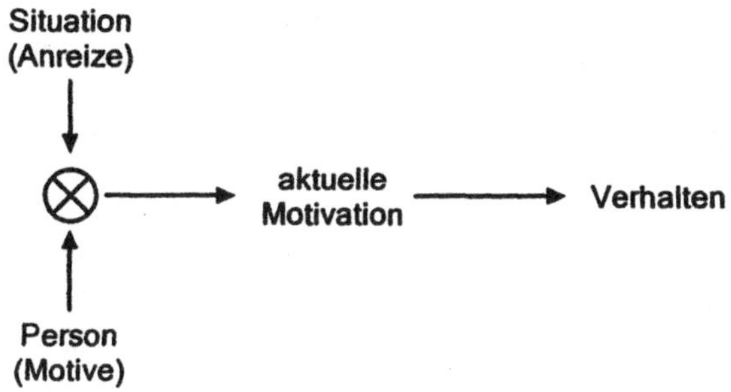

Abbildung 16: Schematisches Modell der klassischen Motivationspsychologie (nach Rheinberg, 2004, S. 70).

Der in Abbildung 16 dargestellte Modellansatz sei an einem Beispiel verdeutlicht. Eine Pianistin verfüge über ein hohes Leistungsmotiv, das sich auch in einem hohen individuellen Gütemaßstab beim Spielen von Klavierstücken äußere. Begibt sich die Pianistin nun in eine Situation, welche die Möglichkeit zum Üben eines Stückes bietet, dann ist es wahrscheinlich, dass das Leistungsmotiv eine aktuelle Motivation anregt, die letztendlich im Üben des Stückes (Verhalten) mündet. In Abhängigkeit der Ausprägung des Motivs sowie etwaigen anderen konkurrierenden aktuellen Motivationen (die Ihrerseits wieder durch Wechselwirkung von Person und Situation entstehen) wird dieses Verhalten mehr oder weniger lang motiviert ausgeführt.

Das Risikowahl-Modell (Atkinson, 1957, 1964) basiert auf den dargestellten Konzepten der klassischen Motivationspsychologie. Leistungsmotiviertes Verhalten wird in Risikowahl-Modell durch vier Situationsvariablen und zwei Personvariablen theoretisch erklärt. Es handelt sich bei den vier Situationsvariablen um die *subjektive Erfolgswahrscheinlichkeit* und die *subjektive Misserfolgswahrscheinlichkeit* sowie den subjektiven *Erfolgsanreiz* und den subjektiven *Misserfolgsanreiz* bezüglich einer Aufgabe. Die beiden Personvariablen sind die Motive *Hoffnung auf Erfolg* und *Furcht vor Misserfolg*.

Im Zentrum des Risikowahl-Modells stehen die subjektive Erfolgswahrscheinlichkeit W_e und die subjektive Misserfolgswahrscheinlichkeit W_m. W_e und W_m hängen von objektiven Erfolgs- und Misserfolgswahrscheinlichkeiten in einer Situation und somit von der Schwierigkeit einer gestellten Aufgabe ab. Es wird davon ausgegangen, dass den objektiven Erfolgs- und Misserfolgswahrscheinlichkeiten subjektive Wahrscheinlichkeiten zugeordnet werden. Schneider und Schmalt (2000) sprechen sogar davon, dass die subjektiven Erfolgs- und Misserfolgswahrscheinlichkeiten von den objektiven Erfolgs- und Misserfolgswahrscheinlichkeiten determiniert werden. Weiter enthält das Risikowahl-Modell mit dem Erfolgsanreiz (A_e; antizipierte Freude bei Erfolg) und dem Misserfolgsanreiz (A_m; antizipierte Scham bei Misserfolg) zwei Anreizvariablen. Atkinson postuliert, dass sich der Erfolgsanreiz als linear inverse Funktion der subjektiven Erfolgswahrscheinlichkeit durch $A_e = 1 - W_e$ ausdrücken lässt. Diese Annahme ist durchaus plausibel. Je schwieriger eine Aufgabe ist, desto größer wird die Freude sein, wenn sie erfolgreich gelöst werden kann. Der Misserfolgsanreiz ist als lineare negative Funktion der subjektiven Erfolgswahrscheinlichkeit durch $A_m = -W_e$ konzipiert. Je schwieriger eine Aufgabe wahrgenommen wird, desto weniger beschämend ist ein Misserfolg. Bei sehr leichten Aufgaben, ist es hingegeben sehr blamabel, diese nicht lösen zu können. Es wird weiter angenommen, dass sich die subjektiven Einschätzungen der Erfolgswahrscheinlichkeit und der Misserfolgswahrscheinlichkeit zu 1 addieren, da es sich bei Erfolg und Misserfolg um sich gegenseitig ausschließende Ereignisse handelt: $W_e + W_m = 1$. Der subjektiven Erfolgswahrscheinlichkeit W_e kommt im Risikowahl-Modell eine herausragende Rolle zu, da sich sowohl die beiden Anreizwerte A_e und A_m, als auch die subjektive Misserfolgswahrscheinlichkeit W_m aus ihr berechnen lassen.

Als Personvariablen betrachtet das Risikowahl-Modell die Motive Hoffnung auf Erfolg (M_e) und Furcht vor Misserfolg (M_m). Das Motiv Hoffnung auf Erfolg wird als eine Disposition verstanden, in leistungsbezogenen Situationen Erfolge anzustreben, um damit die Freude bei Erfolg zu maximieren. Dementsprechend drückt das Motiv Furcht vor Misserfolg die Disposition aus, in leistungsbezogenen Situationen Misserfolge zu vermeiden, um die bei Misserfolg empfundene Scham möglichst gering zu halten. Das Motiv Hoffnung auf Erfolg fördert dementsprechend ein Aufsuchen und das Motiv Furcht vor Misserfolg ein Vermeiden von Leistungssituationen. Die Summe beider Motive wird als *Gesamtmotivation* bezeichnet. Sie drückt aus, wie sehr ein Individuum leistungsbezogene Situationen überhaupt als solche wahrnimmt. Die Differenz beider Motive wird *Netto-Hoffnung* genannt. Sie gibt an, ob ein Individuum eher erfolgszuversichtlich oder eher misserfolgsängstlich ist. Obwohl die Netto-Hoffnung ursprünglich dimensional angelegt war, wird sie in der Literatur - und auch von Atkinson selbst - häufig vereinfachend kategorial verwendet, indem von *Erfolgszuversichtlichen* und *Misserfolgsängstlichen* gesprochen wird. Dieser Sprachgebrauch wird in den nachfolgenden Ausführungen ebenfalls verwendet, wobei unter Erfolgszuversichtlichen diejenigen Individuen subsumiert werden, deren Hoffnung auf Erfolg stärker ausgeprägt ist als die Furcht vor Misserfolg (hohe Netto-Hoffnung) und mit Misserfolgsängstlichen solche Individuen gemeint sind, deren Hoffnung auf Erfolg schwächer ausgeprägt ist als die Furcht vor Misserfolg (niedrige Netto-Hoffnung).

Die Zusammenhänge zwischen den Situations- und Personvariablen werden seitens des Risikowahl-Modells weiter spezifiziert. Atkinson geht davon aus, dass das Verhalten in leistungsbezogenen Situationen durch zwei motivationale Tendenzen beeinflusst wird. Es handelt sich dabei um die *Tendenz einen Erfolg aufzusuchen* (T_e) und die *Tendenz einen Misserfolg zu meiden* (T_m). Die beiden Tendenzen lassen sich aus einer multiplikativen Verknüpfung von Situations- und Personvariablen durch

$$T_e = M_e \cdot A_e \cdot W_e \tag{29}$$

sowie

$$T_m = M_m \cdot A_m \cdot W_m \tag{30}$$

bestimmen. Wird die Tendenz einen Misserfolg zu meiden von der Tendenz einen Erfolg aufzusuchen subtrahiert, dann erhält man die in einer leistungsbezogenen Situation resultierende motivationale Tendenz RT durch

$$RT = T_m - T_e = (M_m \cdot A_m \cdot W_m) - (M_e \cdot A_e \cdot W_e), \tag{31}$$

beziehungsweise durch Umformen und Einsetzen durch

$$RT = (M_e - M_m) \cdot (W_e - W_e^2). \tag{32}$$

Verbildlicht man sich diese Modellannahmen, dann wird offensichtlich, dass es sich bei RT um eine quadratische Funktion handelt, deren Nullpunkte bei den extremen subjektiven Erfolgswahrscheinlichkeiten von $W_e = 0$ und $W_e = 1$ liegen und die ihr Maximum bei einer mittleren subjektiven Erfolgswahrscheinlichkeit von $W_e = 0.5$ aufweist. Ist das Motiv Hoffnung auf Erfolg bei einem Individuum stärker ausgeprägt als das Motiv Furcht vor Misserfolg ($M_e > M_m$) dann ergeben sich positive Werte für RT und eine umgekehrt U-förmige RT-Funktion mit einem Maximum bei $W_e = 0.5$ (Abbildung 17). Die resultierende Tendenz wird bei erfolgszuversichtlichen Individuen allgemein bei Aufgaben mittlerer subjektiver Schwierigkeit maximal.

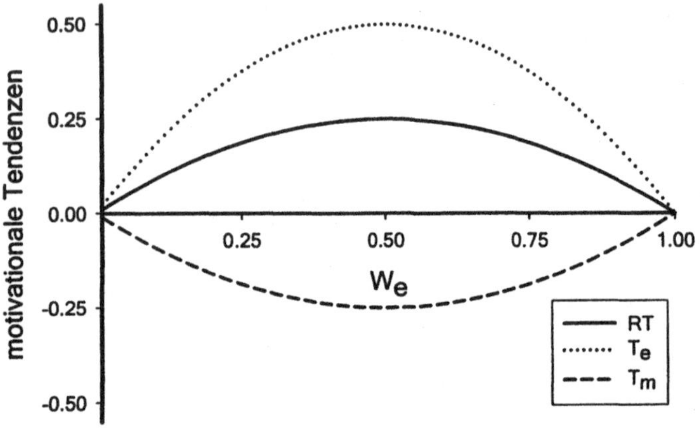

Abbildung 17: Stärke der resultierenden Tendenz (RT), der Tendenz einen Erfolg aufzusuchen (T_e) und der Tendenz einen Misserfolg zu meiden (T_m) in Abhängigkeit der subjektiven Erfolgswahrscheinlichkeit (W_e) für ein erfolgszuversichtliches Individuum mit $M_e = 2$ und $M_m = 1$.

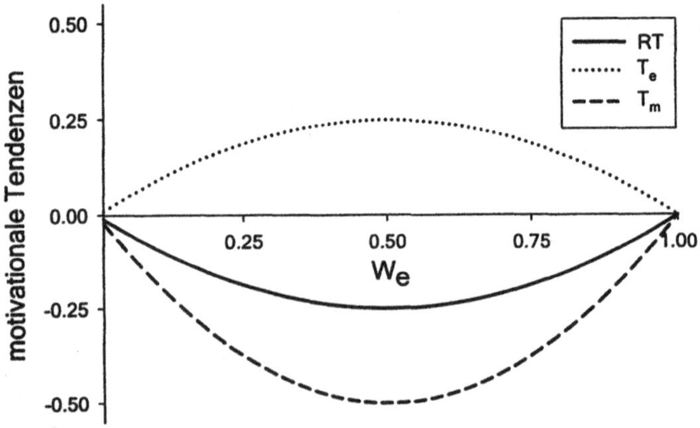

Abbildung 18: Stärke der resultierenden Tendenz (RT), der Tendenz einen Erfolg aufzusuchen (T_e) und der Tendenz einen Misserfolg zu meiden (T_m) in Abhängigkeit der subjektiven Erfolgswahrscheinlichkeit (W_e) für ein misserfolgsängstliches Individuum mit $M_e = 1$ und $M_m = 2$.

Ist das Motiv Furcht vor Misserfolg bei einem Individuum hingegen stärker ausgeprägt als das Motiv Hoffnung auf Erfolg, so dass $M_e < M_m$ gilt, dann resultieren negative Werte für RT und eine U-förmige RT-Funktion. Auch diese Funktion hat ihren Maximalwert bei einer mittleren subjektiven Aufgabenschwierigkeit von $W_e = 0.5$ (Abbildung 18).

Der Maximalwert liegt in diesem Fall allerdings im negativen Bereich. Ein Individuum, für das $M_e < M_m$ gilt, würde versuchen einer leistungsbezogenen Situation auszuweichen. Ist dies nicht möglich, dann ist zu erwarten, dass Aufgaben extremer subjektiver Schwierigkeiten für dieses Individuum motivational noch am vorteilhaftesten sind, da hier nur schwach negative RT-Werte resultieren.

Das Risikowahl-Modell regte eine große Zahl empirischer Studien an (für eine Zusammenfassung s. Heckhausen, Schmalt & Schneider, 1985). Es wurden vor allem drei Typen leistungsbezogenen Verhaltens untersucht: Aufgabenwahl, Zielsetzungsverhalten und Ausdauerverhalten. Bei Studien zur Aufgabenwahl bestand die Anforderung an die Probanden darin, die Aufgabenschwierigkeit von nachfolgend zu bearbeitenden Aufgaben selbst festzulegen. Eine klassische Untersuchung dazu stammt von Atkinson und Litwin (1960). Bei einem Ringwurfspiel mussten die Probanden die Entfernung selbst bestimmen, aus der sie einen Ring über einen Pflock zu werfen hatten. Mit der Wahl der Entfernung konnte die subjektive Erfolgswahrscheinlichkeit der später zu bearbeitenden Aufgabe selbst gewählt werden. Das Risikowahl-Modell sagt für Erfolgszuversichtliche und Misserfolgsängstliche unterschiedliche Ergebnisse bei diesem Versuchsaufbau voraus. Während für Erfolgszuversichtliche anzunehmen ist, dass sie Wurfentfernungen bevorzugen, bei denen die subjektive Erfolgswahrscheinlichkeit bei .5 liegt, ist für die Gruppe der Misserfolgsängstlichen anzunehmen, dass sie Wurfentfernungen, die mit einer mittleren subjektiven Erfolgswahrscheinlichkeit einhergehen, eher meiden und statt dessen extreme Wurfentfernungen wählen, bei denen ein Misserfolg beziehungsweise ein Erfolg sehr wahrscheinlich sind (vgl. Abbildung 17 und Abbildung 18). Die Modellvorhersagen erwiesen sich vor allem für Erfolgszuversichtliche als zutreffend. Diese Gruppe bevorzugte tatsächlich Wurfentfernungen mittlerer subjektiver Erfolgswahrscheinlichkeit. Die Modellvorhersagen bestätigten sich allerdings für die Gruppe der Misserfolgsängstlichen nicht. Diese Gruppe zeigte weniger ausgeprägte Präferenzen für eine bestimmte Wurfentfernung. Relativ am häufigsten wurden auch hier Wurfentfernungen gewählt, die mit einer mittleren subjektiven Erfolgswahrscheinlichkeit einhergingen. Die angenommene Wahl extremer Wurfentfernungen mit extremen subjektiven Erfolgswahrscheinlichkeiten konnte nicht beobachtet werden. Vielmehr schienen sich die Misserfolgsängstlichen ähnlich den Erfolgszuversichtlichen zu verhalten, wenn auch die Präferenz für Wurfentfernungen mit mittlerer subjektiver Erfolgswahrscheinlichkeit nur in abgeschwächter Form zu beobachten war. Vergleichbare Ergebnisse zeigten sich auch bei zahlreichen weiteren Studien zum Risikowahl-Modell: Während die Modellvorhersagen für die Erfolgszuversichtlichen zumeist gut zutrafen, war dies für die Misserfolgsängstlichen nur selten der Fall (vgl. Rheinberg, 2004). Die Misserfolgsängstlichen zeigten oft ein den Erfolgszuversichtlichen ähnliches, manchmal auch ein unsystematisches Verhalten. Schneider und Schmalt (2000) resümieren diesbezüglich, dass „...die meidend Motivierten [...] förderlichen oder hindernden Umständen in der Situation wenig Beachtung schenken." (S. 283). Heckhausen (1989) führt an, dass die schlechte Modellkonformität der Befunde bezüglich der Gruppe der Misserfolgsängstlichen in der bei psychologischen Experimenten oft herangezogenen studentischen Stichproben begründet liegen könnte. Für einen Großteil der Studierenden könne angenommen werden, dass sie der Gruppe der Erfolgsorientierten zuzuordnen sind und nur wenige der Gruppe der Misserfolgsängstlichen. Vor diesem Hintergrund sei es durchaus plausibel, dass die Vorhersagen des Risikowahl-Modells bei empirischen Studien vor allem für Erfolgsängstliche Bestätigung finden konnten.

Es lässt sich zusammenfassen, dass das Risikowahl-Modell ein Modell der klassischen Leistungsmotivation darstellt, dass Aussagen über die resultierende motivationale Tendenz in leistungsbezogenen Situationen in Abhängigkeit von Situations- und Personvariablen macht. Empirisch zeigte sich, dass das Modell vor allem für Erfolgsorientierte zutreffende Vorhersagen macht.

2.5.2 Messung von Leistungsmotivation

Dieser Abschnitt beschäftigt sich mit deutschsprachigen Methoden zur Messung motivationaler Variablen, die in Leistungssituationen relevant sind. Es werden projektive Verfahren, semi-projektive Verfahren sowie Fragebögen eingesetzt. Aktuelle Forschungsbemühungen streben außerdem die Messung des Leistungsmotivs durch einen impliziten Assoziationstest an. Nachfolgend werden die wichtigsten Verfahren kurz dargestellt.

Zur Messung des Leistungsmotivs dürfte in der Vergangenheit der thematische Apperzeptionstest (TAT) am häufigsten eingesetzt worden sein. Von Heckhausen (1963) liegt ein TAT vor, der speziell auf die Messung des Leistungsmotivs ausgerichtet ist (LM-TAT). Bei diesem Verfahren bekommen die Probanden Bilder vorgelegt, die Situationen darstellen, die eine leistungsthematische Interpretation erlauben. Die Probanden werden aufgefordert, möglichst originelle Geschichten zu den Bildern zu erzählen. Ausgewertet werden die Geschichten durch Inhaltsanalyse seitens eines speziell geschulten Versuchsleiters. Das beim LM-TAT gewählte Vorgehen weist den Vorteil auf, dass durch die vorgelegten Bilder das Leistungsmotiv tatsächlich direkt in der Untersuchungssituation angeregt und einer Messung zugänglich gemacht wird. Es wird angenommen, dass hierbei nur geringe Verfälschungen durch soziale Erwünschtheit möglich sind. An dem Verfahren wurde unabhängig dieser Vorzüge erhebliche Kritik geäußert (z. B. Entwisle, 1972). Insgesamt weist das Verfahren neben Objektivitätsproblemen vor allem auch eine niedrige Itemhomogenität und eine niedrige Retest-Reliabilität auf. Zusätzlich ist das Verfahren zeitaufwändig und setzt bei dem zur Auswertung eingesetzten Versuchsleiter eine hohe Expertise voraus.

Von Schmalt, Sokolowski und Langens (2000) liegt mit dem Multi-Motiv-Gitter (MMG) ein semi-projektives Verfahren vor. Ähnlich wie beim LM-TAT werden dem Probanden bei diesem Verfahren Bilder vorgelegt, die leistungsthematisch interpretiert werden können. Im Unterschied zum LM-TAT wird beim MMG ein Antwortmodus vorgegeben. Die Probanden haben zu jedem Bild jeweils eine aus mehreren vorgegebenen Aussagen auszuwählen. Auswertung und Interpretation des MMG erfolgen standardisiert. Das Verfahren erreicht akzeptable bis gute psychometrische Kennwerte für Objektivität, Reliabilität und Validität.

Weiter liegen mehrere Fragebogenverfahren vor, die eine Messung von leistungsmotivationalen Variablen im Selbstbericht ermöglichen. Neben einfachen Skalen, mit denen eine globale Selbsteinschätzung der empfundenen Leistungsmotivation erzielt werden kann, liegen auch mehrere Fragebogenverfahren vor, die spezifische Aspekte der Leistungsmotivation erfassen. Ein Beispiel dafür stellt das Leistungsmotivationsinventar (LMI; Schuler & Prochaska, 2001) dar. Beim LMI handelt es sich um einen voll standardisierten Fragebogen, mit dem mehrere leistungsmotivationale Skalen im beruflichen Kontext gemessen werden können. Fragebogenverfahren weisen im Allgemeinen den Vorteil auf, dass sie standardisiert vorgegeben, ausgewertet und interpretiert werden können. Für die meisten Fragebogenverfahren zur Messung motivationaler Variablen werden demnach auch gute bis sehr gute psychometrische Kennwerte für Objektivität, Reliabilität und Validität angegeben. Als Schwäche weisen sie die potenzielle Verfälschbarkeit durch soziale Erwünschtheit auf.

Eine interessante Möglichkeit zur Messung motivationsbezogener Variablen in oder kurz vor leistungsbezogenen Situationen bietet der Fragebogen aktueller Motivation (FAM; Rheinberg, Vollmeyer & Burns, 2001). Beim FAM werden keine hochgeneralisierten Motive, sondern vier Komponenten der aktuellen Motivation direkt erfasst, die in beziehungsweise kurz vor einer Leistungssituation resultieren. Faktorenanalytisch ließen sich vier Faktoren separieren: *Erfolgswahrscheinlichkeit*, *Misserfolgswahrscheinlichkeit*, *Herausforderung* und *Interesse*. Der FAM stellt insofern eine interessante Neuerung dar, als dass er Aussagen über die tatsächlich durch eine Leistungssituation angeregte aktuelle Motivation erlaubt und sich nicht auf Aussagen über Motive, die ja lediglich hochgeneralisierte Dispositionen darstellen, in bestimmen Situationen systematisch zu reagieren. Betrachtet man sich das in Abbildung 16 dargestellte schematische Modell der klassischen Motivationspsychologie, dann sind die seitens des FAM gemessenen Komponenten der aktuellen Motivation näher am Verhalten lokalisiert, als die herkömmlicher Weise gemessenen Motive. Dass dieses Vorgehen offensichtlich erfolgreich ist, drückt sich in für die Motivationspsychologie erfreulich hohen Zusammenhängen der FAM-Skalen mit Leistungsmaßen aus (Rheinberg, Vollmeyer & Burns, 2001; Vollmeyer & Rheinberg, 1998, 1999, 2000).

Aktuell wird ferner von der Gruppe um Brunstein (Brunstein & Schmitt, 2004) ein impliziter Assoziationstest (IAT) zur Messung von Leistungsmotivation entwickelt. Der Grundgedanke des IAT geht auf Greenwald, McGhee und Schwartz (1998) zurück. Es handelt sich beim IAT um eine doppelte Diskriminationsaufgabe für zwei Stimulus-Dimensionen. In dem von Greenwald et al. (1998) vorgestellten IAT waren dies die Dimensionen schwarz – weiß und gut – böse. Es zeigte sich, dass weiße Probanden viel schneller in einer Versuchsbedingung antworten konnten, in der gut und weiß sowie schlecht und schwarz einer identischen Reaktionstaste zugeordnet wurden, als wenn schlecht und weiß sowie gut und schwarz einer identischen Reaktionstaste zugeordnet wurden. Die individuelle Differenz zwischen den Reaktionszeiten der beiden Versuchsbedingungen wurde von den Autoren als implizite (negative) Einstellung von Weißen gegenüber Schwarzen interpretiert. In den letzten Jahren wurden zahlreiche IATs entwickelt und validiert. Momentan weist der IAT zur Messung von Leistungsmotivation allerdings noch keine hinreichende psychometrische Güte auf. Brunstein und Schmitt (2004) berichten von einer niedrigen Test-Retest-Reliabilität von .56. Zusätzlich scheint die Validität des mit diesem IAT gemessenen Merkmals noch nicht geklärt, da sich die IAT-Werte als weitgehend unkorreliert mit expliziter Leistungsmotivation zeigten, $r = -.07$, $p = .517$. Sollte die psychometrische Güte des Verfahrens noch verbessert werden können, dann stellt der IAT einen interessanten Test dar, da er die Messung von Leistungsmotivation frei von Verfälschungen durch die soziale Erwünschtheit in Aussicht stellt.

Es ist zusammenzufassen, dass zur Messung von Variablen, die in leistungsbezogenen Situationen relevant sind, projektive, semi-projektive und Fragebogenverfahren vorliegen. Für die nahe Zukunft ist außerdem mit einem IAT zu rechnen. Während in früheren Jahren zumeist der projektive LM-TAT zum Einsatz kam, werden in den letzten Jahren vermehrt Fragebögen eingesetzt, die den Vorteil besserer psychometrischer Eigenschaften und einer ökonomischeren Anwendung aufweisen.

2.5.3 Steigerung der Motivation beim FAKT

Vor dem Hintergrund des oben Dargestellten wird in diesem Abschnitt die Annahme konkretisiert, dass die hohe diskriminante Validität der adaptiven Testformen des FAKT auf eine Steigerung der Motivation durch adaptives Testen erklärt werden kann. Die Annahme basiert auf dem Sachverhalt, dass die adaptiven Testformen des FAKT einem Probanden Items mit einer mittleren individuellen Lösungswahrscheinlichkeit von .5 vorgeben. In den Begrifflichkeiten des Risikowahl-Modells werden somit Aufgaben mit einer objektiv mittleren Erfolgswahrscheinlichkeit präsentiert. Trifft man die nahe liegende Annahme, dass diesen objektiv mittleren Erfolgswahrscheinlichkeiten subjektiv mittlere Erfolgswahrscheinlichkeiten zugeordnet werden (vgl. Schneider & Schmalt, 2000) dann lassen sich auf Basis des Risikowahl-Modells Vorhersagen über die Auswirkungen der adaptiven Itemvorgabe des FAKT auf die resultierende motivationale Tendenz bei der Testbearbeitung ableiten. Für Erfolgszuversichtliche ist eine stark positive resultierende Tendenz zu erwarten, da diese bei $W_e = .5$ ihr Maximum erreicht (vgl. Abbildung 17). Für die Misserfolgsängstlichen sind eindeutige Vorhersagen hingegen etwas schwieriger zu treffen. Rein theoriegeleitet wäre für diese Gruppe aufgrund des Risikowahl-Modells eine stark negative resultierende Tendenz zu erwarten. Wie oben ausgeführt, ließen sich die Annahmen für Misserfolgsängstliche bei empirischen Studien aber fast nie bestätigen. Vielmehr zeigten die Misserfolgsängstlichen ein den Erfolgszuversichtlichen ähnliches Befundsmuster, wenn auch in abgeschwächter Form. Vor dem Hintergrund der vorliegenden empirischen Befunde wäre demnach auch für die Misserfolgsängstlichen vergleichsweise hohe positive Werte der resultierenden Tendenz bei der Bearbeitung der adaptiven Testformen des FAKT zu erwarten. Betrachtet man die Erfolgszuversichtlichen und die Misserfolgsängstlichen gemeinsam, dann ist zu erwarten, dass die adaptiven Testformen des FAKT allgemein hohe RT-Werte bedingen. Im Vergleich zu den adaptiven FAKT-Testformen werden bei der nicht-adaptiven Testform prinzipiell unendlich einfache Items vorgegeben, da sie bis zur Bearbeitung auf dem Bildschirm sichtbar bleiben. Die objektive Erfolgswahrscheinlichkeit ist folglich sehr hoch beziehungsweise gleich 1. Nimmt man auch in diesem Fall an, dass den objektiven Erfolgswahrscheinlichkeiten subjektive Erfolgswahrscheinlichkeiten zugeordnet werden, dann lassen sich auch für die nicht-adaptive Testform Annahmen über die Auswirkung auf die bei der

Testung resultierende Tendenz aus dem Risikowahl-Modell ableiten. Die resultierende Tendenz sollte sowohl für Erfolgszuversichtliche als auch für Misserfolgsängstliche sehr gering sein.

Es bleibt festzuhalten, dass aufgrund des Risikowahl-Modells bei Verwendung der adaptiven Testformen des FAKT hohe RT-Werte und bei Verwendung der nicht-adaptiven Testform des FAKT niedrige RT-Werte anzunehmen sind.

Sollten bei den adaptiven Testformen des FAKT tatsächlich höhere RT-Werte resultieren als bei der nicht-adaptiven Testform, dann könnte dies eine Erklärung für die hohe diskriminante Validität der adaptiven FAKT-Testformen liefern. Es wäre anzunehmen, dass eine hohe resultierende Tendenz zu einer verstärkten Hinwendung zur Testbearbeitung führt. Motiviertes Verhalten zeichnet sich ja gerade dadurch aus, dass man versucht bei einer Aufgabe sein Bestes zu geben. Es liegt die Annahme nahe, dass Probanden mit hoher aktueller Motivation sich auch weniger von testirrelevanten Prozessen ablenken lassen. Letztendlich sind sie hoch motiviert, den Test möglichst gut zu bearbeiten. Es wäre unwahrscheinlich, dass sie sich durch testirrelevante Prozesse, wie beispielsweise angstbezogene Kognitionen, davon abhalten lassen würden.

Die angeführte Argumentation hat in dieser Form allerdings zwei Einschränkungen. Erstens könnte die in der Motivationspsychologie häufig getroffene Annahme der Gleichsetzung von objektiver und subjektiver Erfolgswahrscheinlichkeit problematisch sein. Da die Anpassung der Aufgabenschwierigkeit bei den adaptiven Testformen des FAKT von der individuellen Leistungsfähigkeit des Probanden abhängt, wäre es allerdings schwer zu erklären, warum größere Unterschiede zwischen objektiver und subjektiver Erfolgswahrscheinlichkeit resultieren sollten. Hierbei handelt es sich aber lediglich um eine plausible Annahme, die einer Bestätigung anhand empirischer Daten bedarf. Zweitens ist das Verhalten von Misserfolgsängstlichen in Leistungssituationen nicht theoriekonform und nicht immer systematisch. Theoretisch *und* empirisch gestützte Annahmen können streng genommen nur für Erfolgszuversichtliche getroffen werden. Die Annahme eines allgemein positiven Effekts der adaptiven Testformen des FAKT für die Gesamtheit aller Probanden ist in der angeführten Form lediglich empirisch begründet.

Es kann zusammengefasst werden, dass die hohe diskriminante Validität der adaptiven Testformen des FAKT dadurch erklärt werden kann, dass die adaptive Vorgabe von Items mittlerer objektiver Schwierigkeit aufgrund der Theorie und der empirischen Befunde zum Risikowahl-Modell zu einer hohen (theoretisch maximalen) resultierenden motivationalen Tendenz führt, die Störungen im Testablauf durch potenzielle Störvariablen verhindern kann.

2.6 Hypothesen

In diesem Kapitel werden Hypothesen spezifiziert, die später im empirischen Teil der Arbeit einer Überprüfung an Beobachtungsdaten unterzogen werden. Die Hypothesen begründen sich aus den Darstellungen der vorherigen Kapitel. An dieser Stelle werden die Hypothesen deshalb lediglich formuliert und zur Begründung auf die entsprechenden Stellen des theoretischen Teils der Arbeit verwiesen. Dies ermöglicht eine kompakte und übersichtliche Darstellungsweise.

Zunächst werden Hypothesen darüber formuliert, ob bei vier Klassen potenzieller Störvariablen die diskriminante Validität der adaptiven Testformen höher ist, als bei der nicht-adaptiven Testform. Die Beantwortung dieser Hypothesen erlaubt eine Einschätzung der konzeptuellen Breite des von Frey und Moosbrugger (2004) beobachteten Effekts des adaptiven Testens mit dem FAKT auf die diskriminante Validität.

Danach werden zwei konkurrierende Hypothesen formuliert, deren Untersuchung eine Erklärung der hohen diskriminanten Validität der adaptiven Testformen des FAKT im Vergleich zu der nicht-adaptiven Testform liefern kann. Die mögliche Erklärung liegt darin, dass die adaptiven Testformen eine höhere Motivation zur Testbearbeitung induzieren als die nicht-adaptive Testform.

2.6.1 Diskriminante Validität der adaptiven Testformen und der nicht-adaptiven Testform des FAKT im Vergleich

Es werden vier Klassen potenzieller Störvariablen unterschieden (vgl. Kapitel 2.4):

1. Zustände (States)
2. Zustandsveränderungen während der Testung (Δ-States)
3. Eigenschaften (Traits)
4. Externale situative Einflüsse (Situationen)

Im Rahmen der vorliegenden Arbeit können nicht alle möglichen potenziellen Störvariablen untersucht werden, die bei der Messung der maximalen Konzentrationsleistung relevant sein könnten. Deshalb wird für jede Klasse potenzieller Störvariablen eine typische Variable zur Hypothesenformulierung herangezogen. Die Auswahl der zu potenziellen Störvariablen orientiert sich an den im Kapitel 2.4 angeführten Beispielen. Es handelt sich um die Variablen State-Ärger (State),

Veränderung des negativen Affekts (Δ-State), Besorgnis (Trait) und Lärm (Situation). Die nachfolgenden Hypothesen 1 bis 13 untersuchen jeweils den Effekt einer dieser vier potenziellen Störvariablen auf Konzentrationsleistung. Die Hypothesen werden verbal dargestellt. Formale Hypothesen finden sich in den entsprechenden Kapiteln des empirischen Teils der Arbeit.

State-Ärger

Im Kapitel 2.4 wurde begründet, dass es sich bei vor einer Leistungsmessung gemessenem State-Ärger um eine potenzielle Störvariable bei der Messung der maximalen Konzentrationsleistung handelt. Dies begründet sich dadurch, dass einerseits auf theoretischer Ebene angenommen werden kann, dass die beiden Konstrukte substanziell zu unterschieden sind und andererseits, dass auf manifester Ebene positive Zusammenhänge zwischen vor der Leistungsmessung erhobenem State-Ärger und maximaler Konzentrationsleistung zu befürchten sind. Aufgrund des Befunds von Frey und Moosbrugger (2004) wird weiter angenommen, dass bei adaptiver Testung mit dem FAKT eine höhere diskriminante Validität der Interpretation der gemessenen Konzentrationsleistungswerte als maximale Konzentrationsleistung hinsichtlich der potenziellen Störvariablen State-Ärger resultiert als bei nicht-adaptiver Testung. Der inferenzstatistische Test der diskriminanten Validität kann am Grenzwert 0 erfolgen (vgl. Kapitel 2.4). Die Annahmen können mit den folgenden drei Hypothesen geprüft werden.

Hypothese 1:

Der Effekt der vor der Leistungsmessung erhobenen potenziellen Störvariablen State-Ärger auf Konzentrationsleistung variiert in Abhängigkeit davon, ob die Konzentrationsleistungsmessung mit dem FAKT adaptiv oder nicht-adaptiv erfolgt.

Hypothese 2:

Bei nicht-adaptiver Konzentrationsleistungsmessung mit dem FAKT liegt ein positiver Effekt der vor der Leistungsmessung erhobenen potenziellen Störvariablen State-Ärger auf Konzentrationsleistung vor.

Hypothese 3:

Bei adaptiver Konzentrationsleistungsmessung mit dem FAKT liegt kein Effekt der vor der Leistungsmessung erhobenen potenziellen Störvariablen State-Ärger auf Konzentrationsleistung vor.

Veränderung von negativem Affekt

Bei der Variablen Veränderung von negativem Affekt handelt es sich um eine potenzielle Störvariable bei der Messung der maximalen Konzentrationsleistung (vgl. Kapitel 2.4). Auf theoretischer Ebene kann angenommen werden, dass es sich bei Veränderung von negativem Affekt und maximaler Konzentrationsleistung um zwei substanziell unterschiedliche Konstrukte handelt. Auf manifester Ebene müssen allerdings negative Zusammenhänge zwischen Veränderung von negativem Affekt und Konzentrationsleistung angenommen werden. Ausgehend vom Befund von Frey und Moosbrugger (2004) wird angenommen, dass bei adaptiver Testung mit dem FAKT eine höhere diskriminante Validität der Interpretation der gemessenen Konzentrationsleistungswerte als maximale Konzentrationsleistung hinsichtlich der potenziellen Störvariablen Veränderung von negativem Affekt resultiert als bei nicht-adaptiver Testung. Der inferenzstatistische Test der diskriminanten Validität kann am Grenzwert 0 erfolgen (vgl. Kapitel 2.4). Dies wird mit Hilfe der nachfolgenden drei Hypothesen untersucht.

Hypothese 4:

Der Effekt der potenziellen Störvariablen Veränderung von negativem Affekt auf Konzentrationsleistung variiert in Abhängigkeit davon, ob die Konzentrationsleistungsmessung mit dem FAKT adaptiv oder nicht-adaptiv erfolgt.

Hypothese 5:

Bei nicht-adaptiver Konzentrationsleistungsmessung mit dem FAKT liegt ein negativer Effekt der potenziellen Störvariablen Veränderung von negativem Affekt auf Konzentrationsleistung vor.

Hypothese 6:

Bei adaptiver Konzentrationsleistungsmessung mit dem FAKT liegt kein Effekt der potenziellen Störvariablen Veränderung von negativem Affekt auf Konzentrationsleistung vor.

Besorgnis

Die Prüfungsangstkomponente Besorgnis stellt eine potenzielle Störvariable bei der Messung der maximalen Konzentrationsleistung dar (vgl. Kapitel 2.4). Auf theoretischer Ebene können Besorgnis und maximale Konzentrationsleistung als substanziell unterschiedliche Konstrukte angesehen werden. Auf manifester Ebene sind negative Zusammenhänge zwischen den beiden Variablen zu erwarten. Auch hier können aufgrund des Befunds von Frey und Moosbrugger (2004)

Unterschiede der Zusammenhänge zwischen Besorgnis und Konzentrationsleistung in Abhängigkeit der eingesetzten FAKT-Testform angenommen werden. Bei adaptiver Testung mit dem FAKT wird eine höhere diskriminante Validität der Interpretation der gemessenen Konzentrationsleistungswerte als maximale Konzentrationleistung hinsichtlich der potenziellen Störvariablen Besorgnis angenommen als bei nicht-adaptiver Testung. Der inferenzstatistische Test der diskriminanten Validität kann am Grenzwert 0 erfolgen (vgl. 2.4). Um Aussagen für die einzelnen Testformen des FAKT zu ermöglichen, werden in diesem Fall die Hypothesen testformspezifisch formuliert.

Hypothese 7:

Der Effekt der potenziellen Störvariablen Besorgnis auf Konzentrationsleistung variiert in Abhängigkeit davon, ob die Konzentrationsleistungsmessung mit dem FAKT adaptiv oder nicht-adaptiv erfolgt.

Hypothese 8:

Bei Einsatz der nicht-adaptiven Testform FAKT-SR liegt ein negativer Effekt der potenziellen Störvariablen Besorgnis auf Konzentrationsleistung vor.

Hypothese 9:

Bei Einsatz der adaptiven Testform FAKT-S liegt kein Effekt der potenziellen Störvariablen Besorgnis auf Konzentrationsleistung vor.

Hypothese 10:

Bei Einsatz der adaptiven Testform FAKT-E liegt kein Effekt der potenziellen Störvariablen Besorgnis auf Konzentrationsleistung vor.

Lärm

Lärm wird als potenzielle Störvariable bei der Messung der maximalen Konzentrationsleistung angesehen. Lärm weicht etwas von den drei zuvor beschriebenen potenziellen Störvariablen ab. Während zuvor interne psychische Merkmale von Probanden betrachtet wurden, wird Lärm als Phänomen einer Situation verstanden, in der intensive akustische Reize vorhanden sind. Auf theoretischer Ebene stellen Lärm und maximale Konzentrationsleistung zwei substanziell unterscheidbare Sachverhalte dar. Auf empirischer Ebene kann bei der Bearbeitung anspruchsvoller Aufgaben ein mindernder Effekt von Lärm auf Leistung angenommen werden. (vgl. Kapitel 2.4). Für die Hypothesenformulierung sei angenommen, dass Lärm auf den zwei Stufen *Ruhe* und *Lärm* vorliegt. Aufgrund des Befunds von Frey und Moosbrugger (2004) sind unterschiedliche Effekte von Lärm auf Konzentrationsleistung in Abhängigkeit der Adaptivität der eingesetzten FAKT-Testform zu vermuten. Unter der Annahme, dass die Bearbeitung des FAKT eine anspruchsvolle Tätigkeit darstellt, ist für die nicht-adaptive Testform anzunehmen, dass bei Lärm niedrigere Konzentrationsleistungswerte resultieren als bei Ruhe. Bei adaptiver Testung ist hingegen anzunehmen, dass sich die Konzentrationsleistungswerte nicht in Abhängigkeit davon unterscheiden, ob die Messung bei Ruhe oder bei Lärm durchgeführt wird. Die getroffenen Annahmen werden mit den Hypothesen 11 bis 13 untersucht.

Hypothese 11:

Der Effekt von Lärm auf Konzentrationsleistung ist davon abhängig, ob die Konzentrationsleistungsmessung mit dem FAKT adaptiv oder nicht-adaptiv erfolgt.

Hypothese 12:

Bei nicht-adaptiver Konzentrationsleistungsmessung mit dem FAKT liegt ein negativer Effekt von Lärm auf Konzentrationsleistung vor.

Hypothese 13:

Bei adaptiver Konzentrationsleistungsmessung mit dem FAKT liegt kein Effekt von Lärm auf Konzentrationsleistung vor.

2.6.2 Motivationssteigerung

Die hohe diskriminante Validität der adaptiven Testformen des FAKT im Vergleich zur nicht-adaptiven Testform könnte dadurch erklärt werden, dass die adaptiven Testformen eine höhere Motivation zur Testbearbeitung erzeugen als die nicht-adaptive Testform (vgl. Kapitel 2.5.3). Die Formulierung von Hypothesen zu den motivationalen Auswirkungen des adaptiven Testens ist jedoch nicht ganz trivial, da hierzu zwei kontroverse Meinungen vertreten werden. Klassische Arbeiten von Betz und Weiss (1976a, 1976b) und Betz (1975) (vgl. Kapitel 2.2.6) sowie die Vorhersagen des Risikowahlmodells (vgl. Kapitel 2.5.1) legen die Annahme nahe, dass adaptives Testen zu einer höheren resultierenden motivationalen Tendenz zur Testbearbeitung führt als nicht-adaptives Testen. Die Argumente von Bergstrom et al. (1992), Eggen (2004), Eggen und Verschoor (2004) und Ponsoda et al. (1999) sowie empirische Ergebnisse von Tonidandel et al. (2002) legen hingegen die Annahme nahe, dass adaptives Testen zu einer niedrigeren resultierenden motivationalen Tendenz zur Testbearbeitung führt als nicht-adaptives Testen. Für jede der beiden Annahmen wird eine Hypothese formuliert. Die beiden Hypothesen widersprechen sich in der Ihren Aussagen.

Hypothese 14:

Die resultierende motivationale Tendenz ist bei adaptiver Konzentrationsleistungsmessung mit dem FAKT höher als bei der nicht-adaptiver Testung.

Hypothese 15:

Die resultierende motivationale Tendenz ist bei adaptiver Konzentrationsleistungsmessung mit dem FAKT niedriger als bei nicht-adaptiver Testung.

3 Empirische Befunde

Im empirischen Teil der Arbeit wird die Untersuchung der zuvor aufgestellten Hypothesen mit drei Experimenten dargestellt. Der empirische Teil gliedert sich in zwei Teile. Im ersten Teil wird die Breite des Effekts der hohen diskriminanten Validität der adaptiven Testformen des FAKT im Vergleich zur nicht-adaptiven Testform des FAKT untersucht. Konkret wird der Frage nachgegangen, ob sich die hohe diskriminante Validität auch hinsichtlich der potenziellen Störvariablen State-Ärger (State), Veränderung von negativem Affekt (Δ-State), Besorgnis (Trait) und Lärm (Situation) zeigt. Zur Beantwortung dieser Frage werden die Hypothesen 1 bis 13 untersucht, die Moderatoreffekte der Variable Adaptivität (adaptiv, nicht-adaptiv) auf den Effekt verschiedener potenzieller Störvariablen auf Konzentrationsleistung beschreiben. Die potenziellen Störvariablen werden in allen Fällen als unabhängige Variablen betrachtet. Die statistischen Analysen erfolgen mit den im Kapitel 2.1.5 dargestellten Modellierungsmethoden. Die in den nachfolgenden Kapiteln 3.1, 3.2 und 3.3 verwendeten Methoden der moderierten Regression und der MSA beruhen auf der Analyse von Kovarianzen. Diese Zusammenhänge sind selbstverständlich nicht im Sinne kausaler Effekte interpretierbar. Da die getesteten Hypothesen jedoch theoriegeleitet formuliert wurden und Einflüsse potenzieller Störvariablen auf Konzentrationsleistung annehmen, wird in der vorliegenden Arbeit von Effekten gesprochen. Diese Wortwahl soll nicht implizieren, dass die Datenlage eine kausale Interpretation im strengen Sinne zulassen würde.

Im zweiten Abschnitt des empirischen Teils werden Ergebnisse zu den Hypothesen 14 und 15 dargestellt. Diese Hypothesen beziehen sich auf die bislang nicht abschließend geklärte Frage nach den Auswirkungen des adaptiven Testens auf die Motivation der Probanden zur Testbearbeitung. Konkret wird untersucht, ob die hohe diskriminante Validität der adaptiven Testformen des FAKT im Vergleich zu der nicht-adaptiven Testform durch eine testinduzierte Steigerung der Motivation zu Testbearbeitung erklärt werden kann.

Die Untersuchung der aufgestellten Hypothesen erfolgt in fünf Kapiteln, die jeweils den Aufbau einer empirischen Arbeit mit den Abschnitten Einleitung, Methode, Ergebnisse und Diskussion aufweisen.

Die Größe der untersuchten Stichproben wurde aufgrund von a-priori durchgeführten Teststärkeanalysen bestimmt. Wurden mehrere Hypothesen durch eine

Studie untersucht, dann wurde jeweils die größte bei den Teststärkeanalysen resultierende Stichprobe verwendet.

Als maximal zu tolerierendes Alpha-Fehler-Niveau der statistischen Hypothesentests wurde einheitlich 5% verwendet. Die berechneten Irrtumswahrscheinlichkeiten werden jeweils mit drei Dezimalstellen angegeben.

Die Berechnungen wurden mit den Statistikprogrammen SPSS für Windows 12.5, Statistica 6.0 und LISREL 8.54 durchgeführt.

3.1 Diskriminante Validität von FAKT-S und FAKT-SR hinsichtlich State-Ärger

Die Stärke des vor einer Leistungstestung gemessenen State-Ärgers stellt eine potenzielle Störvariable bei der Messung der maximalen Konzentrationsleistung dar. Hoher State-Ärger kann eine jetzt-erst-recht-Reaktion auslösen, die zu einer vermehrten Zuwendung von Aufmerksamkeit bei einem nachfolgenden Konzentrationsleistungstest führen kann (vgl. Kapitel 2.4). So wäre es beispielsweise denkbar, dass sich ein studentischer Proband vor der Teilnahme an einer Leistungstestung zu einer Prüfung anmelden möchte. Allerdings haben mehrere Studierende am betreffenden Tag das gleiche Ziel. Als er beim Prüfungsamt ankommt, trifft er auf eine lange Schlange von Wartenden, die vor ihm an der Reihe sind. Entscheidet er sich dafür, den Termin der Leistungstestung einzuhalten, dann kann er sich aufgrund der geschätzten Wartezeit nicht wie gewünscht zur Prüfung anmelden. Da in dieser Situation die zielgerichtete Handlung *Anmeldung zur Prüfung* blockiert wird, ist anzunehmen, dass eine Erhöhung des State-Ärgers bei dem Studierenden resultiert. Hoher State-Ärger könnte zu einer verstärkten Zuwendung von Aufmerksamkeit zu den bei der Leistungstestung gestellten Aufgaben führen. Eine mögliche Begründung dieser verstärkten Zuwendung ist darin zu sehen, dass dem Gefühl vorgebeugt werden soll, unnötig zur Universität gefahren zu sein. So könnte ein aufmerksames Bearbeiten des Leistungstests zu einer Begründung dafür herangezogen werden, dass die Anmeldung zur Prüfung abgebrochen wurde. Würde der Studierende die Leistungstestung hingegen nur wenig aufmerksam durchführen, dann würde er damit den Sinn des Abbruchs der zielgerichteten Handlung Anmeldung zur Prüfung in Frage stellen. Für die vorliegende Studie wird angenommen, dass der Effekt von vor der Leistungstestung gemessenem State-Ärger auf Konzentrationsleistung davon abhängt ob eine adaptive oder die nicht-adaptive Testform des FAKT zur Konzentrationsleistungsmessung eingesetzt wird (Hypothese 1). Während bei nicht-adaptiver Testung angenommen wird, dass State-Ärger einen leistungssteigernden Effekt auf Konzentrationsleistung hat (Hypothese 2), wird für die adaptiven Testformen kein Effekt von State-Ärger auf Konzentrationsleistung angenommen (Hypothese 3). Gemeinsam beschreiben die Hypothesen 1 bis 3 einen Moderatoreffekt der Adaptivität des zur Konzentrationsleistungsmessung eingesetzten Verfahrens auf den Effekt von State-Ärger auf Konzentrationsleistung.

3.1.1 Methode

Stichprobe

Die optimale Stichprobengröße N_{opt} wurde a-priori bestimmt. Da die Bestimmung von N_{opt} für den Test von Interaktionseffekten bei der moderierten Regression sehr problematisch ist, wurde sie für die Anwendung der Subgruppenanalyse bestimmt. Unter der Annahme korrelativer Zusammenhänge zwischen State-Ärger und Konzentrationsleistung von .50 bei nicht-adaptiver Testung und .00 bei adaptiver Testung sowie $\alpha = .05$ und $1 - \beta = .80$ ergab sich $N_{opt} = 88$. Eine Stichprobe dieser Größe wurde in der Zeit von Oktober 2002 bis Februar 2003 an der Humboldt-Universität zu Berlin untersucht. Den Probanden wurden bei Interesse Versuchspersonenstunden bescheinigt, die bei der Anmeldung zum Vordiplom in Psychologie benötigt werden. Als weiterer Anreiz wurden unter allen Probanden drei Statistikbücher verlost. Ansonsten erfolgte die Teilnahme an der Untersuchung freiwillig. Es mussten neun Probanden von der Datenauswertung ausgeschlossen werden, da aufgrund mangelnder Sprachkenntnisse ein hinreichendes Verständnis der schriftlichen Instruktionen nicht gewährleistet war oder weil technische Probleme bei der Versuchsdurchführung auftraten. Für die statistische Analyse wurden die Daten der restlichen $N = 79$ Probanden verwendet. 73% der Probanden waren weiblich. Das durchschnittliche Alter lag bei 25.50 Jahren ($SD = 6.93$). Es handelte sich dabei in der Mehrzahl um Studierende der Psychologie (86%). Der Rest der Stichprobe bestand aus Rechtsanwälten (5%) und Personen mit sonstigen Berufen (9%). Allen Probanden wurde eine schriftliche individuelle Auswertung ihrer Testergebnisse angeboten.

Versuchsmaterial

Die Konzentrationsleistungsmessung erfolgte mit der adaptiven Testform FAKT-S und der nicht-adaptiven Testform FAKT-SR. Beide Testformen sind komplett computerbasiert. Wie in Kapitel 2.3.2 dargestellt, unterscheiden sich die Testformen nicht bezüglich des verwendeten Itemmaterials, sondern lediglich darin, dass bei FAKT-S eine adaptive und bei FAKT-SR eine nicht-adaptive Teststrategie zur Anwendung kommt. Der Effekt von adaptivem Testen auf Zusammenhänge zwischen potenziellen Störvariablen und Konzentrationsleistung kann deshalb sehr gut durch einen Vergleich der beiden ausgewählten Testformen realisiert werden. Um eine synchrone Gruppentestung zu ermöglichen, wurde die Testzeit für alle Probanden gleichlang gehalten. Sie betrug insgesamt 6 Minuten bei konstant einminütiger Übungsphase. Die Testdarbietung erfolgte mit sechs Desktop-Computern mit einer Prozessorleistung von 66 bis 800 MHz. Die Darbietung erfolgte auf Computerbildschirmen mit einer Bilddiagonalen von 15

Zoll. Die Reaktionen der Probanden wurden mit speziellen FAKT-Reaktionstastaturen registriert, die an den Parallelport der Computer angeschlossen waren. Die Computertechnik entsprach den Ansprüchen aus dem Testmanual des FAKT (Moosbrugger & Heyden, 1997).

Zur Messung von State-Ärger wurde die Skala *Ärger-Zustand* des State-Trait-Ärgerausdrucks-Inventars (STAXI; Schwenkmezger et al., 1992) eingesetzt. Der STAXI ist ein in Forschung und Praxis häufig verwendetes standardisiertes Fraugebogenverfahren mit insgesamt 44 Items, die fünf Skalen bilden. Die Skalen messen die individuelle Ausprägung von Zustands-Ärger (engl.: *State-Anger*), dispositionalem Ärger (engl.: *Trait-Anger*), nach innen gerichtetem Ärger (engl.: *Anger-in*), nach außen gerichtetem Ärger (engl.: *Anger-out*) und Ärger-Kontrolle (engl.: *Anger Control*). Bei der vorliegenden Studie wurde nur die Skala S-A eingesetzt, mit der Zustands-Ärger gemessen werden kann (s. Anhang B). Sie beinhaltet zehn Items, die die Intensität des subjektiven Ärgerzustandes zu einem bestimmten Zeitpunkt erfassen. Ein Beispielitem lautet: „Ich bin wütend". Die Items sind auf einer vierstufigen Zustimmungsskala von *überhaupt nicht* bis *sehr* zu beantworten. Bei verschiedenen im Testmanual angegebenen Stichproben erreichte die Skala S-A gute bis sehr gute interne Konsistenzen von $\alpha = .88$ bis $\alpha = .95$ (Schwenkmezger, et al., 1992). Aufgrund zahlreicher empirischer Befunde kann das STAXI insgesamt als valider Test zur Messung der genannten Ärgerkomponenten angesehen werden (vgl. Schwenkmezger et al., 1992).

Versuchsplan

Mit dem vorliegenden Experiment wurden die Hypothesen 1 bis 3 sowie die Hypothesen 14 und 15 untersucht. Dem gesamten Experiment liegt ein zweifaktorieller Versuchsplan mit dem zweifach abgestuften Zwischensubjektfaktor *Adaptivität* (adaptiv, nicht-adaptiv) und dem zweifach abgestuften Innersubjektfaktor *Messwiederholung* (Messung 1, Messung 2) zugrunde. Die Untersuchung der Hypothesen 1 bis 3 basiert dabei auf den zum zweiten Messzeitpunkt erhobenen Daten. Der Versuchsplan des gesamten Experiments wird im Kapitel 3.5 dargestellt. Hier folgt die Darstellung des Versuchsplans zur Überprüfung der Hypothesen 1 bis 3. Dabei handelt es sich um einen einfaktoriellen Versuchsplan mit dem zweifach abgestuften Zwischensubjektfaktor Adaptivität (adaptiv, nicht-adaptiv). In der adaptiven Testbedingung wurde zur Konzentrationsleistungsmessung die adaptive Testform FAKT-S und in der nicht-adaptiven Testbedingung die nicht-adaptive Testform FAKT-SR eingesetzt. Zusätzlich wurde direkt vor Beginn der Konzentrationsleistungsmessung der State-Ärger mit der Skala S-A des STAXI erhoben. Jeder Versuchsbedingung wurden $n = 44$ Probanden randomisiert zugewiesen. Durch den Ausschluss der neun Probanden von der

Datenanalyse ergab sich eine leicht ungleiche Verteilung der Stichprobe auf die beiden Versuchsbedingungen (Tabelle 4). Dies stellt bei der zur statistischen Modellierung verwendeten Methode der moderierten Regression allerdings kein Problem dar. In jeder Versuchsbedingung wurden Daten für Konzentrationsleistung und State-Ärger erhoben.

Tabelle 4: Versuchsplan zur Untersuchung der Hypothesen 1 bis 3

Adaptivität	Stichprobengröße
Adaptiv	$n_1 = 42$
Nicht-adaptiv	$n_2 = 37$

Versuchsdurchführung

Die Durchführung des Experiments erfolgte in Gruppen von bis zu sechs Probanden. Vor Beginn der Datenerhebung wurden einige Vorbereitungen getroffen. Um systematische Effekte durch unterschiedliche Lichtbedingungen auf die gemessenen Variablen zu vermeiden, wurde das Fenster des Labors mit einer Jalousie verdunkelt und die Deckenbeleuchtung eingeschaltet. Außerdem wurden die Computer vor Eintreten der Probanden gestartet und an jedem Arbeitsplatz ein Kugelschreiber und ein Testheft bereitgelegt. Das Testheft enthielt Fragen zu demographischen Variablen, die Skala S-A des STAXI und einige weitere Fragen, die für die Beantwortung der Hypothesen 1 bis 3 nicht benötigt und deshalb nachfolgend nicht weiter behandelt werden (s. aber Kapitel 3.5 und Zinkernagel, 2005). Danach wurden die Probanden hereingebeten und randomisiert einem Computerarbeitsplatz zugewiesen. Es folgte eine standardisierte mündliche Instruktion durch den Versuchsleiter. Hierbei wurde eine Vorschau auf das Experiment gegeben und eine Rückmeldung der individuellen Testergebnisse angekündigt. Nach der Instruktion bestand für die Probanden die Möglichkeit Fragen zum Versuchsablauf zu stellen, um etwaige Unklarheiten klären zu können. Ergaben sich Fragen, dann wurde die entsprechende Stelle der Instruktion erneut mündlich vorgetragen. Nachfolgend wurden die Probanden gebeten, sich dem Testheft zuzuwenden und den ersten Fragenblock zu bearbeiten. Dieser enthielt unter anderem die Fragen zu demographischen Variablen und die Skala S-A des STAXI im Papier-und-Bleistift Format. Nachdem alle Probanden fertig waren, wurden sie gebeten, sich dem Computer zuzuwenden und den Instruktionen auf dem Bildschirm zu folgen. Es folgte eine Standard FAKT-Testung. Hierbei wurde zuerst eine computerbasierte Instruktion gegeben, an die sich eine Phase anschloss, in der 20 Items zur Probe zu bearbeiten waren. Nach der Probephase hatten die Probanden einige weitere Fragen im Testheft zu beantworten (s. Kapitel 3.5). Die anschließende sechsminütige Konzentrationsleistungsmessung mit dem FAKT wurde für alle Probanden einer Versuchsdurchführung gleichzeitig gestartet. Nach Beendigung der Konzentrationsleistungsmessung waren einige weitere Fragen im Testheft zu bearbeiten. Abschließend bedankte sich der Versuchsleiter mündlich bei den Probanden für die Versuchsteilnahme und bestätigte bei Interesse Versuchspersonenstunden. Außerdem konnten die Probanden ihre e-Mail-Adresse hinterlassen, wenn sie Interesse an einer individuellen Auswertung ihrer Ergebnisse hatten. Von dem Angebot machten 90% der Probanden Gebrauch. Die Rückmeldungen wurden nach Abschluss des Experiments per e-Mail verschickt. Die komplette Versuchsdurchführung dauerte ungefähr 60 Minuten.

Statistische Analyse

Die erhobenen Daten wurden mit der Methode der moderierten Regression analysiert. Um eindeutig interpretierbare Ergebnisse zu erhalten, wurden die in die Berechnungen eingehenden Variablen zunächst transformiert. Erstens wurden die KWs pro Abstufung des Faktors Adaptivität z-standardisiert. Dies geschah deshalb, weil die KWs bei den beiden eingesetzten Testformen FAKT-S und FAKT-SR unterschiedlich berechnet werden und somit nicht direkt vergleichbar sind. Weiter sind die Mittelwerte und die Standardabweichungen der Normen zwischen den beiden Testformen leicht unterschiedlich. Eine Verwendung der Rohwerte hätte möglicherweise die Ergebnisse beim Test der Hypothesen x bis y verfälschen können. Zweitens wurden die Variablen State-Ärger und Adaptivität zentriert, um eine bestmögliche Interpretation nicht nur des Interaktionsterms, sondern auch des Haupteffekts von State-Ärger auf Konzentrationsleistung zu ermöglichen. Hierzu wurde der Mittelwert der betreffenden Variablen in der Gesamtstichprobe von den individuellen Messwerten subtrahiert. Die Interaktionsvariable State-Ärger $\cdot$ Adaptivität wurde durch Multiplikation der zentrierten Variablen berechnet.

Der verwendete Modellansatz orientiert sich an der durch (21) gegebenen allgemeinen Form der moderierten Regression. Durch die beschriebene z-Standardisierung der KWs wurde ein Haupteffekt des Faktors Adaptivität ausgeschlossen. Aus diesem Grund konnte ein sparsames moderiertes Regressionsmodell ohne Haupteffekt des Faktors Adaptivität verwendet werden. Ferner wurde der konstante Term b_0 nicht mit aufgenommen, da dieser einerseits für die zu testenden Hypothesen irrelevant ist und andererseits eine inhaltliche Interpretation aufgrund der durchgeführten Zentrierung der Variablen uninteressant gewesen wäre. Es wurde folgendes unrestringiertes moderiertes Regressionsmodell verwendet:

$$KL = b_1 \cdot SA + b \cdot_2 SA \cdot AD + \varepsilon \qquad (33)$$

Hierbei wird das Kriterium Konzentrationsleistung (KL) durch den Haupteffekt des State-Ärgers (SA) und die Interaktion von State-Ärger mit Adaptivität $(SA \cdot AD)$ vorhergesagt.

Die Mehrgruppen Strukturgleichungsanalyse (MSA) wurde aus zwei Gründen nicht verwendet. Erstens war die Mindestanforderung an die Stichprobengröße nicht erfüllt. Nach der im Kapitel 2.1.5 zitierten Faustregel soll die Stichprobengröße abzüglich der Anzahl der zu schätzenden Modellparameter größer als 50 sein. Werden bei einer MSA gruppenspezifische Parameter geschätzt, dann gilt die Faustregel pro Gruppe, da pro Gruppe eine separate Strukturgleichungsanalyse berechnet wird. Die Stichprobengröße war im vorliegenden Fall mit Stichprobengrößen von $n < 50$ pro Versuchsgruppe nicht hinreichend groß. Zweitens hätte sich aufgrund der Verteilungsform der erhobenen Daten für State-Ärger eine Verwendung der MSA nicht angeboten. Die State-Ärger-Werte sind stark linkssteil verteilt. Sowohl Schiefe (Sch = 2.56) als auch Exzess (Ex = 7.44) weisen signifikante Abweichungen von unter Annahme der Normalverteilung zu erwartenden Werten auf ($p < .001$). Bei der MSA sind bei Vorliegen nicht-normalverteilter Variablen unzuverlässige Parameterschätzer zu erwarten. Bei Regressionsanalysen wiegen Verletzungen der Normalverteilung zumeist weniger schwer (vgl. Bortz, 2005).

3.1.2 Ergebnisse

Die in Tabelle 5 abgetragenen deskriptiven Ergebnisse für die Rohwerte zeigen fast identische Mittelwerte und Standardabweichungen für State-Ärger in den beiden Versuchsbedingungen. Die Mittelwertsunterschiede sind mit $t(77) = -0.43$, $p = .667$ nicht signifikant. Ebenso kann aufgrund eines berechneten Levene-Tests die Annahme der Varianzhomogenität der State-Ärger Werte zwischen den Versuchsgruppen beibehalten werden, $F(1, 77) = 0.06, p = .802$. Ein direkter Vergleich der Konzentrationsleistungswerte zwischen den Testformen ist aufgrund der unterschiedlichen Berechnungsgrundlagen nicht möglich.

Die Hypothese 1 nimmt an, dass der Effekt von State-Ärger auf Konzentrationsleistung abhängig davon ist, ob die Konzentrationsleistungsmessung mit dem FAKT adaptiv oder nicht-adaptiv erfolgt. Bei Einsatz des durch (33) gegebenen moderierten Regressionsmodells kann diese Hypothese durch den Test der

Nullhypothese $b_2 = 0$ überprüft werden. Hierzu wurde im ersten Schritt das unrestringierte Modell mit Moderatorterm nach (33) berechnet. Im zweiten Schritt wurde ein restringiertes Modell berechnet, bei dem $b_2 = 0$ gilt. Die Ergebnisse der Berechnungen sind in der Tabelle 6 angeführt. Das unrestringierte Modell zeigt eine signifikant von 0 abweichende Varianzaufklärung, $R^2 = .11$, $p = .014$. Die Nullsetzung des Interaktionsterms führt zu einer signifikanten Verschlechterung der Varianzaufklärung, $\Delta R^2 = -.08$, $p = .012$. Dieser Befund stützt die seitens der Hypothese 1 getroffene Annahme eines Moderatoreffekts der Adaptivität des zur Konzentrationsleistungsmessung eingesetzten Testverfahrens auf den Effekt von State-Ärger auf Konzentrationsleistung.

Tabelle 5: Mittelwerte und Standardabweichungen von State-Ärger (SA) und Konzentrationsleistung (KL) in Abhängigkeit der Adaptivität

Adaptivität	Variable	*M*	*SD*
Adaptiv[a]	SA	11.07	2.05
	KL	186.36	56.26
Nicht-adaptiv[b]	SA	11.27	2.02
	KL	180.24	48.21

Anmerkungen: [a] $n = 42$. [b] $n = 37$.

Tabelle 6: Zusammenfassung der Ergebnisse der moderierten Regression zur Vorhersage des Kriteriums Konzentrationsleistung ($N = 79$)

Variable	*b*	*SE b*	β	*F*	*p*
Schritt 1					
State-Ärger	0.09	0.05	.19	3.13	.081
State-Ärger · Adaptivität	0.27	0.11	.28	6.58	.012
Schritt 2					
State-Ärger	0.08	0.06	.17	2.28	.135

Anmerkungen: $R^2 = .11$ für Schritt 1 ($p = .014$); $\Delta R^2 = -.08$ für Schritt 2 ($p = .012$).

Von den Hypothesen 2 und 3 werden spezifische Annahmen bezüglich des Effekts von State-Ärger auf Konzentrationsleistung in Abhängigkeit davon formuliert, ob die Konzentrationsleistung adaptiv oder nicht-adaptiv gemessen wurde. Bei nicht-adaptiver Messung wird ein positiver Effekt von State-Ärger auf Konzentrationsleistung angenommen (Hypothese 2). Bei adaptiver Testung wird hingegen kein Effekt von State-Ärger auf Konzentrationsleistung angenommen (Hypothese 3).

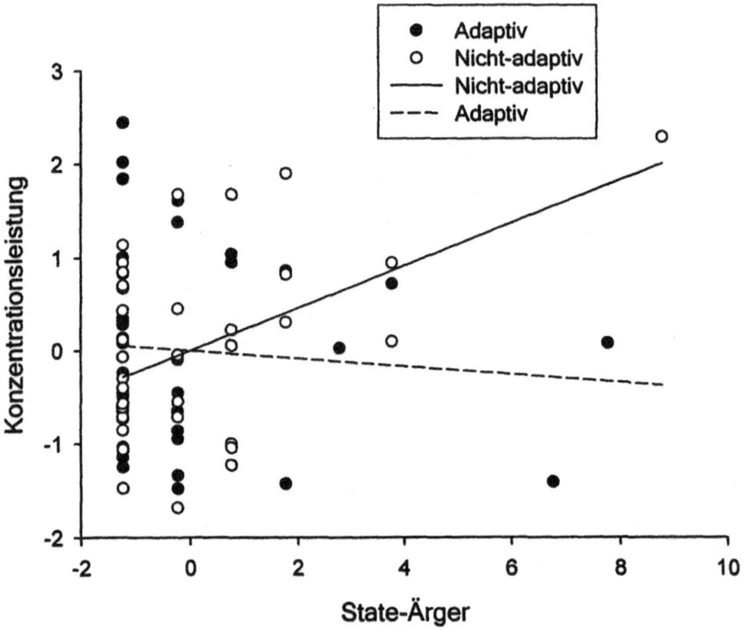

Abbildung 19: Unrestringiertes moderiertes Regressionsmodell zum Einfluss der Moderatorvariable Adaptivität auf den Effekt von State-Ärger auf Konzentrationsleistung.

Betrachtet man die grafische Darstellung des geschätzten unrestringierten Moderatormodells in Abbildung 19, dann lässt sich erkennen, dass diese Annahmen durch die Ergebnisse der vorliegenden Studie Unterstützung finden. Die Regressionsgerade bei nicht-adaptiver Testung weist eine auffallende, positive Steigung auf, was einen positiven Zusammenhang von State-Ärger und Konzentrationsleistung anzeigt. In der adaptiven Versuchsbedingung weist die Regressionsgerade hingegen nur eine schwache negative Steigung auf. Dies weist darauf hin, dass die Konzentrationsleistungswerte in dieser Versuchsbedingung weitgehend unabhängig von State-Ärger sind. Zusätzlich wurden Produkt-Moment-Korrelationen für die beiden Gruppen berechnet, um den visuellen Eindruck durch numerische Ergebnisse zu unterstützen. Bei nicht-adaptiver Testung lautet die Nullhypothese $\varrho(\text{KW,State-Ärger}) \leq 0$ (Hypothese 2) und bei adaptiver Testung $\varrho(\text{KW, State-Ärger}) = 0$ (Hypothese 3). Bei nicht-adaptiver Testung ergibt sich eine Korrelation von .46 (p = .002, einseitig) und bei adaptiver Testung eine Korrelation von -.09 (p = .584) zwischen State-Ärger und Konzentrationsleistung. Diese Ergebnisse unterstützen klar die Annahme der Hypothesen 2 und auch die bezüglich der Hypothese 3 getroffene Annahme, die auf der Nullhypothese liegt.

An den in Abbildung 19 durch Punkte abgetragenen individuellen Messwerten ist die berichtete linkssteile Verteilung der State-Ärger-Werte gut erkennbar. Um die Belastbarkeit der dargestellten Ergebnisse zu testen, wurden zusätzlich Rangkorrelationen (Kendall's τ) für den Zusammenhang von State-Ärger und Konzentrationsleistung für beide Versuchsbedingungen berechnet. Die Ergebnisse sind parallel zu den Ergebnissen der parametrischen Verfahren. Bei nicht-adaptiver Testung korrelieren State-Ärger und Konzentrationsleistung mit .23 (p = .037, einseitig) und bei adaptiver Testung mit -.07 (p = .554).

3.1.3 Diskussion

Hypothesenkonform erweist sich der Effekt des vor der Testung erhobenen State-Ärgers auf Konzentrationsleistung als signifikant abhängig davon, ob die Konzentrationsleistungsmessung nicht-adaptiv oder adaptiv erfolgte. Da die erhobenen State-Ärger-Werte homogene Varianzen aufweisen, kann der gefundene Moderatoreffekt nicht auf Varianzeinschränkung in einer der beiden Adaptivitätsgruppen zurückgeführt werden. Dies hätte beispielsweise der Fall sein können, wenn in einer Gruppe eine viel kleinere Varianz als in der anderen Gruppe vorgelegen hätte. In diesem Fall wäre es wahrscheinlich gewesen, dass der Effekt von State-Ärger auf Konzentrationsleistung in der Gruppe mit der kleinen Varianz niedriger ausfällt, als in der Gruppe mit der großen Varianz. Unerwünschte Effekte von State-Ärger auf Konzentrationsleistung zeigen sich nur bei der nicht-adaptiven Testform FAKT-SR, nicht aber bei der adaptiven Testform FAKT-S. Bei nicht-adaptiver Testung sind 21% der Varianz der Konzentrationsleistungswerte durch die Varianz von State-Ärger erklärbar. Hohe Ausprägungen von State-Ärger haben hierbei einen förderlichen Einfluss auf die nachfolgend gemessene Konzentrationsleistung. Es ist hinzuzufügen, dass der positive Effekt von State-Ärger auf Konzentrationsleistung in der nicht-adaptiven

Versuchsbedingung vor allem auf einige, wenige Probanden mit extremen Werten zurückgeht (vgl. Abbildung 19). Obgleich ähnliche Befundmuster bei relativ kleinen Stichproben, wie im vorliegenden Fall, häufiger zu beobachten sind, wird dadurch die Belastbarkeit der Befunde zunächst in Frage gestellt. Vor dem Hintergrund der zusätzlich durchgeführten nicht-parametrischen Analysen erscheinen die Ergebnisse aber durchaus stabil zu sein.

Die Befunde weisen eindeutig darauf hin, dass die mit der nicht-adaptiven Testform gemessenen Konzentrationsleistungswerte durch State-Ärger gesteigert werden können. Dies könnte darauf zurückzuführen sein, dass bei ärgerlichen Probanden eine verstärkte Aufmerksamkeitszuwendung zu der Konzentrationsleistungsmessung durch eine jetzt-erst-recht-Reaktion stattgefunden haben könnte. Aus dem Ergebnis lässt sich im Umkehrschluss jedenfalls folgern, dass die nicht-adaptive Testform unter Normalbedingungen nicht die maximal mögliche Konzentrationsleistung erfasst. Ein abschließender Beleg dieser Annahme wäre durch einen experimentellen Vergleich intraindividueller Konzentrationsleistungsunterschiede zwischen einer Ärger auslösenden Versuchsbedingung und einer Kontrollbedingung zu erzielen. Um Reihenfolgeeffekte zu vermeiden wäre ein entsprechend counterbalancierter Versuchsplan zu verwenden. Bei der adaptiven Testform zeigt sich hingegen kein signifikanter Effekt von State-Ärger auf Konzentrationsleistung. Konzentrationsleistungswerte, die mit der adaptiven Testform FAKT-S gemessen wurden, weisen somit eine höhere diskriminante Validität hinsichtlich der potenziellen Störvariablen State-Ärger auf, als Konzentrationsleistungswerte, die mit der nicht-adaptiven Testform FAKT-SR gemessen wurden. Eine mögliche Erklärung des Befundes besteht darin, dass bei adaptiver Testung eine höhere Motivation zur Testbearbeitung resultiert, als bei nicht-adaptiver Testung. Die Untersuchung des Effekts von Adaptivität auf die Motivation zur Testbearbeitung wird in Kapitel 3.5 dargestellt.

In der vorliegenden Untersuchung wurde zur Operationalisierung der unabhängigen Variablen Adaptivität nur die Testform FAKT-S eingesetzt, nicht aber die zweite adaptive Testform FAKT-E. Da beide Testformen den gleichen adaptiven Algorithmus verwenden, kann allerdings angenommen werden, dass der vorliegende Befund ebenfalls für die Testform FAKT-E Gültigkeit besitzt. Da dies bislang keiner empirischen Prüfung unterzogen wurde, handelt es sich hierbei natürlich nur um eine Annahme – wenngleich auch um eine sehr plausibel erscheinende.

Weiter kann ausgehend von den Ergebnissen der vorliegenden Studie angenommen werden, dass die adaptive Testform FAKT-S eine höhere diskriminante Validität hinsichtlich weiterer potenzieller Störvariablen aus der Klasse der States aufweist. Dies ist zu vermuten, weil mit State-Ärger eine typische Variable dieser Klasse untersucht wurde. Zur letztendlichen Überprüfung dieser Annahme wären natürlich auch hier weitere empirische Untersuchungen für die einzelnen in Frage kommenden potenziellen State-Störvariablen nötig.

3.2 Diskriminante Validität von FAKT-S und FAKT-SR hinsichtlich Veränderung von negativem Affekt

Das Ausmaß der Veränderung von negativem Affekt während der Testung stellt eine potenzielle Störvariable bei der Konzentrationsleistungsmessung dar. Durch einen Anstieg des negativen Affekts während der Testung können testirrelevante Kognitionen angeregt werden, die mit der Güte der Testbearbeitung interferieren. Für die vorliegende Studie wird angenommen, dass der Effekt der potenziellen Störvariablen Veränderung von negativem Affekt auf Konzentrationsleistung davon abhängt, ob eine adaptive oder eine nicht-adaptive Testform des FAKT verwendet wird (Hypothese 4). Bei nicht-adaptiver Konzentrationsleistungsmessung mit dem FAKT wird ein negativer Effekt der Veränderung von negativem Affekt auf die Konzentrationsleistung angenommen (Hypothese 5). Bei adaptiver Konzentrationsleistungsmessung mit dem FAKT wird hingegen angenommen, dass das Ausmaß der Veränderung von negativem Affekt keinen Effekt auf die Konzentrationsleistung hat (Hypothese 6). Zusammen beschreiben die Hypothesen einen Moderatoreffekt der Adaptivität des zur Konzentrationsleistungsmessung eingesetzten Testverfahrens (adaptiv, nicht-adaptiv) auf den Effekt der potenziellen Störvariablen Veränderung von negativem Affekt auf Konzentrationsleistung.

3.2.1 Methode

Stichprobe

Zur Modellierung von Moderatoreffekten bei dichotomer Moderatorvariable weist die MSA einige Vorteile im Vergleich zu den alternativen Verfahren der Subgruppenanalyse und der moderierten Regression auf (vgl. Kapitel 2.1.5). Um die Anforderungen zur Durchführung einer MSA sicherzustellen, wurde die Rekrutierung einer hinreichend großen Stichprobe angestrebt. In der Zeitspanne zwischen Dezember 2002 und Dezember 2004 wurden insgesamt $N = 132$ Probanden untersucht. Die Datenerhebung fand jeweils als Gruppentestung an einem von drei Standorten statt. Es wurden Daten an der Humboldt-Universität zu Berlin (HUB), der Johann Wolfgang Goethe-Universität Frankfurt am Main (JWGU) und der Friedrich Schiller-Universität Jena (FSU) erhoben. An allen drei Standorten erhielten die Probanden bei Interesse für ihre Teilnahme am Experiment Versuchspersonenstunden bestätigt. Als zusätzlicher Anreiz wurden unter allen Probanden drei Buchpreise verlost. Acht Probanden mussten aufgrund mangelnder Sprachkenntnisse oder Problemen bei der Versuchsdurchführung von der Datenanalyse ausgeschlossen werden. Hierdurch resultierte eine leicht ungleiche Verteilung der Stichprobe auf die Zellen des Versuchsplans (s. hierzu auch Kapitel 3.4). Um gleichgroße Substichproben in allen Zellen des Versuchsplans je Standort zu erreichen, wurden vier weitere Probanden von überproportional besetzten Versuchsbedingungen per Zufall ausgewählt und bei der Datenanalyse nicht berücksichtigt. Der statistischen Analyse wurden $N = 120$ Probanden zugeführt. Die Mehrzahl davon war weiblich (78%). Das Alter lag zwischen 19 und 53 Jahren bei einem Mittelwert von 23.88 Jahren ($SD = 5.43$). Der Großteil der Probanden studierte (89%), die meisten davon das Fach Psychologie. Der Rest der Stichprobe setzte sich aus Akademikern (3%) und Probanden mit sonstigen Berufen (8%) zusammen.

Versuchsmaterial

Die Konzentrationsleistungsmessung erfolgte mit der adaptiven Testform FAKT-S und der nicht-adaptiven Testform FAKT-SR (s. Kapitel 2.3.2). Die Testzeit betrug 6 Minuten bei einer konstanten Übungsphase von einer Minute.

Zur Testadministration wurden sechs Desktop-Computer (66 – 800 MHz) mit 15-Zoll Computermonitoren (HUB, JWGU) und einer speziellen FAKT-Reaktionstastatur eingesetzt, die an den Parallel-Port der Computer angeschlossen war. An der FSU kamen ebenfalls sechs Desktop-Computer (233 – 3.000 MHz) mit 15-Zoll-Computermonitoren zum Einsatz. Die Reaktionen konnten über herkömmliche Computertastaturen abgegeben werden. Die zum Einsatz gebrachte Computertechnik entsprach den durch das Testmanual (Moosbrugger & Heyden, 1997) geforderten Ansprüchen.

Die Messung der individuellen Ausprägung des negativen Affekts erfolgte mit der Skala *negativer Affekt* (NA) der deutschen Version der Positive and Negative Affect Schedule (PANAS; Krohne et al., 1996) im Papier-und-Bleistift Format. Bei der PANAS handelt es sich um ein häufig in der psychologischen Forschung eingesetztes Instrument zur Messung der Dimensionen *positiver Affekt* und *negativer Affekt*. Die Dimensionen werden als orthogonal zueinander angesehen. Die hier verwendete Skala NA besteht aus 10 Emotionsadjektiven (feindselig, ängstlich, bekümmert, verärgert, schuldig, durcheinander, beschämt, nervös, erschrocken, gereizt), mit denen die Probanden ihre momentane emotionale Befindlichkeit auf einer 5-stufigen Skala von *gar nicht* bis *sehr* angeben können (s. Anhang C). Die Skala weist eine interne Konsistenz von $\alpha = .86$ auf. Es liegen zahlreiche Befunde vor, die die PANAS als valides Instrument zur Messung von positivem und negativem Affekt ausweisen (z. B. Krohne et al., 1996; Watson,

Clark & Carey, 1988; Watson, Clark & Tellegen, 1988; Watson, Wiese, Vaidya & Tellegen, 1999).

Versuchsplan

Dem gesamten Experiment liegt ein dreifaktorieller Versuchsplan mit dem zweifach gestuften Zwischensubjektfaktor *Adaptivität* (adaptiv, nicht-adaptiv), dem zweifach gestuften Zwischensubjektfaktor *Lärm* (Lärm, Ruhe) und dem zweifach gestuften Innersubjektfaktor *Messwiederholung* (Messung 1, Messung 2) zugrunde. Das Experiment dient der Untersuchung der Hypothesen 4 bis 6 sowie der Hypothesen 11 bis 13. In diesem Abschnitt werden Ergebnisse zu den Hypothesen 4 bis 6 berichtet; die Darstellung der Ergebnisse zu den Hypothesen 11 bis 13 erfolgt im Kapitel 3.4. Um die Gültigkeit der Hypothesen 4 bis 6 zu prüfen, sind lediglich die Faktoren Adaptivität und Messwiederholung nötig, weshalb in diesem Abschnitt der Faktor Lärm nicht näher betrachtet wird (vgl. aber Kapitel 3.4). Dies ist insofern unproblematisch, als das in allen $2 \cdot 2 \cdot 2 = 8$ Zellen des Gesamtversuchsplans Stichproben von gleicher Größe ($n = 30$) vorliegen. Hierdurch kann angenommen werden, dass etwaige Effekte der Lärmmanipulation in allen Versuchsgruppen in gleicher Weise vorliegen, womit sie als kontrolliert anzusehen sind. Die experimentelle Variation des Faktors Adaptivität wurde durch den Einsatz des FAKT-S als adaptive Testform und des FAKT-SR als nicht-adaptive Testform realisiert. Durch die zweimalige Messung von Konzentrationsleistung und Veränderung von negativem Affekt auf den Stufen des Faktors Messwiederholung liegen für die zu berechnende MSA zwei Messungen je latentes Konstrukt vor.

Die Hypothesen 4 bis 6 zielen auf die Veränderung von negativem Affekt ab. Aus diesem Grund wurde die momentane Ausprägung des negativen Affekts zu drei Zeitpunkten im Versuchsablauf gemessen. Vor der ersten Konzentrationsleistungsmessung wurde die Baseline des negativen Affekts (NA_{Base}) erhoben. Zusätzlich wurden direkt im Anschluss an die beiden Konzentrationsleistungsmessungen die momentane Ausprägung von negativem Affekt zwei weitere Male gemessen (NA_1, NA_2). Die Probanden wurden durch eine entsprechende Instruktion gebeten, den während der Testung empfundenen negativen Affekt der Beantwortung der PANAS-Fragen zugrunde zu legen. Der Skalenwert wurde bei allen drei Messungen des negativen Affekts durch Berechnung des Mittelwerts der Antworten auf alle 10 Items berechnet. Durch Berechnung der Differenzen $\Delta NA_1 = NA_1 - NA_{Base}$ und $\Delta NA_2 = NA_2 - NA_{Base}$ wurden mit ΔNA_1 ein Maß für die Veränderung des negativen Affekts während der ersten Konzentrationsleistungsmessung und mit ΔNA_2 ein Maß für die Veränderung des negativen Affekts während der zweiten Konzentrationsleistungsmessung bestimmt. ΔNA_1

und ΔNA_2 wurden als Maße der potenziellen Störvariablen Veränderung von negativem Affekt für die Berechnungen verwendet.

Für die Untersuchung der Hypothesen 4 bis 6 ergibt sich ein Versuchplan mit vier Zellen (Tabelle 7). Je 60 Probanden wurden randomisiert entweder der adaptiven Testform FAKT-S oder der nicht-adaptiven Testform FAKT-SR zugeordnet. Die zweite Messung erfolgte mit der gleichen Testform des FAKT wie die erste Messung. Für jede der vier Zellen wurden Daten für die Konzentrationsleistung und Veränderung von negativem Affekt (ΔNA_1 und ΔNA_2) erhoben.

Tabelle 7: Versuchsplan zur Untersuchung der Hypothesen 4 bis 6

	Messung	
Adaptivität	1	2
Adaptiv	$n_1 = 60$	$n_1 = 60$
Nicht-adaptiv	$n_2 = 60$	$n_2 = 60$

Versuchsdurchführung

Die Durchführung des Experiments erfolgte in Gruppen von maximal sechs Probanden. Bevor die Probanden das Labor betraten, wurden einige Vorbereitungen getroffen. Die Computer wurden gestartet, ein Testheft mit schriftlichen Instruktionen und drei Exemplaren der PANAS-Skala NA sowie ein Kugelschreiber an jedem Arbeitsplatz bereitgelegt. Nachdem die Probanden ins Labor gebeten worden waren und vor einem Computer Platz genommen hatten, wurde eine standardisierte mündliche Instruktion gegeben. Nach der verbalen Instruktion bestand für die Probanden die Möglichkeit Fragen zum Versuchsablauf zu stellen. Gestellte Fragen wurden durch eine Wiederholung der entsprechenden Passage der Instruktion beantwortet. Der weitere Versuchsablauf wurde komplett durch Testheft und computerbasierte Instruktionen gesteuert. Der Versuchsleiter hatte nur beim Auftreten von technischen Problemen aktiv zu werden, was lediglich in Einzelfällen nötig war. Die Datenerhebung begann mit der Messung der Baseline des negativen Affekts (Papier-und-Bleistift). Danach wurden die Probanden seitens des Testhefts aufgefordert, sich dem Computer zuzuwenden und mit der ersten FAKT-Testung zu beginnen. Hierbei wurde die beim FAKT zu erbringende Leistung computerbasiert instruiert und an 20 Items geprobt. Die eigentliche FAKT-Testung wurde gestartet, nachdem alle Probanden die Probephase erfolgreich absolviert hatten. Nach der FAKT-Testung wurden die Probanden durch einen Hinweis auf dem Computermonitor gebeten, sich wieder dem Testheft zuzuwenden und die Skala NA des PANAS erneut zu bearbeiten (Papier-und-Bleistift). Nachdem der Fragebogen ausgefüllt war, hatten die Probanden 7 Minuten Zeit zur Entspannung. Nach Ablauf dieser Zeit folgte ein zweiter Messzeitpunkt, der exakt dem ersten entsprach. Das heißt, es wurden erneut folgende Schritte durchgeführt: FAKT-Instruktion, FAKT-Probe, FAKT-Testung (Konzentrationsleistungsmessung), Messung von negativem Affekt. Abschließend wurde den Probanden Dank ausgesprochen und es erfolgte gegebenenfalls eine Bestätigung von Versuchspersonenstunden. Außerdem wurde eine individuelle Rückmeldung der Ergebnisse angeboten, von der fast alle Teilnehmenden Gebrauch machten. Die Rückmeldungen wurden nach Ablauf der Erhebungswelle eines Standorts per e-Mail verschickt. Die Durchführung eines Versuchsdurchlaufs dauerte ungefähr 50 Minuten.

Statistische Analyse

Die statistische Analyse erfolgte mit der MSA (vgl. Kapitel 2.1.5). Der berechneten MSA liegt das in Abbildung 20 dargestellte Pfadmodell zugrunde. Dieses Modell beschreibt den Effekt der latenten Variablen ΔNA (Veränderung von negativem Affekt) auf die latente Variable KL (Konzentrationsleistung). Die latenten Variablen werden durch die manifesten Messungen zum Messzeitpunkt 1 und zum Messzeitpunkt 2 operationalisiert.

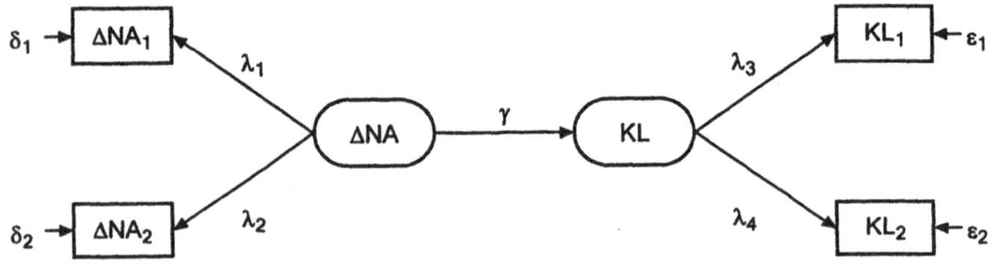

Abbildung 20: Grundlegendes Pfadmodell der Mehrgruppen-Strukturgleichungsanalyse zur Modellierung des latenten Effekts von zu zwei Zeitpunkten gemessener Veränderung des negativen Affekts (ΔNA) auf die zu zwei Zeitpunkten gemessene Konzentrationsleistung (KL).

Bei der MSA können die Modellparameter entweder für die Gesamtstichprobe oder gruppenspezifisch geschätzt werden. Die Hypothesen 4 bis 6 nehmen an, dass die Größe des Modellparameters γ davon abhängt, ob die Konzentrationsleistung adaptiv oder nicht-adaptiv gemessen wurde. Diese Annahme kann durch den Vergleich eines unrestringierten mit einem restringierten MSA-Modell geprüft werden, wobei die Gruppen aus den Stufen des Faktors Adaptivität resultieren. Bei dem unrestringierten Modell u wird γ separat für jede Gruppe und alle anderen Modellparameter für beide Gruppen gemeinsam geschätzt. Diesem Modell wird ein restringiertes Modell r gegenübergestellt, bei dem alle Parameter, einschließlich γ, für beide Gruppen gemeinsam geschätzt werden. Weist das Modell u eine signifikant bessere Modellanpassung als das Modell r auf, dann kann geschlossen werden, dass sich der Effekt der latenten Variablen ΔNA auf die latente Variable KL signifikant in Abhängigkeit der Adaptivität (adaptiv, nicht-adaptiv) unterscheidet. Im vorliegenden Fall erfolgte die Überprüfung dieser Annahme eines Moderatoreffekts relativ streng, indem die Pfade λ_1, λ_2, λ_3 und λ_4 für beide Gruppen auf den Wert 1 fixiert wurden. Die Berechnung der MSA wurde mit dem Programm LISREL 8.54 (Jöreskog & Sörbom, 1996) durchgeführt. Die Parameter wurden mit der Maximum-Likelihood-Methode geschätzt. Die Datenbasis bestand in einer Varianz-Kovarianz-Matrix pro Adaptivitätsgruppe.

Nach der im Kapitel 2.1.5 angeführten Faustregel sollte die Stichprobengröße bei einer MSA abzüglich der Anzahl der zu schätzenden Modellparameter größer als 50 sein soll. Werden bei einer MSA gruppenspezifische Parameter geschätzt, dann sollte diese Faustregel pro Gruppe zutreffen, da pro Gruppe eine separate Strukturgleichungsanalyse berechnet wird. Die größten Anforderungen an die Stichprobengröße ergeben sich im vorliegenden Fall bei dem unrestringierten Modell. Die Stichprobengröße einer Gruppe abzüglich der Anzahl der zu schätzenden Parameter ergibt $60 - 5 = 55 > 50$. Die Stichprobengröße ist mit $n = 60$ hinreichend groß für die Berechnung der spezifizierten MSA.

3.2.2 Ergebnisse

Die in Tabelle 8 angeführten deskriptiven Ergebnisse zeigen für die Veränderung von negativem Affekt durchgängig positive Werte. Dies drückt aus, dass bei beiden Messungen ein Anstieg des negativen Affekts vorlag. Weiter resultieren bei beiden Messungen in der adaptiven Versuchsbedingung höhere Anstiege von negativem Affekt als in der nicht-adaptiven Versuchsbedingung. Die Anstiege unterscheiden sich sowohl bei der ersten Messung mit $t(118) = 2.80$, $p = .006$ als auch bei der zweiten Messung mit $t(118) = 2.12$, $p = .036$ signifikant zwischen den Adaptivitätsbedingungen. Dieses Ergebnis lässt sich nicht auf bereits bei der Baseline-Messung bestehende Unterschiede zurückführen. Die Baseline des negativen Affekts ist nämlich in der Gruppe, die die nicht-adaptive Testform zu bearbeiten hatte, mit $M = 0.28$ ($SD = 0.30$) sogar geringfügig höher als in der Gruppe, die die adaptive Testform zu bearbeiten hatten, $M = 0.27$ ($SD = 0.29$). Der Unterschied ist nicht signifikant, $t(118) = -0.28, p = .783$.

Tabelle 8: Mittelwerte und Standardabweichungen der Veränderung von negativem Affekt (ΔNA) und Konzentrationsleistung (KL) in Abhängigkeit der Adaptivität zu zwei Messzeitpunkten ($N = 120$)

		Messung 1		Messung 2	
Adaptivität	Variable	*M*	*SD*	*M*	*SD*
Adaptiv	ΔNA	0.38	0.45	0.15	0.39
	KL	114.33	33.63	168.82	46.55
Nicht-adaptiv	ΔNA	0.18	0.35	0.02	0.24
	KL	127.52	39.38	182.57	47.26

Ferner zeigt sich ein Anstieg der Konzentrationsleistung von Messung 1 zu Messung 2. Vergleichbare Übungseffekte werden auch im FAKT-Manual (Moosbrugger & Heyden, 1997) berichtet. Da die beiden verwendeten FAKT-Testformen nicht gemeinsam normiert wurden, ist ein direkter Vergleich der gemessenen KWs zwischen den Testformen nicht möglich. Aus diesem Grund könnte eine gemeinsame Modellierung der Konzentrationsleistungsrohwerte zu Problemen bei der Interpretation der Ergebnisse der MSA führen. Um dies zu umgehen, wurden die KWs für jeden Messzeitpunkt pro Abstufung des Faktors Adaptivität z-standardisiert. ΔNA_1 und ΔNA_2 wurden vor Berechnung der MSA ebenfalls z-standardisiert. Die vier z-standardisierten Variablen weisen sowohl bei Betrachtung auf Gruppenebene als auch bei Betrachtung der Gesamtstichprobe keine signifikante Abweichung von der univariaten Normalverteilung auf ($p \geq .070$). Der Test auf multivariate Normalverteilung wird mit $p \leq .001$ für die Einzelgruppen und auch für die Gesamtgruppe signifikant. Wie im Kapitel 2.1.5 angeführt, führt die Verletzung der Annahme multivariater Normalverteilung zu einem strengeren Modelltest, was im vorliegenden Fall als unproblematisch anzusehen ist.

Abbildung 21 und Abbildung 22 geben die Ergebnisse der MSA für das unrestringierte Modell wieder. Hierbei wurde γ für jede Gruppe separat geschätzt. Die Schätzung konvergierte nach 5 Iterationen. Die MSA weist eine befriedigende bis gute Modellanpassung auf, $\chi^2 = 14.92$, $df = 12$, $p = .246$, RMSEA = 0.064. Die modellimplizite Varianz-Kovarianz-Matrix weist keine signifikante Abweichung von der empirischen Varianz-Kovarianz-Matrix auf ($p = .246$). Das geschätzte Modell kann also interpretiert werden.

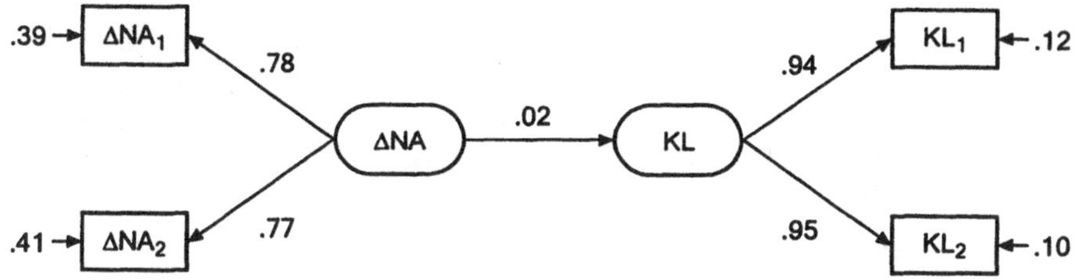

Abbildung 21: Unrestringiertes Modell des Effekts der Veränderung von negativem Affekt (ΔNA) auf Konzentrationsleistung (KL) bei Verwendung des adaptiven FAKT-S (standardisierte Lösung).

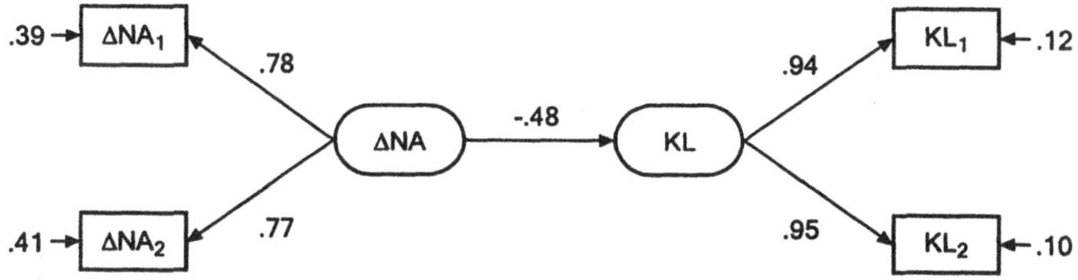

Abbildung 22: Unrestringiertes Modell des Effekts der Veränderung von negativem Affekt (ΔNA) auf Konzentrationsleistung (KL) bei Verwendung des nicht-adaptiven FAKT-SR (standardisierte Lösung).

Seitens der Hypothese 5 wird angenommen, dass die Veränderung von negativem Affekt einen negativen Effekt auf Konzentrationsleistung hat, wenn die Konzentrationsleistungsmessung nicht-adaptiv erfolgt. Die Nullhypothese bei der gewählten Modellierungsmethode lautet $\gamma_{\text{nicht-adaptiv}} \geq 0$. Mit $\gamma_{\text{nicht-adaptiv}} = -.48$ ($t = -3.14$, $p < .001$, einseitig) zeigt sich ein signifikanter negativer Effekt der Veränderung von negativem Affekt auf Konzentrationsleistung. Die Nullhypothese kann demnach verworfen und die Alternativhypothese angenommen werden. Die Befunde stützen die durch die Hypothese 5 getroffene Annahme.

Hypothese 6 nimmt an, dass bei adaptiver Testung mit dem FAKT kein Effekt der Veränderung von negativem Affekt auf Konzentrationsleistung vorliegt. Die Forschungshypothese entspricht hier der Nullhypothese $\gamma_{adaptiv} = 0$. Die Nullhypothese kann aufgrund der vorliegenden Ergebnisse beibehalten werden, $\gamma_{adaptiv} = 0.02$, $t = 0.16$, $p = .984$. Der Befund stützt die Annahme der Hypothese 6.

Die Hypothese 4 nimmt an, dass der Effekt der Veränderung von negativem Affekt auf Konzentrationsleistung davon in Abhängigkeit der Adaptivität der eingesetzten Testform des FAKT variiert. Um die Hypothese 4 zu überprüfen wurde das unrestringierte Modell gegen das restringierte Modell getestet. Bei dem restringierten Modell wurde γ für beide Gruppen gemeinsam geschätzt (Abbildung 23 und Abbildung 24). Die Schätzung konvergierte nach 3 Iterationen.

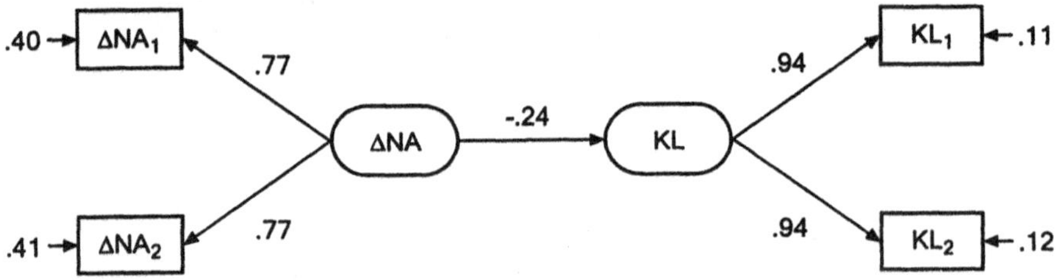

Abbildung 23: Restringiertes Modell des Effekts der Veränderung von negativem Affekt (ΔNA) auf Konzentrationsleistung (KL) bei Verwendung des nicht-adaptiven FAKT-SR (standardisierte Lösung).

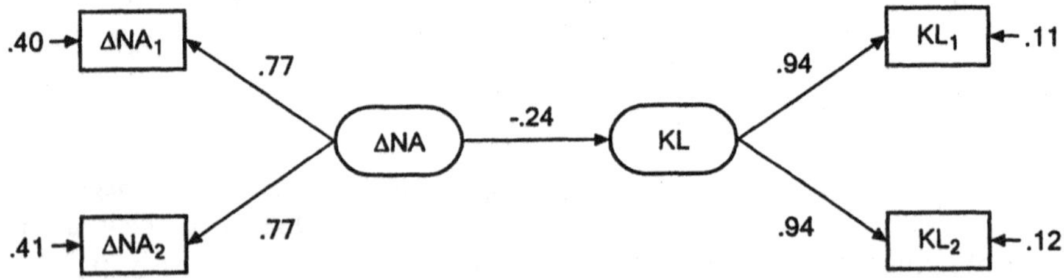

Abbildung 24: Restringiertes Modell des Effekts der Veränderung von negativem Affekt (ΔNA) auf Konzentrationsleistung (KL) bei Verwendung des adaptiven FAKT-S (standardisierte Lösung).

Das Modell hat eine mäßige bis unzureichende Modellanpassung, $\chi^2 = 20.06$, $df = 13$, $p = .094$, RMSEA = 0.096. Die modellimplizite Varianz-Kovarianz-Matrix weist eine tendenziell signifikante Abweichung von der empirischen Varianz-Kovarianz-Matrix auf ($p = .094$). Das restringierte Modell weist damit eine schlechtere Modellanpassung als das unrestringierte Modell auf. Mit dem χ^2-Differenzentest wurde getestet, ob der Unterschied der Modellanpassung signifikant ist. Nullhypothese hierbei ist $\chi^2_{diff} = \chi^2_r - \chi^2_u = 0$. Der Unterschied der Modellanpassung ist mit $\chi^2_{diff} = 20.06 - 14.92 = 5.14$, $df = 1$, $p = .023$ signifikant von 0 verschieden. Die Berücksichtigung der Gruppenvariable Adaptivität als Moderator des Effekts von ΔNA auf KL führt zu einer signifikant besseren Modellanpassung. Dieser Befund stützt die Annahme der Hypothese 4.

Zusammenfassend zeigt sich bei der durchgeführten MSA ein Moderatoreffekt der Variablen Adaptivität auf den Effekt der Veränderung von negativem Affekt auf Konzentrationsleistung. Während bei der adaptiven Testform FAKT-S kein signifikanter Effekt der Veränderung von negativem Affekt auf Konzentrationsleistung vorliegt, ergibt sich bei der nicht-adaptiven Testform FAKT-SR ein signifikant negativer Effekt der Veränderung von negativem Affekt auf Konzentrationsleistung.

3.2.3 Diskussion

Es zeigt sich, dass unerwünschte signifikante Effekte der potenziellen Störvariablen Veränderung von negativem Affekt auf Konzentrationsleistung nur bei Verwendung der nicht-adaptiven Testform FAKT-SR und nicht bei Verwendung der adaptiven Testform FAKT-S vorhanden sind. Bei der nicht-adaptiven Testform FAKT-SR zeigen sich Absenkungen der Konzentrationsleistungswerte in Abhängigkeit der Veränderung von negativem Affekt, wie sie auch für andere Testverfahren zur Messung von Konzentration und Aufmerksamkeit bekannt sind. Im Gegensatz dazu erlaubt die adaptive Testform FAKT-S Konzentrationsleistungsmaße zu bestimmen, die weitgehend unbeeinflusst von der Veränderung des negativen Affekts sind. Bei Verwendung von FAKT-S schlagen sich interindividuelle Unterschiede in der Veränderung von negativem Affekt nicht signifikant in den gemessenen Konzentrationsleistungswerten nieder. Konzentrationsleistungswerte, die mit der adaptiven Testform FAKT-S gemessen wurden, weisen somit eine höhere diskriminante Validität hinsichtlich der potenziellen Störvariablen Veränderung von negativem Affekt auf, als Konzentrationsleistungswerte, die mit der nicht-adaptiven Testform FAKT-SR gemessen wurden.

Dieser Befund kann möglicherweise dadurch erklärt werden, dass die adaptive Testform FAKT-S mehr Motivation zur Testbearbeitung induziert als die nicht-adaptive Testform FAKT-SR. Die Ergebnisse der Untersuchung dieser Annahme finden sich im Kapitel 3.5.

Weil die in der vorliegenden Studie nicht untersuchte adaptive Testform FAKT-E den gleichen adaptiven Algorithmus wie die Testform FAKT-S verwendet, ist anzunehmen, dass der Befund auch für den FAKT-E Gültigkeit besitzt.

Ferner kann aufgrund des vorliegenden Befundes vermutet werden, dass die adaptiven Testformen des FAKT allgemein bezüglich potenzieller Störvariablen der Klasse der Δ-States eine hohe diskriminante Validität aufweisen, weil mit Veränderung des negativen Affekts eine typische Variable dieser Gruppe untersucht wurde. Diese Annahme findet Unterstützung darin, dass sich der Befund in vergleichbarer Weise bei weiteren potenziellen Störvariablen der Klasse Δ-States, wie Veränderung von Aktivierung (Frey & Moosbrugger, 2004), Veränderung von State-Heiterkeit und Veränderung von State-Angst zeigte (bislang unpublizierte Ergebnisse).

Weiterführend ist anzumerken, dass die beobachteten testformspezifischen Zusammenhänge zwischen der Veränderung von negativem Affekt und Konzentrationsleistung prinzipiell auch durch einen Effekt von der subjektiv wahrgenommenen Konzentrationsleistung auf die Veränderung von negativem Affekt entstehen könnten. Wäre in das Modell ein Pfad von der latenten Variablen KL zur latenten Variablen ΔNA eingefügt worden und nicht in umgekehrter Richtung, wie im vorliegenden Fall, dann wäre bei dem Modellvergleich das gleiche Ergebnis resultiert. Aus diesem Grund wird nachfolgend die Annahme diskutiert, dass die Veränderung von negativem Affekt während der Testung umso stärker ausfällt, je schlechter die subjektiv wahrgenommene Konzentrationsleistung ist. Bei dieser Sichtweise wird die Veränderung des negativen Affekts als abhängige Variable betrachtet. Nimmt man diesen Wirkzusammenhang als gegeben an, dann könnte der oben berichtete Befund auch dadurch zustande gekommen sein, dass es bei der adaptiven Testform FAKT-S vermutlich kaum möglich ist, die eigene Leistung realistisch einzuschätzen, da allen Probanden – unabhängig vom subjektiven absoluten Leistungsniveau – Items mit einer mittleren subjektiven Lösungswahrscheinlichkeit von 50% vorlegt werden. Dies dürfte dazu führen, dass bei allen Probanden eine ähnliche subjektive Leistungseinschätzung resultiert, nämlich, dass sie den Test mittelmäßig gut bewältigen. Für den nicht-adaptiven FAKT-SR ist hingegen anzunehmen, dass die eigene Leistung realistischer eingeschätzt werden kann, weil hier keine adaptive Anpassung der Itemdarbietungszeit erfolgt. In diesem Fall ist ein Effekt der Konzentrationsleistung auf die Veränderung von negativem Affekt zu vermuten. Diese Erklärung des Befundes ist allerdings in dreierlei Hinsicht problematisch. Erstens zeigten sich in der vorliegenden Untersuchung bei adaptiver Testung höhere Mittelwerte der Veränderung von negativem Affekt als bei nicht-adaptiver Testung. Bei Vorliegen dieses Ergebnisses wäre aufgrund der Alternativerklärung ein stärkerer Effekt der Veränderung von negativem Affekt auf Konzentrationsleistung bei adaptiver Testung zu erwarten, der sich gerade nicht zeigte. Zweitens wird von der Alternativerklärung ein Effekt der Konzentrationsleistung auf die Veränderung von negativem Affekt angenommen, während der kognitive Interferenzansatz (Sarason, 1986) einen Effekt in umgekehrter Richtung postuliert. Drittens trifft diese Argumentation nur auf potenzielle Störvariablen der Klasse Δ-States zu und nicht auf die anderen drei Klassen. Es sei vorweggenommen, dass sich der Effekt der hohen diskriminanten Validität der adaptiven Testformen des FAKT im Vergleich zur nicht-adaptiven Testform auch bei den anderen drei Klassen relativ klar zeigte, so dass der alternative Erklärungsansatz insgesamt wenig wahrscheinlich erscheint.

3.3 Diskriminante Validität von FAKT-S, FAKT-E und FAKT-SR hinsichtlich Besorgnis

Eine weitere potenzielle Störvariable bei der Konzentrationsleistungsmessung stellt die kognitive Prüfungsangstkomponente Besorgnis dar. Sie wird als Beispiel für eine potenzielle Störvariable der Klasse Traits untersucht. Besorgnis äußert sich in Prüfungssituationen durch das Auftreten von Kognitionen, die sich mit der eigenen antizipierten Leistung und dessen Konsequenzen beschäftigen. Es wird angenommen, dass derartige Kognitionen mit der Testleistung interferieren. Gegeben sei beispielsweise ein Individuum mit einer hohen Besorgnisausprägung, das einen Leistungstest zu bearbeiten hat. Von dem Testergebnis hänge die Zuteilung eines Studienplatzes ab. Es sei die plausible Annahme getroffen, dass die Testsituation als persönlich relevant bewertet würde. Unter diesen Voraussetzungen sollte das hoch besorgte Individuum während der Testung viel Aufmerksamkeit auf testirrelevante Kognitionen richten, die dann nicht mehr für die bestmögliche Testbearbeitung zur Verfügung steht. Je stärker die Prüfungsangstkomponente Besorgnis ausgeprägt ist, desto größere Leistungseinbußen aufgrund von testirrelevanten Kognitionen sind zu erwarten. Es wird angenommen, dass der beschriebene Effekt von Besorgnis auf Konzentrationsleistung davon abhängt, ob die Konzentrationsleistung adaptiv oder nicht-adaptiv gemessen wird (Hypothese 7). Bei nicht-adaptiver Konzentrationsleistungsmessung mit der Testform FAKT-SR wird ein negativer Effekt (Hypothese 8) und bei adaptiver Konzentrationsleistungsmessung mit der Testform FAKT-S oder der Testform FAKT-E wird kein Effekt von Besorgnis auf Konzentrationsleistung angenommen (Hypothesen 9 und 10). Die Hypothesen 7 bis 10 beschreiben gemeinsam einen Moderatoreffekt der Adaptivität des zur Konzentrationsleistungsmessung eingesetzten Testverfahrens (adaptiv, nicht-adaptiv) auf den Effekt von Besorgnis auf Konzentrationsleistung.

3.3.1 Methode

Stichprobe

Vor der Durchführung der Studie wurde die optimale Stichprobengröße berechnet, die zur Untersuchung der Hypothesen 7 bis 10 nötig ist. N_{opt} wurde für eine Anwendung der Subgruppenanalyse berechnet. Basierend auf den Ergebnissen von Hodapp und Benson (1997) wurde für die nicht-adaptive Testform FAKT-SR ein Zusammenhang von -.41 zwischen Besorgnis und Konzentrationsleistung angenommen. Für die adaptiven Testformen FAKT-S und FAKT-E wurde kein Zusammenhang zwischen Besorgnis und Konzentrationsleistung angenommen. Bei $\alpha = .05$ und $1 - \beta = .80$ ergab sich eine optimale Stichprobengröße von $n_{opt} = 68$ pro eingesetzter FAKT-Testform. Insgesamt wäre somit eine Stichprobe von $N_{opt} = 204$ zu untersuchen gewesen. Die Untersuchung einer Stichprobe dieser Größe war im universitären Rahmen in einer vertretbaren Zeitspanne nicht möglich. Es wurde eine Stichprobe von $N = 72$ erhoben, was einen Rückgang der Teststärke auf .42 für die vorliegende Studie bedeutet und erste Aussagen über testformspezifische Effekte der potenziellen Störvariablen Besorgnis auf Konzentrationsleistung ermöglicht. Die Datenerhebung fand in der Zeit von Mai 2004 bis November 2004 an der Humboldt-Universität zu Berlin statt. Für ihre Versuchsteilnahme konnten sich die Probanden Versuchspersonenstunden bestätigen lassen, die zur Anmeldung zum Vordiplom in Psychologie benötigt werden. Ansonsten erfolgte die Teilnahme freiwillig. Teilnahmevoraussetzung war, dass die Probanden über genügend Deutschkenntnisse verfügen, um ein hinreichendes Instruktionsverständnis garantieren zu können. Traten technische Probleme bei der Versuchsdurchführung auf, wurde die Testung mit einem zusätzlichen Probanden wiederholt. Für die statistische Analyse wurden die Daten von $N = 72$ Probanden verwendet. Die Probanden waren zu 67% weiblich. Sie wiesen ein durchschnittliches Alter von 23.68 Jahren ($SD = 4.42$) auf. 79% studierten, 17% arbeiteten als Angestellte und 4% gingen sonstigen Beschäftigungen nach. Allen Probanden wurde vor Beginn des Experiments eine schriftliche Auswertung der Testergebnisse angekündigt.

Versuchsmaterial

Die Konzentrationsleistungsmessung erfolgte computerbasiert mit den drei Testformen des FAKT. Die Testzeit betrug 4 Minuten mit einer konstant einminütigen Übungsphase. Die im Vergleich zur Standardtestzeit verkürzte Testzeit wurde aus versuchsökonomischen Gründen verwendet.

Zur Messung der individuellen Ausprägung der Besorgnis wurde die 10 Items umfassende Skala *Besorgnis* der deutschen Version des Prüfungsängstlichkeitsinventars TAI-G (Hodapp, 1991) eingesetzt (s. Anhang D). Die Vorgabe der Items und die Aufzeichnung der Antworten erfolgten mit Hilfe eines für diesen Zweck programmierten Computerprogramms. Das TAI-G kann als das deutschsprachige Standardverfahren zur Messung der vier Prüfungsangstkomponenten *Besorgnis*, *Emotionalität*, *Interferenz* und *Mangel an Zuversicht* angesehen werden. Die Validität der vier Komponenten ist durch zahlreiche Studien belegt (z. B. Hodapp, 1991; Keith, Hodapp, Schermelleh-Engel & Moosbrugger, 2003; Musch & Bröder, 1999). Die bei der vorliegenden Studie verwendete Skala Besorgnis weist eine interne Konsistenz von $\alpha = .87$ auf. Ein Beispielitem lautet: „Ich mache mir Sorgen, ob ich auch alles schaffe". Die Antworten waren bei der vorliegenden Studie auf einer vierstufigen Antwortskala von *fast nie* bis *fast immer* durch Tastendruck abzugeben.

Zur Vorgabe von FAKT und TAI-G wurden drei Desktop-Computer mit einer Rechenleistung von 66 bis 200 MHz eingesetzt. Die Darstellung des Stimulusmaterials erfolgte auf Computermonitoren mit einer Bilddiagonalen von 17 Zoll. Alle Eingaben seitens der Probanden erfolgten über eine herkömmliche Computertastatur. Die eingesetzte Computertechnik erfüllte die Anforderungen, die für eine Anwendung des FAKT seitens des Testmanuals (Moosbrugger & Heyden, 1997) gefordert werden.

Versuchsplan

Mit dem vorliegenden Experiment wurden neben den Hypothesen 7 bis 10 weitere Fragestellungen untersucht. Nachfolgend wird nur der Versuchsplan dargestellt, der auf die Untersuchung der Hypothesen abzielt und nicht weiter auf die zusätzlichen Fragestellungen eingegangen (siehe aber Hochstrate, in Vorb.). Dies ist insofern unproblematisch, als das die Datenerhebung zur Untersuchung der Hypothesen 7 bis 10 den zusätzlichen Datenerhebungen zeitlich vorgeordnet war.

Dem Experiment zur Untersuchung der Hypothesen 7 bis 10 liegt ein einfaktorieller Versuchsplan mit dem dreifach abgestuften Faktor *Testform* (FAKT-S, FAKT-E, FAKT-SR) zugrunde. Die Testformen FAKT-S und FAKT-E sind adaptiv und die Testform FAKT-SR nicht-adaptiv. Es wurden alle drei Testformen des FAKT eingesetzt, um die bei den beiden zuvor dargestellten Studien lediglich vermutete Generalisierbarkeit der für die Testform FAKT-S beobachtete Unabhängigkeit der Konzentrationsleistungswerte von potenziellen Störvariablen auf die Testform FAKT-E empirisch zu untersuchen. Jeder Versuchsbedingung wurden $n = 24$ Probanden randomisiert zugeordnet (Tabelle 9).

Tabelle 9: Versuchsplan zur Untersuchung der Hypothesen 7 bis 10

Testform	Stichprobengröße
FAKT-E (adaptiv)	$n_1 = 24$
FAKT-S (adaptiv)	$n_2 = 24$
FAKT-SR (nicht-adaptiv)	$n_3 = 24$

Vor der FAKT-Testung wurde von allen Probanden die individuelle Ausprägung der Besorgnis erhoben. Der individuelle Besorgniswert wurde durch die Summe der Antworten auf alle 10 Items der Skala gebildet. Die gemessene Konzentrationsleistung wurde als abhängige Variable verwendet.

Versuchsdurchführung

Das vorliegende Experiment wurde in Gruppen von ein bis drei Probanden durchgeführt. Zur Vermeidung systematischer Effekte der im Labor herrschenden Lichtverhältnisse auf die gemessenen Variablen, wurde der Untersuchungsraum während der Versuchsdurchführung mit einer Jalousie verdunkelt und die Deckenbeleuchtung eingeschaltet. Bevor die Probanden das Labor betraten, wurde die entsprechende Testform des FAKT gestartet. Nachdem sie hereingebeten worden waren, wurden sie einem Computerarbeitsplatz zugeteilt und mündlich über den Ablauf des Experiments instruiert. Zusätzlich wurde den Probanden eine individuelle Auswertung ihrer Testergebnisse angekündigt. Nach der Instruktion bestand für die Probanden die Möglichkeit, Fragen zum Versuchsablauf zu stellen. Fragen wurden vom Versuchsleiter durch eine Wiederholung der entsprechenden Stelle der Instruktion beantwortet. Danach wurden die Probanden gebeten sich dem Computer zuzuwenden. Ab diesem Zeitpunkt wurde das weitere Experiment vollständig durch den Computer instruiert und gesteuert. Die Probanden hatten als erstes einen Fragenblock zu beantworten, der unter anderem Fragen zu demographischen Merkmalen und die Skala Besorgnis des TAI-G enthielt. Nachdem alle Probanden die Fragen vollständig beantwortet hatten, wurde die Konzentrationsleistungsmessung mit dem FAKT gestartet. Hierbei wurde zunächst eine schriftliche Instruktion auf dem Computerbildschirm präsentiert. Es folgte eine Probephase, in der die Bearbeitung des FAKT anhand von 20 Items einzuüben war. Hatten alle an einer Sitzung teilnehmenden Probanden die Probephase beendet, wurde die Konzentrationsleistungsmessung gestartet. Nach Beendigung der FAKT-Testung hatten die Probanden noch weitere computerbasierte Fragebögen und Leistungstests zu bearbeiten. Nach Abschluss der Datenerhebung bedankte sich der Versuchsleiter mündlich bei den Probanden für die Versuchsteilnahme und bestätigte bei Interesse Versuchspersonenstunden. Außerdem konnten die Probanden ihre e-Mail-Adresse hinterlassen, wenn sie eine individuelle Auswertung ihrer Ergebnisse wünschten. Von dem Angebot machten 96% der Probanden Gebrauch. Die Rückmeldungen wurden nach Abschluss des Experiments per e-Mail verschickt. Die Datenerhebung zur Untersuchung des vorliegenden Versuchsplans dauerte 15 bis 20 Minuten, die gesamte Untersuchung ungefähr 60 Minuten.

Statistische Analyse

Die Daten wurden mit der Methode der moderierten Regression und der Subgruppenanalyse analysiert. Es wurden analoge Transformationen wie bei der in Kapitel 3.1 dargestellten Studie durchgeführt. So wurden die Konzentrationsleistungswerte vor Berechnung der moderierten Regression pro Abstufung des Faktors Adaptivität *z*-standardisiert. Um eine bestmögliche Interpretierbarkeit aller Regressionsparameter zu gewährleisten, wurden außerdem die Variablen Besorgnis und Adaptivität zentriert. Der Interaktionsterm Besorgnis · Adaptivität wurde durch Multiplikation der zentrierten Variablen berechnet. Es wurde folgendes unrestringiertes moderiertes Regressionsmodell verwendet:

$$\mathrm{KL} = b_1 \cdot \mathrm{WO} + b_2 \cdot \mathrm{WO} \cdot \mathrm{AD} + \varepsilon \qquad (34)$$

Durch diesen Modellansatz wird die Konzentrationsleistung (KL) durch einen linearen Haupteffekt der Besorgnis (WO) und durch die Interaktion von Besorgnis mit Adaptivität ($\mathrm{WO} \cdot \mathrm{AD}$) vorhergesagt.

Die MSA wurde aufgrund der zu kleinen Stichprobengröße nicht eingesetzt.

3.3.2 Ergebnisse

Der Tabelle 10 sind Mittelwerte und Standardabweichungen der in den drei Versuchsbedingungen gemessenen Werte für Besorgnis und Konzentrationsleistung zu entnehmen. Hinsichtlich Besorgnis unterscheiden sich beide Kennwerte nur wenig zwischen den drei Versuchsbedingungen. Eine einfaktorielle Varianzanalyse mit dem Faktor Testform und Besorgnis als abhängige Variable ergibt keinen signifikanten Haupteffekt, $F(2, 69) = 0.07$, $p = .934$. Die Besorgnis-Mittelwerte unterscheiden sich demnach nicht signifikant in Abhängigkeit der eingesetzten Testform des FAKT. Ebenso kann die Nullhypothese homogener Varianzen der Besorgniswerte in den Versuchsbedingungen beibehalten werden, $F(2, 69) = 1.86$, $p = .403$. Die beiden Nullbefunde sind gute Voraussetzungen für den Test der Hypothesen 7 bis 10. Unerwartete signifikante Unterschiede von Mittelwerten oder Streuungen der Variable Besorgnis vor Beginn der FAKT-Testung zwischen den Stufen des Faktors Adaptivität hätten hingegen eine Interpretation der moderierten Regression erschweren können. Die Konzentrationsleistungsrohwerte können aufgrund der unterschiedlichen Berechnungen der KWs und der testformspezifischen Normen nicht direkt zwischen den Testformen verglichen werden.

Tabelle 10: Mittelwerte und Standardabweichungen von Besorgnis (WO) und Konzentrationsleistung (KL) in Abhängigkeit der zur Konzentrationsleistungsmessung eingesetzten FAKT-Testform (N = 72)

Testform	Variable	*M*	*SD*
FAKT-S[a]	WO	25.67	6.43
	KL	188.21	77.56
FAKT-E[a]	WO	25.50	7.31
	KL	158.00	26.73
FAKT-SR[a]	WO	25.00	5.66
	KL	170.00	53.04

Die Hypothese 7 nimmt an, dass der Effekt von Besorgnis auf Konzentrationsleistung davon abhängt, ob die Konzentrationsleistungsmessung mit dem FAKT adaptiv oder nicht-adaptiv erfolgt. Bei Verwendung des moderierten Regressionsmodells aus (34) ist die Hypothese 7 durch den Test der Nullhypothese $b_2 = 0$ zu überprüfen. Hierzu wurden im ersten Schritt die Parameter des durch (34) gegebenen unrestringierten Modells berechnet. Im zweiten Schritt wurde ein restringiertes Modell berechnet, für das $b_2 = 0$ gilt. Die Ergebnisse der moderierten Regression können der Tabelle 11 entnommen werden.

Tabelle 11: Ergebnisse der moderierten Regression zur Vorhersage des Kriteriums Konzentrationsleistung (KL) (N = 72)

Variable	*b*	*SE b*	β	*F*	*p*
Schritt 1					
Besorgnis	0.01	0.04	.08	0.11	.742
Besorgnis · Adaptivität	-0.03	0.04	-.16	0.44	.512
Schritt 2					
Besorgnis	-0.01	0.02	-.06	0.23	.631

Anmerkungen: R^2 = .01 für Schritt 1 (p = .718); ΔR^2 = -.01 für Schritt 2 (p = .512).

Das unrestringierte Modell wird mit knapp 1% Varianzaufklärung nicht signifikant, $R^2 = .01, p = .718$. Zusätzlich weist das restringierte Modell keine signifikant niedrigere Varianzaufklärung auf als das unrestringierte Modell, $\Delta R^2 = -.01$, $p = .512$. Es liegt demnach kein signifikanter Moderatoreffekt der Adaptivität der zur Konzentrationsleistungsmessung eingesetzten Testform auf den angenommenen Effekt von Besorgnis auf Konzentrationsleistung vor. Die Befunde bestätigen die Hypothese 7 nicht.

Weitere Einblicke in die Zusammenhangsstruktur gewährt das in Abbildung 25 dargestellte unrestringierte Modell. Es fällt auf, dass die Regressionsgerade für den Zusammenhang von Besorgnis auf Konzentrationsleistung für die adaptiv getesteten Probanden fast parallel zur Abszisse verläuft, und dass die Regressionsgerade für die nicht-adaptiv getesteten Probanden eine leicht negative Steigung aufweist. Zumindest der optische Eindruck geht somit mit den Annahmen der Hypothesen 7 bis 10 konform. Dies ändert natürlich nichts an dem nicht-signifikanten Ergebnis. Insgesamt fällt bei Betrachtung der Abbildung 25 auf, dass zwischen Besorgnis und Konzentrationsleistung auch bei der nicht-adaptiven Testform nur ein kleiner negativer Zusammenhang vorliegt. Dieser Punkt wird in der Diskussion erneut aufgegriffen.

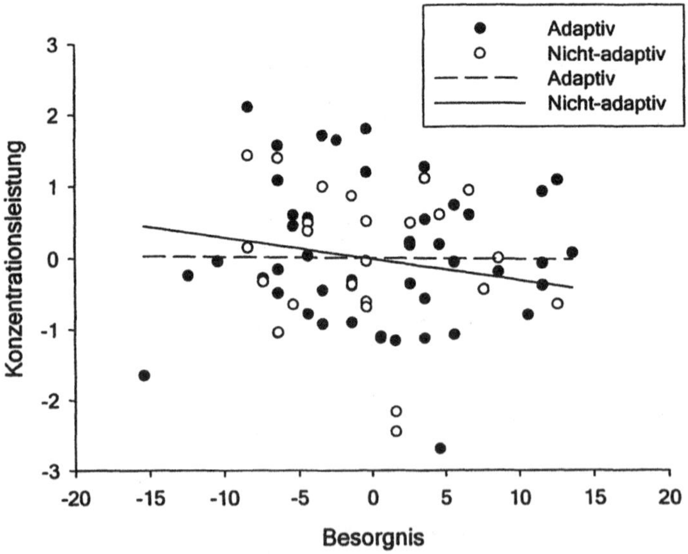

Abbildung 25: Unrestringiertes moderiertes Regressionsmodell zum Einfluss der Moderatorvariable Adaptivität auf den Effekt von Besorgnis auf Konzentrationsleistung.

Die Hypothesen 8 bis 10 nehmen testformspezifische Effekte von Besorgnis auf Konzentrationsleistung an. Während bei der nicht-adaptiven Testform FAKT-SR ein negativer Effekt von Besorgnis auf Konzentrationsleistung angenommen wird (Hypothese 8) wird für die adaptiven Testformen FAKT-S und FAKT-E von keinem Effekt von Besorgnis auf Konzentrationsleistung ausgegangen (Hypothesen 9 und 10). Diese Annahmen werden zumindest durch den optischen Eindruck aus Abbildung 25 unterstützt. Zur Überprüfung der Hypothesen 8 bis 10 wurden Produkt-Moment-Korrelationen. Die Nullhypothesen lauten bei nicht-adaptiver Testung mit dem FAKT-SR (Hypothese 8)

$$H_0\colon \varrho(\mathrm{KW}, \mathrm{Besorgnis}) \geq 0,$$

bei adaptiver Testung mit dem FAKT-S (Hypothese 9)

$$H_0\colon \varrho(\mathrm{KW}, \mathrm{Besorgnis}) = 0$$

und bei adaptiver Testung mit dem FAKT-E (Hypothese 10)

$$H_0\colon \varrho(\mathrm{KW}, \mathrm{Besorgnis}) = 0.$$

In der Versuchsbedingung FAKT-SR liegt zwischen Besorgnis und Konzentrationsleistung eine Korrelation von -.17 ($p = .217$, einseitig) vor. Obwohl diese Korrelation in vermuteter Richtung ausfällt, findet die Hypothese 8 aufgrund der nicht gegebenen Signifikanz keine Unterstützung. Bei Einsatz der adaptiven Testformen FAKT-S und FAKT-E ergeben sich im Betrag niedrigere Korrelationen zwischen Besorgnis und Konzentrationsleistung als in der Versuchsbedingung FAKT-SR, die ebenfalls nicht signifikant werden. Bei Einsatz der Testform FAKT-S ergibt sich eine Korrelation zwischen Besorgnis und Konzentrationsleistung von -.047 ($p = .826$) und bei Einsatz der Testform FAKT-E eine Korrelation von .019 ($p = .930$). Aufgrund dieser nicht-signifikanten Ergebnisse können die Nullhypothesen der Hypothesen 9 und 10 beibehalten werden. Dies stützt die in Bezug auf die Hypothesen 9 und 10 getroffenen Annahmen, bei denen die Forschungshypothese der Nullhypothese entspricht.

3.3.3 Diskussion

Entgegen den Erwartungen zeigt sich, dass der Effekt von Besorgnis auf Konzentrationsleistung nicht davon abhängt, ob die Konzentrationsleistungsmessung adaptiv oder nicht-adaptiv erfolgt. Auch der für die nicht-adaptive Testform FAKT-SR angenommene negative Effekt von Besorgnis auf Konzentrationsleistung kann nicht signifikant ausgewiesen werden. Hingegen kann die Annahme keines Effekts von Besorgnis auf Konzentrationsleistung bei adaptiver Konzentrationsleistungsmessung mit den Testformen FAKT-S und FAKT-E hypothesenkonform nicht verworfen werden. Diese auf den ersten Blick relativ ernüchternden Befunde sind bei genauerer Betrachtung vor allem auf einen Mangel an Teststärke beziehungsweise auf die kleine Stichprobengröße bei der vorliegenden Studie zurückzuführen. Betrachtet man die gefundenen Zusammenhänge ohne Beachtung der Signifikanztests, dann stimmt zumindest das gefundene Korrelationsmuster durchgängig mit den Annahmen der Hypothesen 7 bis 10 überein. Die Studie sollte also mit einer größeren Stichprobe wiederholt werden, um abschließende Aussagen zu erlauben. Aufgrund des unerwartet kleinen negativen Effekts von Besorgnis auf Konzentrationsleistung bei der nicht-adaptiven Testform würde dies allerdings mit einem großen Versuchsaufwand einhergehen. Um einen negativen Effekt von Besorgnis auf Konzentrationsleistung mit der Stärke, wie er bei der vorliegenden Studie für FAKT-SR beobachtet wurde, einem Alphafehlerniveau von .05 bei einseitiger Testung und einer Teststärke von .80 ausweisen zu können, müssten $N_{opt} = 216$ Probanden untersucht werden. Um den beobachteten Unterschied der Korrelation zwischen Besorgnis und Konzentrationsleistung zwischen den Testformen FAKT-S und FAKT-SR bei gleichem Alphafehlerniveau (einseitig) und gleicher Teststärke mit der Subgruppenanalyse als signifikant ausweisen zu können, wäre sogar eine optimale Stichprobengröße von $n_{opt} = 812$ pro Versuchsgruppe nötig – was eine Gesamtstichprobengröße von $N_{opt} = 1624$ bedeuten würde. Bei einem Vergleich zwischen den Testformen FAKT-E und FAKT-SR unter den oben genannten Setzungen läge die optimale Stichprobengröße bei $n_{opt} = 96$ pro Versuchsgruppe, insgesamt also bei $N_{opt} = 192$.

Weiterführend ist die Frage nach der praktischen Relevanz der Kontrolle von potenziellen Verfälschungen bei der Messung maximaler Konzentrationsleistung durch die potenzielle Störvariable Prüfungsangst zu stellen. Für die Relevanz einer Kontrolle spricht das bereits im Kapitel 2.4 angeführte Argument: Der gefundene Zusammenhang von -.17 zwischen Besorgnis und Konzentrationsleistung lässt sich auch als standardisierte Mittelwertsdifferenz von $d = -0.35$ ausdrücken. Unter der Annahme der Normalverteilung bedeutet dies, dass die Leistungswerte von besorgten Individuen um gut eine Drittel Standardabweichung niedriger ausfallen, als die Leistungswerte von nicht-Besorgten. Sollen aufgrund der Testergebnisse hochrelevante Entscheidungen auf Individualebene getroffen werden, dann können derartige Verzerrungen durchaus Relevanz aufweisen. Werden hingegen Auswertungen auf Gruppenebene angestrebt, dann dürften die zu erwartenden Verzerrungen keine große Relevanz besitzen.

Inhaltlich kann der unerwartet kleine negative Effekt von Besorgnis auf Konzentrationsleistung möglicherweise darauf zurückgeführt werden, dass die Testsituation nicht in hohem Maße als persönlich relevant wahrgenommen wurde. Es wäre deshalb interessant, die testformspezifischen Effekte von Besorgnis auf Konzentrationsleistung mit einem Versuchsaufbau zu untersuchen, von dem angenommen werden kann, dass er als persönlich hochrelevant bewertet wird. Dies könnte möglicherweise durch eine besondere Instruktion oder aber durch den Einsatz des FAKT in einer wichtigen Auswahlsituation erreicht werden. Ergäben sich bei einem solchen Versuchsaufbau stärkere Effekte von Besorgnis auf Konzentrationsleistung bei nicht-adaptiver Messung, dann könnte auch die Aufdeckung von testformspezifischen Unterschieden mit größerer Teststärke beziehungsweise mit einer kleineren Stichprobe erzielt werden. Zeigte sich bei nicht-adaptiver Testung beispielsweise ein Effekt von Besorgnis auf Konzentrationsleistung in der Größenordnung wie er von Hodapp und Benson (1997) berichtet wurde ($r = -.41$), dann würde dies die berechneten Ansprüche an die optimale Stichprobengröße erheblich senken. Für einen Vergleich des Zusammenhangs von Besorgnis und Konzentrationsleistung zwischen FAKT-SR (angenommen als -.41) und FAKT-E (aufgrund der vorliegenden Studie angenommen als .019) mit der Subgruppenanalyse, mit $\alpha = .05$ und $1 - \beta = .80$ ergibt sich eine optimale Gesamtstichprobengröße von $N_{opt} = 168$ und zu dem bei der Testform FAKT-S gefundenen Zusammenhang zwischen Besorgnis und Konzentrationsleistung von -.047 eine optimale Gesamtstichprobengröße von $N_{opt} = 124$. Hinzugefügt sei, dass bei Verfügbarkeit solch großer Stichproben, nach Möglichkeit der MSA gegenüber der Subgruppenanalyse oder der moderierten Regression der Vorzug gegeben werden sollte (s. Kapitel 2.1.5).

Vor dem Hintergrund, dass der nicht signifikante Moderatoreffekt der Adaptivität auf den Effekt von Besorgnis auf Konzentrationsleistung vor allem auf den kleinen Effekt bei der nicht-adaptiven Testform FAKT-SR zurückgeführt werden kann, sollte der Befund vorerst nicht auf die Klasse Traits der potenziellen Störvariablen verallgemeinert werden. Es ist anzunehmen, dass unerwünschte Verzerrungen durch potenzielle Störvariablen aus der Klasse der Traits bei der Messung der maximalen Konzentrationsleistung durchaus auftreten können, wenn bei nicht-adaptiver Testung stärkere als die beobachteten Effekte vorliegen. In diesem Falle wäre zu klären, ob die Verzerrungen durch adaptives Testen vermieden werden können.

3.4 Diskriminante Validität von FAKT-S und FAKT-SR hinsichtlich Lärm

Neben den bislang dargestellten potenziellen Störvariablen State-Ärger (State), Veränderung von negativem Affekt (Δ-State) und Besorgnis (Trait) kann sich auch Lärm während einer FAKT-Testung (Situation) ungünstig auf die gemessene Konzentrationsleistung auswirken. Lärm wird als potenzielle Störvariable bei der Messung maximaler Konzentrationsleistung angesehen. Es wird angenommen, dass der Effekt von Lärm auf Konzentrationsleistung davon abhängt, ob die Konzentrationsleistung adaptiv oder nicht-adaptiv gemessen wird (Hypothese 11). Bei nicht-adaptiver Konzentrationsleistungsmessung wird eine lärmbedingte Leistungsminderung angenommen (Hypothese 12). Bei adaptiver Testung wird hingegen kein Effekt von Lärm auf Konzentrationsleistung angenommen (Hypothese 13).

3.4.1 Methode

Stichprobe

Die Prüfung der Hypothesen 11 bis 13 erfolgte an der bereits in Kapitel 3.2 beschriebenen Stichprobe. Die Hypothesen spezifizieren gemeinsam eine Interaktion von der Adaptivität (adaptiv, nicht-adaptiv) der eingesetzten FAKT-Testform mit Lärm während der Testung (Ruhe, Lärm) auf die gemessene Konzentrationsleistung. Die ursprünglich erhobene Stichprobe von $N = 132$ weist die optimale Größe zur signifikanten Ausweisung einer mittelstarken Interaktion ($\eta^2 = .060$) von Adaptivität × Lärm während der Testung durch eine zweifaktorielle Varianzanalyse bei $\alpha = .05$ und $1 - \beta = .80$ auf. Da nur die Datensätze von $N = 120$ Probanden der statistischen Analyse zugeführt werden konnten (vgl. Kapitel 3.2), ergibt sich bei ansonsten gleichen Setzungen für den Test des Interaktionseffekts eine akzeptable Teststärke von $1 - \beta = .77$.

Versuchsmaterial

Zur Konzentrationsleistungsmessung wurde einerseits die adaptive Testform FAKT-S und andererseits die nicht-adaptive Testform FAKT-SR eingesetzt. Es wurde eine Testzeit von 6 Minuten gewählt, die eine konstant einminütige Übungsphase beinhaltet. Weitere Spezifikationen der FAKT-Testung können Kapitel 3.2 entnommen werden.

Die Fragestellung der vorliegenden Studie bezieht sich auf die Auswirkungen von Lärm auf Konzentrationsleistung. Wie dem unten dargestellten Versuchsplan entnommen werden kann, wurde hierzu Lärm auf zwei Stufen (Ruhe, Lärm) experimentell variiert. In der Versuchsbedingung Ruhe konnten die Probanden den FAKT ungestört bearbeiten. In der Bedingung Lärm wurde den Probanden ein Mitschnitt der Debatte der DDR-Volkskammer vom 22.08.1990 vorgespielt, bei welcher der Beitritt der DDR zum Geltungsbereich des Grundgesetzes der BRD beschlossen wurde. Die Debatte wurde an der HUB und der JWGU von Kassette und an der FSU von Compact Disc abgespielt. Es wurde angenommen, dass das verwendete auditive Material störend bei der Messung maximaler Konzentrationsleistung wirkt. In dem ausgewählten Teil der Debatte sprechen bekannte Politiker der Zeitgeschichte, wie beispielsweise Gregor Gysi, mit unterschiedlicher Lautstärke. Die Sprachbeiträge werden zusätzlich durch Applaus und Zwischenrufe unterbrochen. Bei derart abwechslungsreichem auditivem Material ist es unwahrscheinlich, dass sich die Probanden schnell an die Geräuschkulisse adaptieren können. Vielmehr ist zu erwarten, dass die auditiven Reize einen Teil der Aufmerksamkeit der Probanden auf sich ziehen. Die Debatte wurde mit einer hohen Lautstärke vorgespielt. In Spitzen wurden 70 dB erreicht. Vergleichbare Schalldruckpegel herrschen bei sehr lauten Gesprächen. Um sicherzustellen, dass die Lärmvariation von den Probanden wie erwartet als störend empfunden wurde, wurde das subjektive Störungsempfinden während der Testung durch Selbsteinschätzung erhoben. Eine solche Einschätzung dürfte für die Probanden leicht möglich sein. Deshalb wurde das subjektive Störungsempfinden mit dem Item „Ich fühlte mich durch die Geräuschkulisse während des Experiments gestört" direkt abgefragt. Zur Beantwortung stand eine vierstufige Antwortskala von *trifft nicht zu* bis *trifft zu* zur Verfügung.

Versuchsplan

Dem Experiment liegt ein dreifaktorieller Versuchsplan mit dem zweifach gestuften Zwischensubjektfaktor *Adaptivität* (adaptiv, nicht-adaptiv), dem zweifach gestuften Zwischensubjektfaktor *Lärm* (Ruhe, Lärm) und dem zweifach gestuften Innersubjektfaktor *Messwiederholung* (Messung 1, Messung 2) zugrunde. Mit dem Experiment wurden neben den Hypothesen 11 bis 13 auch die Hypothesen 4 bis 6 untersucht. Die Ergebnisse zu den Hypothesen 4 bis 6 finden sich im Kapitel 3.2. Das vorliegende Kapitel bezieht sich auf die Untersuchung der Hypothesen 11 bis 13.

Die experimentelle Variation des Faktors Adaptivität wurde durch den Einsatz des FAKT-S als adaptive Testform und des FAKT-SR als nicht-adaptive Testform realisiert.

Der Faktor Lärm wurde auf den Stufen Ruhe und Lärm variiert. In der Versuchsbedingung Ruhe konnten die Probanden die ihnen zugewiesene Testform des FAKT ohne Störung bearbeiten. In der Versuchsbedingung Lärm wurde während der gesamten Testdauer von sechs Minuten eine festgelegte Passage des oben beschriebenen auditiven Materials abgespielt.

Die Untersuchung erfolgte zu zwei Messzeitpunkten. Der Faktor Messwiederholung wurde in das Design eingeführt, um explorativ zu untersuchen, ob sich die von den Hypothesen 11 bis 13 erwartete Interaktion bei Erst- und auch bei Zweittestung zeigt.

Es ergab sich ein Versuchsplan mit acht Zellen. Jeder Kombination der Faktoren Adaptivität und Lärm wurde eine Stichprobe von $n = 30$ randomisiert zugeteilt. Beide Messungen erfolgten auf der gleichen Faktorstufenkombination. Der Versuchsplan ist in Tabelle 12 zu sehen.

Tabelle 12: Versuchsplan zur Untersuchung der Hypothesen 11 bis 13

	Messung 1		Messung 2	
Adaptivität	Ruhe	Lärm	Ruhe	Lärm
Adaptiv	$n_1 = 30$	$n_2 = 30$	$n_1 = 30$	$n_2 = 30$
Nicht-adaptiv	$n_3 = 30$	$n_4 = 30$	$n_3 = 30$	$n_4 = 30$

In allen acht Zellen des Versuchsplans wurde als abhängige Variable die individuelle Ausprägung der Konzentrationsleistung gemessen. Zusätzlich wurde nach dem zweiten Messzeitpunkt erhoben, wie stark sich die Probanden durch die Geräuschkulisse während der Untersuchung gestört fühlten.

Versuchsdurchführung

Die Datenerhebung erfolgte in Gruppen von bis zu sechs Probanden. Die Versuchsdurchführung erfolgte standardisiert an drei Erhebungsorten (s. Kapitel 3.2). Vor Beginn der Datenerhebung wurden die zur Durchführung des FAKT benötigten Computer gestartet und je Proband ein Testheft und ein Kugelschreiber bereitgelegt. Das Testheft enthielt Fragen zu demographischen Variablen, die Frage zum subjektiven Störungsempfinden durch die während der Testung herrschende Geräuschkulisse, sowie weitere Fragen, die für die Untersuchung der Hypothesen 11 bis 13 nicht relevant sind (vgl. aber Kapitel 3.2 und Loßnitzer,

2003). Nach Abschluss aller Vorbereitungen, wurden die Probanden in das Labor gebeten und randomisiert einem Computerarbeitsplatz zugewiesen. Zu Beginn wurden die Probanden von dem Versuchsleiter über den weiteren Ablauf des Experiments und über eine geplante Rückmeldung der individuellen Testergebnisse mündlich informiert. Die Probanden hatten danach die Möglichkeit etwaige Unklarheiten zum Versuchsablauf durch Nachfragen zu klären. Ergaben sich Fragen, dann wurde die entsprechende Stelle der Instruktion erneut mündlich vorgetragen. Danach hatten die Probanden einige Fragen in ihrem Testheft im Papier-und-Bleistift Format zu beantworten. Nachdem sie dies beendet hatten, wurden sie gebeten, sich dem Computer zuzuwenden und den Instruktionen auf dem Bildschirm zu folgen. Zunächst wurde die Bearbeitung des FAKT computerbasiert instruiert. Es folgte eine Phase, in der 20 Items zur Probe zu bearbeiten waren. Die eigentliche FAKT-Testung wurde gestartet, nachdem alle Probanden einer Sitzung die Probephase erfolgreich absolviert hatten. Nach der FAKT-Testung wurden die Probanden durch einen Hinweis auf dem Computermonitor gebeten, sich wieder dem Testheft zuzuwenden und weitere Fragen zu beantworten. War dies erledigt, standen 7 Minuten zur Entspannung zur Verfügung. Danach schloss sich der zweite Messzeitpunkt an, der dem ersten fast komplett entsprach. Das heißt, es wurden erneut folgende Schritte durchgeführt: FAKT-Instruktion, FAKT-Probe, FAKT-Testung und Bearbeitung des Testheftes. Der Unterschied zum ersten Messzeitpunkt bestand darin, dass das Testheft zusätzlich das Item zur Messung des subjektiven Störungsempfindens durch die während der Testung herrschende Geräuschkulisse enthielt. Abschließend bedankte sich der Versuchsleiter bei den Probanden für die Versuchsteilnahme und bestätigte bei Interesse Versuchspersonenstunden. Außerdem wurde den Probanden eine individuelle Rückmeldung ihrer Ergebnisse angeboten. Von dem Angebot machten fast alle Teilnehmenden Gebrauch. Die Rückmeldungen wurden nach Ablauf der Erhebungswelle eines Standorts per e-Mail verschickt. Die Durchführung des gesamten Versuchs dauerte ungefähr 50 Minuten.

Statistische Analyse

Der Effekt der Lärmvariation auf das subjektive Störungsempfinden wurde durch eine zweifaktorielle Rangvarianzanalyse nach Kubinger (1986; s. auch Bortz, Lienert & Boehnke, 2000) untersucht. Es wurde ein nichtparametrisches Verfahren gewählt, da das subjektive Störungsempfinden mit nur einem einzelnen Item gemessen wurde, so dass für dieses Merkmal nur von ordinalem Skalenniveau ausgegangen werden konnte. Zusätzlich wich die Verteilung der erhobenen Werte des subjektiven Störungsempfindens bei einem Kolmogorov-Smirnov-Test signifikant von einer Normalverteilung ab, $D = .20$, $p < .001$. Zur Untersuchung des durch die Hypothese 11 angenommenen Interaktionseffekts

Adaptivität × Lärm mit Konzentrationsleistung als abhängige Variable wurde je Messung eine zweifaktorielle Varianzanalyse mit den Zwischensubjektfaktoren Adaptivität und Lärm berechnet. Zusätzlich wurden je Abstufung des Faktors Adaptivität und je Messzeitpunkt die Mittelwerte der Konzentrationsleistung zwischen Lärm- und Ruhebedingung mit t-Tests verglichen.

3.4.2 Ergebnisse

In diesem Abschnitt werden zunächst Ergebnisse zur Wirksamkeitsprüfung der Lärmvariation und danach die Ergebnisse der Prüfung der Hypothesen 11 bis 13 dargestellt.

In der Tabelle 13 sind Mittelwerte und Standardabweichungen des subjektiven Störungsempfindens durch die während der Testung herrschende Geräuschkulisse abgetragen. Der Median des subjektive Störungsempfinden ist unter der Lärm-Bedingung, in der die DDR-Volkskammerdebatte abgespielt wurde, höher als in der Ruhe-Bedingung. Der Unterschied erweist sich bei der zweifaktoriellen Rangvarianzanalyse mit den Zwischensubjektfaktoren Adaptivität (adaptiv, nicht-adaptiv) und Lärm (Ruhe, Lärm) und der abhängigen Variable subjektives Störungsempfinden als signifikant, $\chi^2(1, N = 115) = 43.88, p < .001$. Der Effekt des Faktors Lärm auf das subjektive Störungsempfinden variiert nicht überzufällig in Abhängigkeit des Faktors Adaptivität, wie sich an der nicht-signifikanten Interaktion Adaptivität × Lärm zeigt, $\chi^2(1, N = 115) = 0.02, p = .864$. Der Haupteffekt des Faktors Adaptivität auf subjektives Störungsempfinden wird ebenfalls nicht signifikant, $\chi^2(1, N = 115) = 0.16, p = .692$.

Tabelle 13: Mediane und Spannweiten des subjektiven Störungsempfindens durch die Geräuschkulisse während der Testung in Abhängigkeit von Adaptivität und Lärm ($N = 115$)

	Ruhe		Lärm	
Adaptivität	*Mdn*	*Spannweite*	*Mdn*	*Spannweite*
Adaptiv	0	3	2	3
Nicht-adaptiv	1	3	2	3

Zusammenfassend ergibt die Wirksamkeitsprüfung, dass durch die experimentelle Lärmvariation das subjektive Störungsempfinden der Probanden erwartungsgemäß beeinflusst wurde. Erfreulicherweise fällt der Effekt der Lärmvariation auf das subjektive Störungsempfinden in der adaptiven und der nicht-adaptiven Versuchsbedingung nicht signifikant unterschiedlich aus. Vor diesem Hintergrund erweist sich die Lärmvariation als erfolgreich und kann als Variation externaler Störungen während der Testung für die weitere Auswertung verwendet werden.

Die Hypothese 11 nimmt an, dass der Effekt von Lärm auf Konzentrationsleistung davon abhängt, ob die Konzentrationsleistungsmessung adaptiv oder nicht-adaptiv erfolgt. Für die nicht-adaptive Testform FAKT-SR wird ein negativer Effekt von Lärm auf Konzentrationsleistung angenommen (Hypothese 12). Für die adaptive Testform FAKT-S wird hingegen angenommen, dass Lärm keinen Effekt auf Konzentrationsleistung hat (Hypothese 13). Alle drei Hypothesen zusammen spezifizieren den Effekt der Interaktion Adaptivität × Lärm auf Konzentrationsleistung. Die in Tabelle 14 dargestellten Ergebnisse stimmen gut mit diesen Annahmen überein. Bei Einsatz der nicht-adaptiven Testform zeigen sich bei der ersten Messung in der Versuchsbedingung Ruhe höhere Konzentrationsleistungswerte ($M = 136.93$, $SD = 40.08$) als in der Versuchsbedingung Lärm ($M = 118.10$, $SD = 36.95$). Bei Einsatz der adaptiven Testform FAKT-S ergeben sich in der Versuchsbedingung Ruhe hingegen leicht niedrigere Konzentrationsleistungswerte ($M = 110.07$, $SD = 29.96$) als in der Versuchsbedingung Lärm ($M = 118.60$, $SD = 36.96$). Bei der zweiten Messung zeigt sich ein der Aussage nach gleicher Befund in abgeschwächter Form.

Tabelle 14: Mittelwerte und Standardabweichungen von Konzentrationsleistung in Abhängigkeit von Adaptivität und Lärm bei zwei Messungen ($N = 120$)

	Messung 1		Messung 2	
Versuchsgruppe	*M*	*SD*	*M*	*SD*
Adaptiv				
Ruhe	110.07	29.96	167.23	37.35
Lärm	118.60	36.96	170.40	54.86
Nicht-adaptiv				
Ruhe	136.93	40.08	191.77	49.52
Lärm	118.10	36.95	173.37	43.77

Vor Berechnung der zweifaktoriellen Varianzanalysen mit den Zwischensubjektfaktoren Adaptivität und Lärm pro Messzeitpunkt wurden die Konzentrationsleistungswerte auf den Stufen des Faktors Adaptivität z-standardisiert. Dies geschah um Varianzaufklärungen durch diesen Faktor auszuschließen. Konzentrationsleistungsunterschiede in Abhängigkeit der Adaptivität der eingesetzten Testform sind für die Hypothesenprüfung irrelevant, da die Konzentrationsleistung einerseits bei den beiden Testformen unterschiedlich berechnet wird und andererseits testformspezifische Normen vorliegen. In der Tabelle 15 sind die Ergebnisse der zweifaktoriellen Varianzanalyse für Messung 1 und in der Tabelle 16 die Ergebnisse für Messung 2 wiedergegeben.

Tabelle 15: Ergebnisse der zweifaktoriellen Varianzanalyse für Messzeitpunkt 1 mit den Faktoren Adaptivität und Lärm sowie Konzentrationsleistung als abhängige Variable

Quelle der Varianz	*Df*	*F*	η^2	*p*
		Gruppenvergleiche		
Adaptivität (A)	1	0.00	.000	1.000
Lärm (L)	1	0.39	.003	.536
A × L	1	4.10	.034	.045
Fehler innerhalb der Gruppen	116	(0.98)		

Anmerkungen. Auf den Stufen des Faktors Adaptivität *z*-standardisierte Werte. Werte innerhalb der Klammern repräsentieren die mittleren Quadratfehler.

Die Hypothese 11 kann durch den Test der Interaktion Adaptivität × Lärm durch Test der Nullhypothese

$$H_0 : \mu_{\text{Lärm,adaptiv}} - \mu_{\text{Ruhe,adaptiv}} = \mu_{\text{Lärm,nicht-adaptiv}} - \mu_{\text{Ruhe,nicht-adaptiv}}$$

überprüft werden. Die Annahmen der Hypothese 11 bestätigend, zeigt sich bei der ersten Messung eine signifikante Interaktion zwischen Adaptivität und Lärm, $F(1, 116) = 4.10$, $p = .045$, $\eta^2 = .034$. Diese Interaktion ist in der linken Hälfte von Abbildung 26 gut an den sich überkreuzenden Graphen zu erkennen.

Die Hypothesen 12 und 13 treffen genauere Annahmen über die Art der Interaktion zwischen Adaptivität und Lärm. Die Hypothese 12 nimmt bei nicht-adaptiver Testung einen negativen Effekt von Lärm auf Konzentrationsleistung an. Die Nullhypothese lautet:

$$H_0 : \mu_{\text{Lärm,nicht-adaptiv}} \geq \mu_{\text{Ruhe,nicht-adaptiv}} .$$

Konform mit der Annahme der Hypothese 12 sind zum ersten Messzeitpunkt die mittleren Konzentrationsleistungswerte bei nicht-adaptiver Testung in der Versuchsbedingung Lärm signifikant niedriger als in der Versuchsbedingung Ruhe, $t(58) = 1.89$, $p = .032$ (einseitig), $d = 0.478$.

Die Hypothese 13 nimmt an, dass bei adaptiver Konzentrationsleistungsmessung kein Effekt von Lärm auf Konzentrationsleistung vorliegt. Die Nullhypothese lautet:

$$H_0 : \mu_{\text{Lärm,adaptiv}} = \mu_{\text{Ruhe,adaptiv}} .$$

Konform mit der bezüglich der Hypothese 13 getroffenen Annahme ergab sich bei adaptiver Konzentrationsleistungsmessung kein signifikanter Unterschied der mittleren Konzentrationseistungswerte zwischen der Ruhe- und der Lärmbedingung, $t(58) = -0.98$, $p = .330$, $d = 0.254$.

Es lässt sich zusammenfassen, dass die Hypothesen 11 bis 13 beim ersten Messzeitpunkt durchgängig durch die vorliegenden Befunde unterstützt werden.

Aufgrund der deskriptiven Ergebnisse in Tabelle 14 und der rechten Seite der Abbildung 26 kann bei der zweiten Messung ebenfalls eine Interaktion Adaptivität × Lärm vermutet werden. Die Ergebnisse der Varianzanalyse für den zweiten Messzeitpunkt bestätigen dies allerdings nicht (Tabelle 16). Die Interaktion Adaptivität × Lärm wird bei Messung 2 nicht signifikant, $F(1, 116) = 1.57$, $p = .212$, $\eta^2 = .013$. Bei nicht-adaptiver Testung ergibt sich mit $t(58) = 1.53$, $p = .066$ (einseitig), $d = 0.389$, ein tendenziell signifikanter Unterschied der mittleren Konzentrationsleistungswerte zwischen der Ruhe- und der Lärmbedingung. Bei adaptiver Testung zeigt sich kein signifikanter Unterschied der mittleren Konzentrationsleistungswerte, $t(58) = -0.26$, $p = .795$, $d = 0.068$. Für den zweiten Messzeitpunkt fällt die Hypothesenprüfung demnach im Vergleich zum ersten Messzeitpunkt weniger eindeutig aus. Die Hypothese 11 findet beim zweiten Messzeitpunkt keine Bestätigung. Die Hypothese 12 kann ebenfalls nicht bestätigt werden, auch wenn ein tendenziell signifikanter Effekt gefunden wurde. Die Annahme der Hypothese 13 findet hingegen Unterstützung, da die Nullhypothese beibehalten werden kann.

Tabelle 16: Ergebnisse der zweifaktoriellen Varianzanalyse für Messzeitpunkt 2 mit den Faktoren Adaptivität und Lärm sowie Konzentrationsleistung als abhängige Variable

Quelle der Varianz	*Df*	*F*	η^2	*p*
		Gruppenvergleiche		
Adaptivität (A)	1	0.00	.000	1.000
Lärm (L)	1	0.78	.007	.380
A × L	1	1.57	.013	.212
Fehler innerhalb der Gruppen	116	(1.00)		

Anmerkungen. Die Konzentrationsleistungswerte wurden auf den Stufen des Faktors Adaptivität *z*-standardisiert. Werte innerhalb der Klammern repräsentieren die mittleren Quadratfehler.

Zusammenfassend unterstützen die Befunde bei der ersten Messung die Hypothesen 11 bis 13. Bei der zweiten Messung ergeben sich auf deskriptiver Ebene ebenfalls Ergebnisse, die den Annahmen der Hypothesen 11 bis 13 entsprechen. Die Interaktion Adaptivität × Lärm weist allerdings eine kleinere Effektstärke auf als beim ersten Messzeitpunkt und verfehlt die Signifikanz. Während die Hypothese 12 keine Unterstützung findet, ist dies für die Hypothese 13 der Fall.

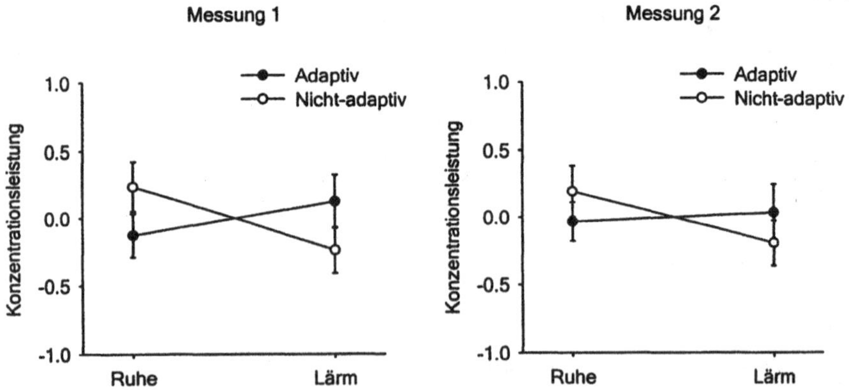

Abbildung 26: Konzentrationsleistung (*z*-Werte) bei adaptiver und nicht-adaptiver Testung in Abhängigkeit von Ruhe gegenüber Lärm für zwei Messzeitpunkte.

3.4.3 Diskussion

Zum ersten Messzeitpunkt werden die Hypothesen 11 bis 13 durchgängig bestätigt. Hier zeigt sich, dass im Hinblick auf eine valide Messung maximaler Leistungen unerwünschte signifikante Effekte von Lärm auf Konzentrationsleistung nur dann resultieren, wenn die nicht-adaptive Testform FAKT-SR verwendet wird. Kommt hingegen die adaptive Testform FAKT-S zum Einsatz, dann hat Lärm keinen signifikanten Effekt auf Konzentrationsleistung. Mit der adaptiven Testform FAKT-S können demnach Konzentrationsleistungswerte erhoben werden, die weitgehend unabhängig davon sind, ob die Testung bei Ruhe oder bei Lärm durchgeführt wird. Es spricht nichts gegen die Annahme, dass die mit dem FAKT-S gemessenen Konzentrationsleistungswerte die maximale Konzentrationsleistung darstellen. Die lärminduzierten Leistungseinbußen bei der nicht-adaptiven Testform FAKT-SR zeigen hingegen, dass mit dieser Testform gemessene Konzentrationsleistungswerte nicht in jedem Fall ein Maß für die maximale Konzentrationsleistung darstellen. Ähnliche Befunde zeigen sich bei der zweiten Messung in abgeschwächter Form. Der Faktor Lärm hat bei der zweiten Messung nur noch einen tendenziell signifikanten Effekt auf die mit der nicht-adaptiven Testform FAKT-SR gemessene Konzentrationsleistung. Die Abschwächung des Effekts vom ersten zum zweiten Messzeitpunkt ist möglicherweise dadurch zu erklären, dass die Probanden bei der zweiten Messung begannen, sich an die Lärmexposition zu adaptieren. Weil die potenzielle Störvariable Lärm bei der vorliegenden Studie experimentell variiert wurde, können die berichteten faktoriellen Effekte als kausale Effekte interpretiert werden. Da die Ergebnisse in der Aussage mit den zuvor berichteten Ergebnissen der Kapitel 3.1 bis 3.3 übereinstimmen, unterstützen sie zusätzlich die theoretisch begründete Interpretation der testformspezifischen Zusammenhänge als Effekte. Umgekehrte Effekte von der Konzentrationsleistung auf potenzielle Störvariablen sind vor dem Gesamtbild der Befunde als äußerst unwahrscheinlich einzustufen.

Der Befund zum ersten Messzeitpunkt kann dadurch erklärt werden, dass nur bei nicht-adaptiver Konzentrationsleistungsmessung mit der Testform FAKT-SR Aufmerksamkeit dem in der Versuchsbedingung Lärm dargebotenen auditiven Material gewidmet wird. Geht man von begrenzten Aufmerksamkeitsressourcen aus, dann wird die Güte der Testbearbeitung umso mehr in Mitleidenschaft gezogen, je mehr Aufmerksamkeit dem auditiven Material gewidmet wird. Die Vermutung, dass Probanden, die die adaptive Testform FAKT-S bearbeiteten, keine Aufmerksamkeit von der Testbearbeitung abzogen, um sie dem auditiven Material zu widmen, kann beispielsweise dadurch erklärt werden, dass die adaptive Testform FAKT-S eine höhere Motivation zur Testbearbeitung induziert als die nicht-adaptive Testform FAKT-SR. Dieser Erklärungsansatz wird im Kapitel 3.5 untersucht.

Weiterhin zeigt sich bei der adaptiven Testform FAKT-S ein interessantes Ergebnis, das kurz diskutiert werden soll. Auf deskriptiver Ebene fallen bei beiden Messzeitpunkten die Konzentrationsleistungswerte in der Lärm-Bedingung leicht höher aus als in der Ruhe-Bedingung. Da die Unterschiede keine Signifikanz aufweisen, müssten sie eigentlich nicht weiter beachtet werden. Vor dem Hintergrund, dass bei Messung 1 für die adaptive Versuchsbedingung ein kleiner Effekt von immerhin $d = 0.254$ des Faktors Lärm auf Konzentrationsleistung vorliegt, wäre an diesem Punkt eine Klärung durch weitere empirische Daten trotzdem interessant. Sollte dieser Effekt stabil und mit einer größeren Stichprobe auch signifikant replizierbar sein (wovon aufgrund der vorliegenden Befunde vorerst nicht auszugehen ist), dann wäre zu diskutieren, ob die mit dem adaptiven FAKT-S gemessene Konzentrationsleistung tatsächlich die maximale Konzentrationsleistung darstellt. Es bleibt zu betonen, dass aufgrund der hier vorliegenden Ergebnisse die Annahme beibehalten wird, dass Lärm bei adaptiver Testung mit dem FAKT-S keinen Effekt auf die gemessene Konzentrationsleistung hat.

Weil die in der vorliegenden Studie nicht untersuchte adaptive Testform FAKT-E den gleichen adaptiven Algorithmus wie die Testform FAKT-S verwendet, ist anzunehmen, dass der Befund auch für den FAKT-E Gültigkeit besitzt.

Es kann außerdem vermutet werden, dass die vorliegenden Befunde auf andere externale situative Einflüsse verallgemeinert werden können, von denen ähnliche Störungen wie von Lärm ausgehen. Darunter fallen alle Situationen, die potenziell Aufmerksamkeit der Probanden binden können, die ansonsten zur Testbearbeitung eingesetzt wird, wie beispielsweise Straßenlärm, ablenkende Objekte wie Schriftmaterial oder Bilder im Untersuchungsraum oder laute Gespräche im Nachbarzimmer. Dies eröffnet neue Freiräume für die Konzentrationsleistungsdiagnostik, da auf die Herstellung von Laborbedingungen als Grundvoraussetzung zur Messung valider Konzentrationsleistungsmaße möglicherweise weitgehend verzichtet werden kann.

3.5 Effekt des Testens mit FAKT-S und FAKT-SR auf die Motivation zur Testbearbeitung

In den vier vorhergehenden Studien zeigte sich, dass mit den adaptiven Testformen des FAKT gemessene Konzentrationsleistungswerte eine höhere diskriminante Validität hinsichtlich der potenziellen Störvariablen State-Ärger (State), Veränderung von negativem Affekt (Δ-State) und bei Ersttestungen hinsichtlich Lärm (Situation) aufweisen als Konzentrationsleistungswerte, die mit der nicht-adaptiven Testform gemessen werden. Ferner ergaben sich Hinweise darauf, dass ein Vorteil der diskriminanten Validität auch bezüglich der potenziellen Störvariablen Besorgnis (Trait) vorliegen könnte. Nachdem durch die vier bislang dargestellten Studien die Breite des Effekts von adaptivem Testen mit dem FAKT untersucht wurde, beschäftigt sich das vorliegende Kapitel mit einer etwas anderen Fragestellung. Es wird die bislang nicht abschließend geklärte Frage nach den Auswirkungen von adaptivem Testen auf die Motivation der Probanden zur Testbearbeitung untersucht. Eine Steigerung der Motivation zur Testbearbeitung durch adaptives Testen könnte die gefundenen Vorteile der adaptiven Testformen des FAKT gegenüber der nicht-adaptiven Testform erklären. Zu den Auswirkungen des adaptiven Testens auf die Motivation zur Testbearbeitung liegen zwei kontroverse Ansichten vor. Zu jeder wurde im Kapitel 2.6 eine Hypothese formuliert, die nachfolgend geprüft werden. Die erste Ansicht basiert auf klassischen Arbeiten zum adaptiven Testen von Betz und Weiss (1976a, 1976b) und Betz (1975) und auf Annahmen, die aus dem Risikowahlmodell (Atkinson, 1957, 1964) abgeleitet werden können (vgl. Kapitel 2.2.6). Folgt man dieser Ansicht, dann ist anzunehmen, dass die adaptiven Testformen des FAKT eine höhere Motivation zur Testbearbeitung bedingen als die nicht-adaptive Testform (Hypothese 14). Träfe dies zu, dann wäre es nahe liegend, die hohe diskriminante Validität der adaptiven Testformen des FAKT im Vergleich zur nicht-adaptiven Testform auf eine motivationssteigernde Wirkung des adaptiven Testens zurückzuführen. Die zweite Ansicht vertritt hingegen die Meinung, dass sich adaptives Testen negativ auf die Motivation zur Testbearbeitung auswirkt. Sie wird unter anderem von Bergstrom et al. (1992), Eggen (2004), Eggen und Verschoor (2004) und Ponsoda et al. (1999) vertreten. Aufgrund der zweiten Ansicht wurde angenommen, dass die Vorgabe der adaptiven Testformen des FAKT zu einer niedrigeren Motivation zur Testbearbeitung führt, als die Vorgabe der nicht-adaptiven Testform (Hypothese 15). Nachfolgend werden die Ergebnisse der Prüfung der Hypothesen 14 und 15 dargestellt.

3.5.1 Methode

Stichprobe

Die Prüfung der Hypothesen 14 und 15 erfolgte an der im Kapitel 3.1 beschriebenen Stichprobe. Die für die Berechnungen verfügbare Stichprobe von $N = 79$ weist für die vorliegende Studie eine hinreichende Größe auf. Die beiden zu prüfenden Hypothesen zielen auf einen Effekt der Adaptivität (adaptiv, nicht-adaptiv) der eingesetzten FAKT-Testform auf die bei den Probanden resultierende Motivation zur Testbearbeitung ab. Unter Berücksichtigung der zur statistischen Analyse gewählten zweifaktoriellen Varianzanalyse (s. u.), erlaubt die Stichprobengröße von $N = 79$ kleine Effekte ($\eta^2 = .032$) mit $\alpha = .05$ und einer Teststärke von $1 - \beta = .80$ als signifikant auszuweisen.

Versuchsmaterial

Zur Konzentrationsleistungsmessung wurde einerseits die adaptive Testform FAKT-S und andererseits die nicht-adaptive Testform FAKT-SR eingesetzt. Die Testzeit wurde auf sechs Minuten festgelegt. Die Übungsphase hatte eine Länge von einer Minute. Die Testdarbietung erfolgte mit sechs Desktop-Computern (66 – 800 MHz) mit 15-Zoll Monitoren. Die Reaktionen der Probanden wurden über eine speziell für den FAKT entwickelten Reaktionstastatur registriert. Die eingesetzte Computertechnik entsprach den im Testmanual des FAKT geforderten Ansprüchen.

Die Messung der Motivation zur Testbearbeitung erfolgte mit zwei Fragebogenverfahren. Einerseits wurde der Fragebogen aktueller Motivation (FAM; Rheinberg, Vollmeyer & Burns, 2001; vgl. Kapitel 2.5.2) eingesetzt. Der FAM ist ein Kurzfragebogen, der mit 18 Items vier faktorenanalytisch gewonnene Komponenten der aktuellen Motivation in Leistungssituationen erfasst. Es handelt es sich um die Komponenten *Erfolgswahrscheinlichkeit* (W_e), *Misserfolgswahrscheinlichkeit* (W_m), *Herausforderung* (HE) und *Interesse* (IN). Der Fragebogen wurde für Messungen in beziehungsweise kurz vor Leistungssituationen entwickelt. Beispielitems lauten: „Ich glaube, der Schwierigkeit dieser Aufgabe gewachsen zu sein“ (W_e), „Ich fürchte mich ein wenig davor, dass ich mich hier blamieren könnte“ (W_m), „Ich bin fest entschlossen, mich bei dieser Aufgabe voll anzustrengen“ (HE) und „Nach dem Lesen der Instruktion erscheint mir die Aufgabe sehr interessant“ (IN). Die Items wurden mit einem siebenstufigen Antwortformat von *trifft nicht zu* bis *trifft zu* vorgegeben. Die Berechnung der Skalenwerte erfolgte durch Mittelwertbildung über die einer Skala zugeordneten Items. Zusätzlich kann die in einer Leistungssituation resultierende motivationale Tendenz durch eine Verrechnung der Skalen W_e, W_m und HE bestimmt werden, was weiter unten genauer ausgeführt wird. Der FAM wurde vor allem für einen Einsatz in der Forschung konzipiert. Vor diesem Hintergrund sind die internen Konsistenzen der vier Skalen mit Werten zwischen $\alpha = .67$ und $\alpha = .90$ als zufrieden stellend anzusehen. Mehrere experimentelle Studien geben Hinweise auf die Validität der mit dem FAM gemessenen Komponenten aktueller Motivation (Rheinberg et al., 2001; Vollmeyer & Rheinberg, 1998, 1999, 2000).

Andererseits wurde die während einer Testung empfundene Motivation zur Testbearbeitung (MT) mit einer Kurzskala kurz nach Beendigung der Testung erhoben (s. Anhang B). Bei den Items handelt es sich um Übersetzungen von fünf Items aus dem englischsprachigen Test Attitude Survey (TAS; Arvey, Strickland, Drauden & Martin, 1990). Ein Beispielitem lautet: „Ich versuchte bei dem Test mein Bestes zu geben". Die Beantwortung der Items erfolgte auf einer sechsstufigen Antwortskala von *trifft gar nicht zu* bis *trifft vollkommen zu*. Der MT-Skalenwert wurde durch Mittelwertbildung über alle Items bestimmt. Die Reliabilität der Skala ist mit $\alpha = .78$ zufrieden stellend. Validitätsbelege liegen für die englischsprachige Originalskala (Arvey et al., 1990) vor.

Berechnung der resultierenden motivationalen Tendenz zur Testbearbeitung

Durch Verrechnung der FAM-Skalen W_e, W_m und HE kann als Maß für die während einer Testung resultierende motivationale Tendenz (RT) der Index

$$RT = 100 \cdot (W_e - W_m) \cdot HE \qquad (35)$$

berechnet werden (F. Rheinberg, persönl. Mitteilung, 10.12.2004). Bei diesem Index wird die Differenz aus erwarteter Erfolgswahrscheinlichkeit W_e und erwarteter Misserfolgswahrscheinlichkeit W_m mit dem Ausmaß gewichtet, mit dem eine aktuelle Leistungssituation leistungsthematisch aufgefasst wird (HE). Um anschaulichere Ergebnisse zu erhalten, wird das Resultat mit 100 multipliziert. Bei der vorliegenden Studie wurden vor der Berechnung von RT die Rohwerte für W_e, W_m und HE auf einen Wertebereich von 0 bis 1 standardisiert. Die nach (35) berechnete RT hat demnach einen Wertebereich von -100 bis 100. Während RT = 100 die größtmögliche in einer Leistungssituation resultierende aufsuchende motivationale Tendenz ausdrückt, bedeutet ein Wert von RT = -100 die größtmögliche meidende motivationale Tendenz im Hinblick auf eine Leistungssituation. Ein Wert von 0 drückt aus, dass in einer Leistungssituation weder eine aufsuchende noch eine meidende motivationale Tendenz vorliegt. Hohe RT-Werte sind dann zu erwarten, wenn einerseits die erwartete Wahrscheinlichkeit eines Erfolgs größer ist als die erwartete Wahrscheinlichkeit eines Misserfolgs und wenn andererseits die aktuelle Leistungssituation als in hohem Maße leistungsrelevant aufgefasst wird. Aus (35) resultiert auch, dass eine aufsuchende oder meidende motivationale Tendenz nur entstehen kann, wenn eine Situation leistungsthematisch aufgefasst wird, beziehungsweise wenn HE > 0 gilt. Die aus (35) hervorgehenden Zusammenhänge zwischen $W_e - W_m$, HE und RT werden in Abbildung 27 dargestellt.

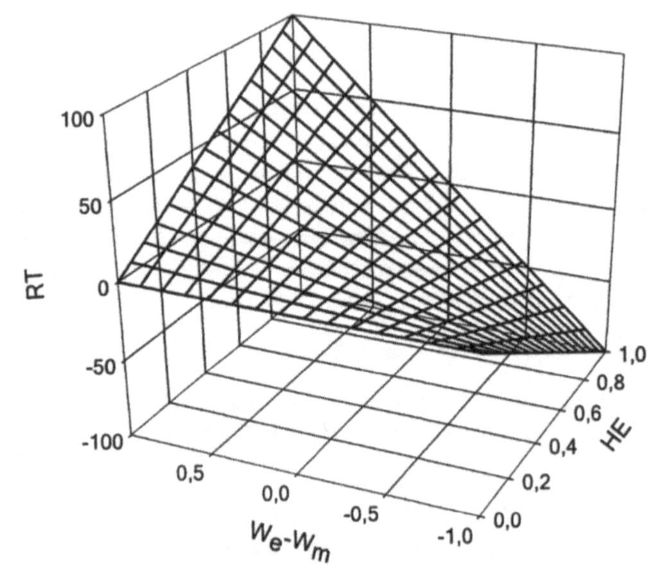

Abbildung 27: Resultierende motivationale Tendenz (RT) als Funktion der Differenz der Wahrscheinlichkeit eines Erfolges (W_e) und der Wahrscheinlichkeit eines Misserfolges (W_m) und Herausforderung (HE) nach $RT = 100 \cdot (W_e - W_m) \cdot HE$.

Bei Betrachtung von Abbildung 27 wird deutlich, dass die von Rheinberg vorgeschlagene Möglichkeit zur Berechnung der RT einen durch HE moderierten linearen Einfluss von $W_e - W_m$ auf RT beschreibt. Es sei darauf hingewiesen, dass dies nicht den Annahmen des Risikowahl-Modells (Atkinson 1957, 1964) entspricht, bei dem von einem kurvilinearen Zusammenhang zwischen W_e und RT ausgegangen wird. Trotzdem sprechen zwei Gründe für die Verwendung des durch (35) gegebenen Indexes bei der vorliegenden Untersuchung. Erstens stellt der Index eine eindeutig und sinnvoll zu interpretierende Größe dar. Zweitens basiert die Größe RT nicht – oder zumindest in weitaus geringerem Maße – auf problematischen Vorannahmen als das Risikowahlmodell. Da die Fragestellung der vorliegenden Studie nicht auf eine Überprüfung des Annahmegefüges des Risikowahlmodells abzielt, könnte die Verwendung von Indices, die Annahmen des Risikowahlmodells explizit beinhalten, die Aussagekraft der Ergebnisse stark einschränken. Unabhängig vom Resultat der Hypothesenprüfung könnten die Ergebnisse immer nur unter Annahme der Gültigkeit des Risikowahlmodells interpretiert werden. Dies war für die vorliegende Studie nicht erwünscht.

Versuchsplan

Mit dem vorliegenden Experiment wurden die Hypothesen 1 bis 3 sowie die Hypothesen 14 und 15 untersucht. Dem gesamten Experiment liegt ein zweifaktorieller Versuchsplan mit dem zweifach gestuften Zwischensubjektfaktor *Adaptivität* (adaptiv, nicht-adaptiv) und dem ebenfalls zweifach gestuften Innersubjektfaktor *Messwiederholung* (Messung 1, Messung 2) zugrunde. Die experimentelle Variation des Faktors Adaptivität wurde durch den Einsatz der adaptiven Testform FAKT-S und der nicht-adaptiven Testform FAKT-SR realisiert. Um zu untersuchen, ob etwaige Effekte der Adaptivität auf die Motivationsmaße RT und MT über zwei Testungen stabil sind, wurden zwei Datenerhebungen mit einem zeitlichen Abstand von sieben Tagen durchgeführt. Den Probanden wurde bei beiden Messungen die gleiche FAKT-Testform zur Bearbeitung vorgegeben. In allen $2 \cdot 2 = 4$ Zellen des Versuchsplans (Tabelle 17) wurden für jeden Probanden neben der individuellen Konzentrationsleistung, Werte für die vier Skalen des FAM (W_e, W_m, HE, IN) und die Motivation zur Testbearbeitung (MT) erhoben. Zusätzlich wurde für jeden Probanden pro Messung die RT berechnet.

Tabelle 17: Versuchsplan zur Untersuchung der Hypothesen 14 und 15

	Messung	
Adaptivität	1	2
Adaptiv	$n_1 = 42$	$n_1 = 42$
Nicht-adaptiv	$n_2 = 37$	$n_2 = 37$

Versuchsdurchführung

Die Datenerhebung erfolgte in Gruppen von bis zu sechs Probanden an der Humboldt-Universität zu Berlin. Bevor die Probanden in das Labor gebeten wurden, wurde dieses mit einer Jalousie verdunkelt und die Deckenbeleuchtung eingeschaltet. Ferner wurden die Computer gestartet und für jeden Probanden ein Testheft sowie ein Kugelschreiber bereitgelegt. Das Testheft enthielt Fragen zu demographischen Variablen, die vier Skalen des FAM und weitere Fragen, die für die Beantwortung der Hypothesen 14 und 15 nicht benötigt werden (vgl. aber Kapitel 3.1 und Zinkernagel, 2005). Nach Abschluss dieser Vorbereitungen wurden die Probanden hereingebeten und randomisiert einem Computerarbeitsplatz zugewiesen. Das Experiment startete mit einer mündlichen Instruktion durch den Versuchsleiter, bei der eine Vorschau auf das Experiment gegeben wurde. Ferner kündigte der Versuchsleiter an, dass die individuellen Testergebnisse nach der Testung zurückgemeldet werden würden. Danach bestand für die Probanden die Möglichkeit, Fragen bei etwaigen Unklarheiten bezüglich des Versuchsablaufs zu stellen. Ergaben sich Fragen, dann wurde die entsprechende Stelle der Instruktion erneut mündlich vorgetragen. Anschließend wurden die Probanden gebeten den ersten Fragenblock in ihrem Testheft zu bearbeiten (Papier-und-Bleistift). Anschließend sollten sie sich dem Computer zuwenden und die Instruktionen auf dem Bildschirm befolgen. Zunächst wurde die Bearbeitung des FAKT computerbasiert instruiert. Es folgte eine Phase, in der 20 Items zur Probe zu bearbeiten waren. Nachdem die Probanden in der Probephase einen Eindruck davon gewonnen hatten, was in der eigentlichen Testung auf sie zukommen wird, wurden sie gebeten, ihre aktuelle Motivation anhand der Fragen des FAM (Papier-und-Bleistift) wiederzugeben. Anschließend wurde die eigentliche sechsminütige FAKT-Testung für alle an einer Versuchsdurchführung teilnehmenden Probanden gleichzeitig gestartet. Im Anschluss daran wurden die Probanden gebeten die Skala MT sowie weitere Fragen im Testheft (Papier-und-Bleistift) zu bearbeiten. Abschließend bedankte sich der Versuchsleiter mündlich für die Versuchsteilnahme und sprach mit den Probanden Termine für die zweite Messung ab, die sieben Tage nach der ersten Messung stattfand. Der Ablauf der zweiten Messung war im Wesentlichen identisch mit dem der ersten Messung. Unterschiede bestanden darin, dass bei der zweiten Messung das Testheft teilweise andere Fragen enthielt. So wurde beispielsweise die individuelle Ausprägung des State-Ärgers (vgl. Kapitel 3.1) nur bei der zweiten Messung erhoben. Nach der zweiten Messung wurden den Probanden bei Bedarf Versuchspersonenstunden bestätigt. Außerdem konnten sie ihre e-Mail-Adresse in eine Liste eintragen, wenn sie Interesse an einer individuellen Auswertung ihrer Testergebnisse hatten. Von dem Angebot machten 90% der Probanden Gebrauch. Die Rückmeldungen wurden nach Abschluss des Experiments per e-Mail verschickt. Die Versuchsdurchführung dauerte 60 Minuten je Messzeitpunkt.

Statistische Analyse

Zur Untersuchung des Effekts der Adaptivität der eingesetzten FAKT-Testform auf die RT und die MT wurde jeweils eine zweifaktorielle Varianzanalyse mit dem Zwischensubjektfaktor Adaptivität (adaptiv, nicht-adaptiv) und dem Innersubjektfaktor Messwiederholung (Messung 1, Messung 2) und RT oder MT als abhängige Variable berechnet. Zusätzlich wurden die Mittelwerte von beiden abhängigen Variablen mit t-Tests pro Messzeitpunkt verglichen.

3.5.2 Ergebnisse

Die Hypothesen 14 und 15 nehmen gegensätzliche Effekte des Faktors Adaptivität auf die Motivation der Probanden zur Testbearbeitung an. Während seitens der Hypothese 14 angenommen wird, dass bei adaptiver Konzentrationsleistungsmessung eine höhere Motivation zur Testbearbeitung resultiert als bei nicht-adaptiver Konzentrationsleistungsmessung, geht die Hypothese 15 von einem gegenläufigen Effekt aus. In der Tabelle 18 sind Mittelwerte und Standardabweichungen der beiden Motivationsmaße RT und MT in Abhängigkeit der Versuchsbedingung abgetragen.

Tabelle 18: Mittelwerte und Standardabweichungen resultierender motivationaler Tendenz (RT) und Motivation zur Testbearbeitung (MT) in Abhängigkeit der Adaptivität der eingesetzten FAKT-Testform zu zwei Messzeitpunkten ($N = 79$)

		Messung 1		Messung 2	
Adaptivität	Variable	*M*	*SD*	*M*	*SD*
Adaptiv	RT	20.16	13.80	21.64	17.14
	MT	4.30	1.24	4.43	1.15
Nicht-adaptiv	RT	25.14	17.40	29.87	17.02
	MT	4.77	1.12	4.37	1.29

Nachfolgend werden zunächst die Ergebnisse für die abhängige Variable RT und danach die Ergebnisse für die abhängige Variable MT dargestellt. Der Tabelle 18 kann entnommen werden, dass in allen Versuchsbedingungen positive Werte für RT resultieren. Im Mittel liegt also in allen Versuchsbedingungen eine aufsuchende motivationale Tendenz vor. Ferner sind die RT-Mittelwerte in der adaptiven Versuchsbedingung sowohl bei der ersten Messung ($M = 20.16$, $SD = 13.80$) als auch bei der zweiten Messung ($M = 21.64$, $SD = 17.14$) niedriger als in der nicht-adaptiven Versuchsbedingung, bei der sich bei der ersten Messung ein Mittelwert von 25.14 ($SD = 17.40$) und bei der zweiten Messung ein Mittelwert von 29.87 ($SD = 17.02$) zeigt. Dies ist gut in der Abbildung 28 zu erkennen, in der die RT-Werte in Abhängigkeit der Adaptivität und des Messzeitpunkts abgetragen sind.

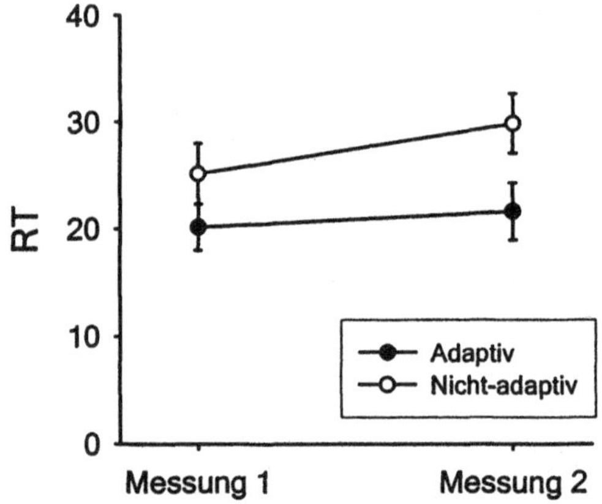

Abbildung 28: Mittelwerte der resultierenden motivationalen Tendenz RT (+*SE*) in Abhängigkeit der Adaptivität zu zwei Messzeitpunkten.

Das Zutreffen der Hypothesen 14 und 15 wurde mit einer zweifaktoriellen Varianzanalyse mit dem Zwischensubjektfaktor Adaptivität, dem Innersubjektfaktor Messwiederholung und der RT als abhängige Variable inferenzstatistisch getestet. Während die Nullhypothese bezüglich der Hypothese 14

$$H_0: \mu_{\text{adaptiv}} \leq \mu_{\text{nicht-adaptiv}}$$

lautet, besteht die Nullhypothese der Hypothese 15 in folgender Aussage:

$$H_0: \mu_{\text{adaptiv}} \geq \mu_{\text{nicht-adaptiv}}.$$

Bei der Varianzanalyse zeigt sich ein signifikanter Haupteffekt des Faktors Adaptivität, $F(1, 77) = 4.14$, $p = .045$, $\eta^2 = .051$. Bei Anwendung des adaptiven

FAKT-S ergeben sich signifikant niedrigere RT-Werte, als bei der Anwendung des nicht-adaptiven FAKT-SR. Dieser Befund unterstützt die Hypothese 14. Die Nullhypothese der Hypothese 15 kann hingegen beibehalten werden. Weiter sind die RT-Mittlerwerte auf beiden Stufen des Faktors Adaptivität auf deskriptiver Ebene bei der ersten Messung leicht niedriger als bei der zweiten Messung (Tabelle 18, Abbildung 28). Der Haupteffekt des Faktors Messwiederholung wird allerdings nicht signifikant, $F(1, 77) = 3.15$, $p = .080$, $\eta^2 = .039$. Auch die Interaktion Adaptivität × Messwiederholung wird nicht signifikant, $F(1, 77) = 0.87$, $p = .355$, $\eta^2 = .011$. Die Ergebnisse der Varianzanalyse mit RT als abhängige Variable werden in Tabelle 19 zusammengefasst.

Tabelle 19: Ergebnisse der zweifaktoriellen Varianzanalyse mit den Faktoren Adaptivität und Messwiederholung und resultierender motivationaler Tendenz als abhängige Variable

Quelle der Varianz	*df*	*F*	η^2	*p*
		Gruppenvergleiche		
Adaptivität (A)	1	4.14	.051	.045
Fehler innerhalb der Gruppen	77	(414.30)		
		Messwiederholungsvergleiche		
Messwiederholung (M)	1	3.15	.039	.080
A x M	1	0.87	.011	.355
A x *V* Fehler innerhalb der Gruppen	77	(120.44)		

Anmerkungen. Werte innerhalb der Klammern repräsentieren die mittleren Quadratfehler. *V* = Versuchspersonen.

Die Ergebnisse bezüglich der direkt nach der FAKT-Testung erhobenen abhängigen Variablen MT (Tabelle 18 und Abbildung 29) sind weniger eindeutig, als die berichteten Ergebnisse zur abhängigen Variablen RT. Während sich bei der ersten Messung in der adaptiven Versuchsbedingung niedrigere MT-Werte ergeben ($M = 4.30$, $SD = 1.24$) als in der nicht-adaptiven Versuchsbedingung ($M = 4.77$, $SD = 1.22$), zeigen sich bei der zweiten Messung in der adaptiven Versuchsbedingung geringfügig höhere MT-Werte ($M = 4.43$, $SD = 1.15$) als in der nicht-adaptiven Versuchsbedingung ($M = 4.37$, $SD = 1.29$).

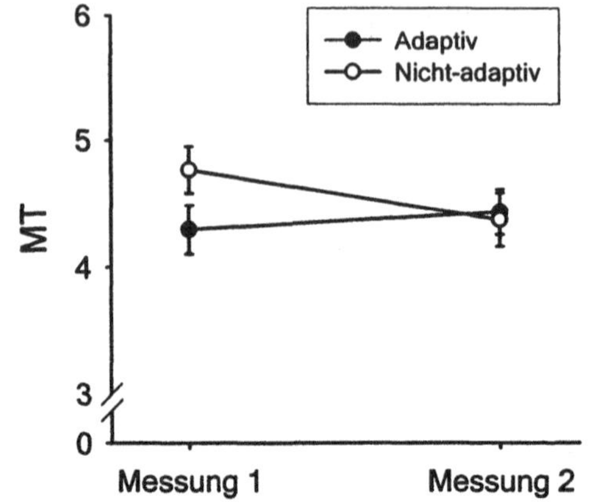

Abbildung 29: Mittelwerte der a-posteriori gemessenen Motivation zur Testbearbeitung MT (+*SE*) in Abhängigkeit der Adaptivität zu zwei Messzeitpunkten.

Bei der zweifaktoriellen Varianzanalyse mit MT als abhängige Variable und dem Zwischensubjektfaktor Adaptivität sowie dem Innersubjektfaktor Messwiederholung wird der Haupteffekt des Faktors Adaptivität nicht signifikant, $F(1, 77) = 0.71$, $p = .402$, $\eta^2 = .009$.

Betrachtet man die Messungen separat, dann zeigt sich bei der ersten Messung ein zumindest tendenziell signifikanter Mittelwertsunterschied zwischen der adaptiven und der nicht-adaptiven Versuchsbedingung, $t(77) = -1.76$, $p = .082$, $d = 0.40$. Bei der zweiten Messung ergibt sich kein signifikanter Mittelwertsunterschied zwischen der adaptiven und der nicht-adaptiven Versuchsbedingung, $t(77) = 0.22$, $p = .826$, $d = 0.05$. Für die Variable MT als Maß für die Motivation zur Testbearbeitung kann für beide Messzeitpunkte weder die Nullhypothese der Hypothese 14 noch die Nullhypothese der Hypothese 15 verworfen werden. Der Haupteffekt des Faktors Messwiederholung auf MT weist mit $F(1, 77) = 1.19$, $p = .279$, $\eta^2 = .015$ ebenfalls keine Signifikanz auf. Die Interaktion Adaptivität × Messwiederholung wird hingegen signifikant, $F(1, 77) = 5.13$, $p = .026$, $\eta^2 = .062$. Die Ergebnisse der Varianzanalyse für die abhängige Variable MT sind in der Tabelle 20 zusammengefasst.

Tabelle 20: Ergebnisse der zweifaktoriellen Varianzanalyse mit den Faktoren Adaptivität und Messwiederholung und der a-posteriori gemessenen Motivation zur Testbearbeitung als abhängige Variable

Quelle der Varianz	*df*	*F*	η^2	*p*
		Gruppenvergleiche		
Adaptivität (A)	1	0.71	.009	.402
Fehler innerhalb der Gruppen	77	(2.35)		
		Messwiederholungsvergleiche		
Messwiederholung (M)	1	1.19	.015	.279
A x M	1	5.13	.062	.026
A x *V* Fehler innerhalb der Gruppen	77	(0.54)		

Anmerkungen. Werte innerhalb der Klammern repräsentieren die mittleren Quadratfehler. *V* = Versuchspersonen.

Zusätzlich wurden die vier Skalen des FAM einzeln betrachtet. Hierdurch können Rückschlüsse gezogen werden, welche der drei in die Berechnung des RT eingehenden Skalen (W_e, W_m, HE) für den berichteten signifikanten Haupteffekt des Faktors Adaptivität auf RT maßgeblich verantwortlich ist.

Die Tabelle 21 enthält Mittelwerte und Standardabweichungen der vier FAM-Skalen in Abhängigkeit der Versuchsbedingung. Der signifikante Haupteffekt des Faktors Adaptivität auf RT ist vor allem darauf zurückzuführen, dass die W_e bei Bearbeitung der adaptiven Testform FAKT-S signifikant niedriger ausfällt, als bei Bearbeitung der nicht-adaptiven Testform FAKT-SR, $F(1, 77) = 11.65$, $p = .001$, $\eta^2 = .131$. Die Mittelwerte der ebenfalls für die Berechnung von RT verwendeten Skala Herausforderung (HE) unterscheiden sich hingegen nur geringfügig zwischen der adaptiven und der nicht-adaptiven Versuchsbedingung, $F(1, 77) < 0.01$, $p = .998$, $\eta^2 < .001$. Ebenso unterscheiden sich die Werte der Skalen Interesse (IN) und Wahrscheinlichkeit eines Misserfolges (W_m) nicht signifikant zwischen der adaptiven und der nicht-adaptiven Versuchsbedingung ($p \leq .420$).

Tabelle 21: Mittelwerte und Standardabweichungen von erwarteter Wahrscheinlichkeit eines Erfolges (W_e), erwarteter Wahrscheinlichkeit eines Misserfolges (W_m), Herausforderung (HE) und Interesse (IN) in Abhängigkeit der Adaptivität zu zwei Messzeitpunkten ($N = 79$)

		Messung 1		Messung 2	
Adaptivität	Variable	*M*	*SD*	*M*	*SD*
Adaptiv	W_e	.7480	.1255	.7024	.1966
	W_m	.2937	.2077	.2468	.1841
	HE	.4732	.1706	.4950	.1783
	IN	.4587	.2241	.4659	.2386
Nicht-adaptiv	W_e	.8131	.1360	.8333	.1284
	W_m	.2892	.2149	.1910	.1820
	HE	.4899	.1539	.4786	.2045
	IN	.5378	.2043	.4676	.2507

Anmerkung. Auf Wertebereich von 0 bis 1 normierte Werte

Es kann zusammengefasst werden, dass bei Anwendung der adaptiven Testform FAKT-S eine niedrigere (RT) oder eine vergleichbare Motivation (MT) zur Testbearbeitung resultiert, als bei Anwendung der nicht-adaptiven Testform FAKT-SR. Es zeigt sich ein signifikanter Haupteffekt des Faktors Adaptivität auf RT. Die Ergebnisse bei der abhängigen Variablen MT weisen auf deskriptiver Ebene zwar ein ähnliches Befundmuster wie bei der abhängigen Variablen RT auf, verfehlen aber das Signifikanzniveau. Zum ersten Messzeitpunkt zeigen sich bei adaptiver Testung tendenziell niedrigere MT-Werte als bei nicht-adaptiver Testung. Vor allem für den ersten Durchgang unterstützen die Befunde die Annahmen der Hypothese 14 – die Annahmen der in der Aussage entgegengesetzten Hypothese 15 finden hingegen keine Unterstützung.

3.5.3 Diskussion

Es zeigen sich niedrigere RT-Werte bei der Konzentrationsleistungsmessung mit der adaptiven Testform FAKT-S, als bei der Verwendung der nicht-adaptiven Testform FAKT-SR. Die Befunde unterstützten damit die Annahmen von Bergstrom et al. (1992), Eggen (2004), Eggen und Verschoor, (2004) und Ponsoda et al. (1999). Die lange Jahre angenommene Steigerung der Motivation zur Testbearbeitung durch adaptives Testen bestätigte sich bei der vorliegenden Studie hingegen nicht. Der gefundene Haupteffekt des Faktors Adaptivität auf RT ist mit $\eta^2 = .051$ nach der Klassifikation von Cohen (1988) als *mittelgroßer* Effekt zu klassifizieren. Da in der Motivationspsychologie Treatments oft nur kleine Effekte auf motivationale Variablen aufweisen, ist dies ein durchaus bemerkenswerter Befund. Dass sich der Effekt vergleichsweise stark zeigt, mag darauf zurückzuführen sein, dass mit dem FAM die aktuelle Motivation in beziehungsweise kurz vor einer Leistungssituation gemessen werden kann. Dies ist mit den herkömmlichen Verfahren in der Leistungsmotivationsdiagnostik in der Regel nicht möglich, ohne den Handlungsvollzug entscheidend zu stören. Der FAM könnte neue Möglichkeiten bei der nicht immer einfachen Messung motivationaler Variablen eröffnen. Es ist allerdings anzumerken, dass die Verwendung des RT-Index nach (35) die implizite Annahme eines bestimmten Motivationsverständnisses beinhaltet. Bei der vorliegenden Studie basiert der Effekt des Faktors Adaptivität auf RT vor allem auf der erwarteten Wahrscheinlichkeit eines Erfolges. Hingegen zeigt sich kein signifikanter Effekt des Faktors Adaptivität auf die FAM-Skala Herausforderung. Vor dem Hintergrund des Risikowahl-Modells würde RT kein optimales Maß zur Operationalisierung der in einer Leistungssituation resultierenden motivationalen Tendenz darstellen. Die a-posteriori applizierte Kurzskala zur Messung der Motivation zur Testbearbeitung ist allerdings mit dem Risikowahl-Modell vereinbar. Zumindest für den ersten Messzeitpunkt zeigen sich vergleichbare Effekte wie bei Verwendung von RT als abhängige Variable. Allerdings ist der Effekt des Faktors Adaptivität auf MT mit $d = .40$ nur als *kleiner bis mittlerer* Effekt zu klassifizieren. Vielleicht könnte die Wahrscheinlichkeit größere Effektstärken mit dieser Skala ausweisen zu können für zukünftige Studien erhöht werden, wenn sie – wie der FAM – direkt im oder kurz vor dem Leistungsvollzug zur Anwendung gebracht würde. Da es sich um eine Kurzskala handelt, sollte dies gut zu realisieren sein.

Neben der Untersuchung der Auswirkungen des adaptiven Testens auf die Motivation zur Testbearbeitung, bestand die Zielsetzung der vorliegenden Studie darin, eine mögliche Erklärung der hohen diskriminanten Validität der adaptiven Testformen des FAKT im Vergleich zu der nicht-adaptiven Testform zu untersuchen. Die hohe diskriminante Validität hätte plausibel auf eine Steigerung der Motivation durch adaptives Testen zurückgeführt werden können, wenn bei der eingesetzten adaptiven Testform FAKT-S eine höhere Motivation zur Testbearbeitung resultiert wäre als bei der nicht-adaptiven Testform FAKT-SR. Da dies nicht der Fall ist, kann die hohe diskriminante Validität der adaptiven Testformen des FAKT nicht dadurch erklärt werden, dass bei den adaptiven Testformen des FAKT eine höhere Motivation zur Testbearbeitung resultiert als bei den nicht-adaptiven Testformen. Weitere Erklärungsansätze werden im Kapitel 1.1 diskutiert.

Aus der vorliegenden Studie kann nicht geschlossen werden, ob sich der Befund eines negativen Effekts des adaptiven Testens auf die Motivation zur Testbearbeitung auch auf andere adaptive Tests übertragen lässt. Vor dem Hintergrund der vorgebrachten Argumente der Vertreter der Annahme einer Motivationsabsenkung durch adaptives Testen ist dies zwar nahe liegend, wäre aber empirisch zu untersuchen.

In jedem Fall stellt der vorliegende Befund ein sehr interessantes Ergebnis dar, da er die seit mehreren Dekaden angenommene Ansicht einer motivationssteigernden Wirkung adaptiven Testens nachhaltig in Frage stellt.

4 Allgemeine Diskussion

In diesem Kapitel werden die empirischen Ergebnisse zusammenfassend diskutiert. Hierbei wird zunächst die Breite des Effekts der hohen diskriminanten Validität der adaptiven Testformen des FAKT im Vergleich zur nicht-adaptiven Testform integrierend dargestellt (Kapitel 1.1). Darauf aufbauend werden Erklärungen der Befunde diskutiert. Zur Erklärung wird neben der empirisch untersuchten Annahme der Steigerung der Motivation zur Testbearbeitung durch adaptives Testen ein weiterer Erklärungsansatz betrachtet. Es folgt eine Diskussion der Generalisierbarkeit der Befunde, bei der abgewogen wird, inwieweit die mit dem FAKT gewonnenen empirischen Befunde auf andere adaptive Tests übertragbar sind. Obwohl die Befunde ein durchweg positives Licht auf die diskriminante Validität der adaptiven Testformen des FAKT werfen, können aus den Ergebnissen Hinweise abgeleitet werden, die eine weitere Optimierung der adaptiven Testformen des FAKT in Aussicht stellen. Diese werden in Kapitel 1.1 dargestellt. Danach werden im Kapitel 1.1 Implikationen der gewonnenen Erkenntnisse für die psychologische Diagnostik reflektiert. Die praktische Relevanz der Ergebnisse liegt vor allem in der Möglichkeit mit den adaptiven Testformen des FAKT maximale Konzentrationsleistung ökonomischer als mit herkömmlichen Verfahren messen zu können. Die allgemeine Diskussion wird durch ein knappes Resümee im Kapitel 1.1 abgeschlossen.

4.1 Diskriminante Validität der Testformen des FAKT

Die in den Kapiteln 3.1 bis 3.4 berichteten Ergebnisse zeigen, dass mit der adaptiven Testform FAKT-S gemessene Konzentrationsleistungswerte hinsichtlich verschiedener potenzieller Störvariablen eine höhere diskriminante Validität aufweisen, als mit der nicht-adaptiven Testform FAKT-SR gemessene Konzentrationsleistungswerte. Bei der Untersuchung der Effekte jeweils einer typischen potenziellen Störvariablen aus den Klassen States, Δ-States, Traits und Situationen auf Konzentrationsleistung zeigte sich ein weitgehend einheitliches Befundmuster. Während sich bei nicht-adaptiver Testdarbietung mit dem FAKT-SR fast durchgängig signifikante Effekte von potenziellen Störvariablen auf Konzentrationsleistung ergaben, zeigte sich bei adaptiver Testdarbietung mit der Testform FAKT-S in keinem Fall ein signifikanter Effekt. Wurden die Probanden das erste Mal mit der nicht-adaptiven Testform FAKT-SR getestet, dann war die Annahme diskriminanter Validität der gemessenen Konzentrationsleistungswerte für drei von vier untersuchten potenziellen Störvariablen zu verwerfen. Die Annahme der diskriminanten Validität der adaptiven Testform FAKT-S konnte im Vergleich dazu in allen Fällen beibehalten werden. Es sei hinzugefügt, dass nicht gefundene Moderatoreffekte der Adaptivität auf den Effekt potenzieller Störvariablen auf Konzentrationsleistung mit hoher Wahrscheinlichkeit darauf zurückgeführt werden können, dass sich auch bei nicht-adaptiver Testung keine signifikanten Effekte der potenziellen Störvariablen auf Konzentrationsleistung ergaben. Dieser Fall lag hinsichtlich der potenziellen Störvariablen Besorgnis und Lärm (Zweitmessung) vor. Die diskriminante Validität ist in diesen Fällen somit auch bei nicht-adaptiver Testung gegeben. Unter dieser Voraussetzung wäre es sehr unwahrscheinlich gewesen, dass sich die diskriminante Validität zwischen nicht-adaptiver und adaptiver Testdarbietung signifikant unterschieden hätte.

Die diskriminante Validität, der mit der zweiten adaptiven Testform FAKT-E gemessenen Konzentrationsleistung, wurde nur hinsichtlich der potenziellen Störvariablen Besorgnis untersucht. Aufgrund der bei dieser Studie gewonnenen Ergebnisse können keine generellen Aussagen bezüglich der diskriminanten Validität aufgestellt werden, wie sie für die Testform FAKT-S gemacht wurden. Dies liegt daran, dass die Annahme der diskriminanten Validität hinsichtlich der potenziellen Störvariablen Besorgnis sowohl bei der adaptiven Testform FAKT-E als auch bei der nicht-adaptiven Testform FAKT-SR nicht verworfen werden konnte. Für beide Testformen konnte die Annahme der diskriminanten Validität der gemessenen Konzentrationsleistungswerte hinsichtlich Besorgnis beibehalten werden. Es kann nicht geschlossen werden, dass eine Testform einer anderen hinsichtlich der diskriminanten Validität überlegen ist. Vor dem Hintergrund, dass die Testformen FAKT-E und FAKT-S den identischen adaptiven Algorithmus verwenden und sich lediglich in der Anzahl der gleichzeitig auf dem Bildschirm dargebotenen Items unterscheiden, ist somit lediglich zu vermuten, dass die diskriminante Validität der adaptiven Testform FAKT-E ebenfalls höher ausfällt als die der nicht-adaptiven Testform FAKT-SR (s. hierzu auch die Diskussion der einzelnen Studien in den Kapiteln 3.1.3, 3.2.3, 3.3.3 und 3.4.3). Diese Annahme findet weitere Unterstützung durch die Studie von Frey und Moosbrugger (2004), bei der sich die adaptive Testform FAKT-E als der nicht-adaptiven Testform FAKT-SR hinsichtlich der diskriminanten Validität bezüglich der potenziellen Störvariablen Aktivierung als überlegen zeigte. Eine abschließende Klärung der diskriminanten Validität der adaptiven Testform FAKT-E wäre allerdings nur bei Vorliegen weiterer empirischer Daten möglich.

An diesem Punkt kann die Frage beantwortet werden, inwieweit die drei Testformen des FAKT tatsächlich maximale Konzentrationsleistung messen. Da sich bei adaptiver Testung weder leistungsmindernde noch leistungssteigernde Effekte potenzieller Störvariablen auf die gemessene Konzentrationsleistung als signifikant erwiesen, spricht nichts dagegen, weiterhin anzunehmen, dass mit den Testformen FAKT-S und FAKT-E die maximale Konzentrationsleistung erhoben werden kann. Im Unterschied dazu zeigten sich bei der nicht-adaptiven Testform signifikante Effekte potenzieller Störvariablen auf die gemessene Konzentrationsleistung. Die mit dem FAKT-SR gemessene Konzentrationsleistung kann also durch potenzielle Störvariablen beeinflusst werden. Dies ist dahingehend zu interpretieren, dass die mit dem FAKT-SR gemessene Konzentrationsleistung nicht in jedem Fall die maximale Konzentrationsleistung darstellen kann. In Einzelfällen mag zwar die individuell maximale Konzentrationsleistung gemessen werden, insgesamt muss aber davon ausgegangen werden, dass es sich bei der mit dem FAKT-SR gemessenen Konzentrationsleistung nicht um die maximale Konzentrationsleistung der untersuchten Individuen handelt.

Weiterführend stellt sich die Frage, wie der Effekt der hohen diskriminanten Validität der adaptiven Testform FAKT-S im Vergleich zur nicht-adaptiven Testform FAKT-SR erklärt werden kann. Im Rahmen der vorliegenden Arbeit wurde ein möglicher Erklärungsansatz untersucht. Dieser besteht darin, dass bei den adaptiven Testformen des FAKT eine höhere Motivation zur Testbearbeitung resultiert als bei der nicht-adaptiven Testform. Es wurde vermutet, dass eine höhere Motivation zur Testbearbeitung eine verstärkte Hinwendung zur Testbearbeitung und eine verminderte Ablenkbarkeit bewirken könnte. Die in Kapitel

3.5 dargestellten Ergebnisse weisen diesen Erklärungsansatz allerdings als unzutreffend zurück. Der Einsatz der adaptiven Testform FAKT-S führte im Vergleich zu der nicht-adaptiven Testform FAKT-SR keineswegs zu einer höheren, sondern vielmehr zu einer signifikant niedrigeren Motivation zur Testbearbeitung. Unabhängig davon, dass dieses Ergebnis sich nicht dazu eignet die hohe diskriminante Validität der adaptiven Testform FAKT-S im Vergleich zur nicht-adaptiven Testform FAKT-SR zu erklären, handelt es sich um einen sehr interessanten Befund. Er zeigt nämlich, dass die seit knapp drei Dekaden wiederholt zitierte Annahme, dass adaptives Testen die Motivation zur Testbearbeitung steigert, zumindest für die Testform FAKT-S als unzutreffend anzusehen ist. Es zeigte sich, dass vor allem die antizipierte subjektive Lösungswahrscheinlichkeit die Motivation zur Testbearbeitung nachhaltig beeinflusst. Die Erfolgsaussichten wurden bei der adaptiven Testform FAKT-S als signifikant niedriger eingeschätzt als bei der nicht-adaptiven Testform FAKT-SR. Die Probanden erkannten offensichtlich die tatsächlich objektiv vorhandene höhere Schwierigkeit der adaptiven Testform. Dies ist dahingehend zu interpretieren, dass die Vorgabe von Items mit einer an die individuelle Leistungsfähigkeit angepasste, objektiv mittlere Schwierigkeit, nicht zu einer Steigerung der Motivation zur Testbearbeitung führt. Vielmehr wird die bei der nicht-adaptiven Testform realisierte Vorgabe von prinzipiell unendlich einfachen Items als signifikant motivierender bewertet. Dieses Ergebnis stimmt mit der in den letzten Jahren wiederholt vorgebrachten Annahme negativer Auswirkungen des adaptiven Testens auf die Motivation zur Testbearbeitung überein (Eggen, 2004; Eggen & Verschoor, 2004, Bergstrom et al., 1992; Ponsoda et al., 1999). Allerdings ist auch bei diesem Ergebnis zu beachten, dass es vorerst nur für den Vergleich der Testformen FAKT-S mit FAKT-SR als gültig angesehen werden kann. Aufgrund der großen Ähnlichkeit der beiden adaptiven Testformen FAKT-S und FAKT-E sind allerdings ähnlich ungünstige Effekte auf die Motivation zur Testbearbeitung auch für die Testform FAKT-E zu erwarten. Um die Allgemeingültigkeit der gewonnenen Ergebnisse zu untersuchen, sollten die Auswirkungen des adaptiven Testens auf die Motivation zur Testbearbeitung an anderen adaptiven Tests untersucht werden. Sollten sich dabei der für den FAKT gefundene negative Effekt von adaptivem Testen auf die Motivation zur Testbearbeitung ebenfalls zeigen, dann wäre die Annahme einer motivationssteigernden Wirkung adaptiven Testens zugunsten der gegenteiligen Aussage zu revidieren.

Nachdem die hohe diskriminante Validität der adaptiven Testform FAKT-S nicht durch eine Steigerung der Motivation zur Testbearbeitung zu erklären ist, ist nach alternativen Erklärungsansätzen zu suchen. In den Kapiteln 3.1 bis 3.4 werden spezifische Ansätze zur Erklärung der hohen diskriminanten Validität der adaptiven Testform FAKT-S im Vergleich zur nicht-adaptiven Testform FAKT-SR diskutiert, die direkt auf die jeweils untersuchte potenzielle Störvariable ausgerichtet sind. Darüber hinaus würde eine allgemeingültige Erklärung, die für alle potenziellen Störvariablen Gültigkeit besitzt, einen zusätzlichen Erkenntnisgewinn mit sich bringen. Nachfolgend wird deshalb ein Ansatz dargestellt, der für potenzielle Störvariablen aus allen vier Klassen Gültigkeit besitzt. Es wird angenommen, dass die adaptiven Testformen des FAKT in höherem Maße Aufmerksamkeit der Probanden binden als die nicht-adaptive Testform. Es wird weiter angenommen, dass die verstärkte Aufmerksamkeitszuwendung zu einer bestmöglichen Bearbeitung der Testaufgaben bei gleichzeitiger Ausblendung von Kognitionen führt, die für die Testbearbeitung irrelevant sind. Anders ausgedrückt, wird angenommen, dass die adaptiven Testformen des FAKT eine bestmögliche Konzentration auf die Testaufgabe bewirken. Hierbei stellt sich die Frage, durch welche Eigenschaft der adaptiven Testformen die vermutete verstärkte Zuwendung von Aufmerksamkeit zur Testbearbeitung ausgelöst werden könnte. Es lassen sich zwei plausible Vermutungen anstellen. Einerseits könnte die Vorgabe von Items mit einer individuell mittleren Lösungswahrscheinlichkeit oder alternativ der durch die Anpassung der Itemdarbietungszeit an das Leistungsverhalten des Probanden ausgelöste Zeitdruck für eine verstärkte Aufmerksamkeitszuwendung zur Testbearbeitung verantwortlich sein. Sollte die erste Vermutung zutreffen und die Vorgabe von Items mittlerer individueller Lösungswahrscheinlichkeit eine verstärkte Aufmerksamkeitszuwendung zur Testbearbeitung und nachfolgend eine hohe diskriminante Validität erzeugen, dann wäre eine hohe diskriminante Validität hinsichtlich potenzieller Störvariablen auch bei anderen adaptiven Tests zu erwarten. Die Befunde der Arbeit weisen somit möglicherweise auf einen generellen Vorteil des adaptiven Testens hinsichtlich der diskriminanten Validität im Vergleich zum nicht-adaptiven Testen hin. Sollte hingegen die zweite Vermutung zutreffend sein und der durch den adaptiven Algorithmus des FAKT ausgelöste Zeitdruck für eine vermehrte Aufmerksamkeitszuwendung und somit für eine hohe diskriminante Validität verantwortlich sein, dann wären die Befunde vorerst auf den FAKT beschränkt. In diesem Falle ergäben sich interessante Ansatzpunkte für die Entwicklung oder die Modifikation anderer adaptiver Tests. Es könnte nämlich die vom FAKT realisierte Variation der Itemdarbietungszeit auch bei anderen adaptiven Tests verwirklicht werden, um auch bei diesen Zeitdruck und somit die erwünschten Effekte auf die diskriminante Validität zu erzeugen. Hierbei ist es nicht notwendig, dass die Schwierigkeitsvariation ausschließlich durch die Itemdarbietungszeit erfolgt. Auch bei einer Menge von Items mit unterschiedlicher Schwierigkeit kann eine zusätzliche Variation der Itemdarbietungszeit erfolgen. Erste Ansätze hierzu liegen von Steyer, Partchev und Kröhne (2003) vor.

4.2 Weiterentwicklungsmöglichkeiten des FAKT

Die Ergebnisse weisen auf zwei Punkte hin, die eine weitere Optimierung der adaptiven Testformen des FAKT versprechen. Erstens könnte durch eine Veränderung des adaptiven Algorithmus des FAKT versucht werden, eine höhere aktuelle Motivation zur Testbearbeitung bei den Probanden anzuregen. Um dieses Ziel zu erreichen, sollten Items mit einer höheren individuellen Lösungswahrscheinlichkeit als .50 vorgegeben werden. Da dies beim FAKT nicht nur die Vorgabe individuell leichterer Items, sondern auch eine Verringerung des resultierenden Zeitdrucks verspricht, ist bei der Vorgabe von Items mit einer individuellen Lösungswahrscheinlichkeit von >.50 von einer Steigerung der aktuellen Motivation zur Testbearbeitung zu rechnen. Allerdings bedeutet die Vorgabe von Items mit einer individuellen Lösungswahrscheinlichkeit von >.50 auch, dass keine psychometrisch optimalen Items, beziehungsweise keine Items mit maximaler Information vorgegeben werden. Die bei der von den adaptiven Testformen des FAKT realisierten Anpassung der Itemdarbietungszeit an das Leistungsniveau des Probanden würde bei adaptivem Testende zwangsläufig zu einer längeren Testzeit oder bei fester Testzeit zu einem erhöhten Standardfehler der θ-Schätzung führen. Wenn keine Items mit sehr extremen individuellen Lösungswahrscheinlichkeiten dargeboten werden, sind hierbei aber keine schwerwiegenden Nachteile zu erwarten. Der Sachverhalt sei an der Abbildung 30 verdeutlicht. Die Abbildung zeigt die ICC und die Informationsfunktion eines mit dem 1-PL konformen Items mit der Schwierigkeit $b = 0$. Die Informationsfunktion erreicht bei einer Lösungswahrscheinlichkeit von .50 ihr Maximum von .25. Werden Items mit einer individuellen Lösungswahrscheinlichkeit von .70 vorgegeben, dann wird immer noch eine Iteminformation von .21 erreicht. Diese verhältnismäßig kleine Informationseinbusse dürfte für viele Anwendungen des adaptiven Testens akzeptabel sein. Die Vorgabe von Items mit sehr hohen Lösungswahrscheinlichkeiten führt hingegen zu sehr kleinen Informationswerten, was kaum tolerierbare Verschlechterungen der Ökonomie eines adaptiven Tests bedingt. So resultiert bei der in Abbildung 30 dargestellten ICC bei einer individuellen Lösungswahrscheinlichkeit von .90 eine Information von .09.

Die Studien von Bergstrom et al. (1992) sowie Eggen und Verschoor (2004) zeigen ebenfalls, dass die Vorgabe von Items mit einer individuellen Lösungswahrscheinlichkeit bis zu .70 zu keinen schwerwiegenden Verschlechterungen der Testökonomie führt. Bergstrom et al. (1992) legten 225 Probanden in drei Gruppen jeweils einen adaptiven Test mit unterschiedlicher individueller

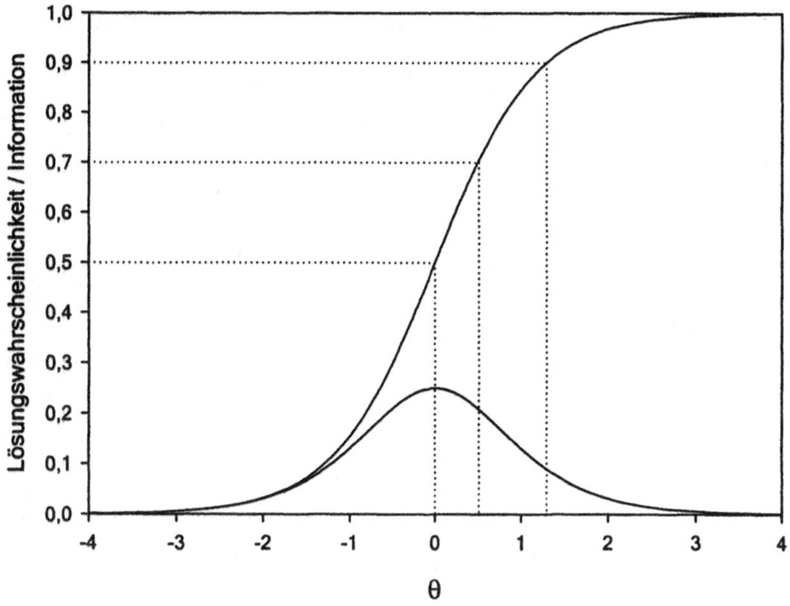

Abbildung 30: Itemcharakteristische Kurve und Informationsfunktion eines Items mit einer Schwierigkeit von $b = 0$ im 1-PL.

Lösungswahrscheinlichkeit (.50, .60, .70) vor. Sie untersuchten den Effekt dieser Schwierigkeitsvariation auf die Anzahl der Items, die benötigt wurden, um einen vorab spezifizierten Standardfehler der θ-Schätzung zu erreichen. Es zeigte sich, dass bei individuellen Lösungswahrscheinlichkeiten von .60 und .70 nur geringfügig mehr Items als bei der Vorgabe von Items mit einer individuellen Lösungswahrscheinlichkeit von .50 benötigt wurden. Die Unterschiede der Itemanzahlen zwischen den Testbedingungen waren nicht signifikant. Vergleichbare Ergebnisse zeigten sich bei der Simulationsstudie von Eggen und Verschoor (2004). Hier ergab sich, dass die Vorgabe von Items mit einer individuellen Lösungswahrscheinlichkeit von .60 oder .70 nur zu kleinen Einbußen der Messpräzision (bei fester Itemanzahl), beziehungsweise nur zu kleinen Anstiegen der Anzahl benötigter Items (bei adaptivem Testende) führt. Über diese Ergebnisse hinausgehend kann vermutet werden, dass Items mit einer individuellen Lösungswahrscheinlichkeit von .60 oder .70 möglicherweise schneller bearbeitet werden können, als Items mit einer individuellen Lösungswahrscheinlichkeit von .70. Es wäre demnach lohnenswert zu untersuchen, wie sich die Vorgabe von Items mit individuellen Lösungswahrscheinlichkeiten von .60 oder .70 auf die tatsächliche Testzeit auswirkt.

Es sei angemerkt, dass die vermutete schnellere Bearbeitung von Items mit einer individuellen Lösungswahrscheinlichkeit von .60 oder .70 im Vergleich zu Items mit einer individuellen Lösungswahrscheinlichkeit von .50 nicht bei adaptiven Tests eintreten kann, bei denen die Variation der Itemschwierigkeit über die Itemdarbietungszeit erfolgt. Beim FAKT ist bei Vorgabe von Items mit einer höheren individuellen Lösungswahrscheinlichkeit als .50 in jedem Fall mit einer Verlängerung der Testzeit zu rechnen.

Zweitens lässt eine Modifikation des adaptiven Algorithmus des FAKT eine weitere Optimierung des Tests erwarten. Dies kann unabhängig davon erfolgen, ob Items mit einer individuellen Lösungswahrscheinlichkeit von .50 oder anderen individuellen Lösungswahrscheinlichkeiten vorgegeben werden. Alternativ zu der im Kapitel 2.3.2 beschriebenen Vorgabe der FAKT-Items auf 15 festen Darbietungszeitstufen könnte ein mehrstufiger maßgeschneiderter Algorithmus verwendet werden. Dabei wäre nach der Übungsphase ein θ-Schätzer für die individuelle Ausprägung der Konzentrationsleistung zu bestimmen. Die Darbietungszeit des nächsten Items würde herkömmlicher Weise nach dem Kriterium der maximalen Information ausgewählt werden. Wird die oben angesprochene Möglichkeit der Vorgabe von Items mit individuellen Lösungswahrscheinlichkeiten, die größer als .50 sind, verwirklicht, dann könnte alternativ ein Item ausgewählt werden, das für den geschätzten θ-Wert bei der festgelegten individuellen Lösungswahrscheinlichkeit (z. B. .60) maximale Information aufweist. Es ist zu erwarten, dass durch die Verwendung eines mehrstufigen maßgeschneiderten Algorithmus die liminale Darbietungszeit schneller gefunden (bei adaptivem Testende), beziehungsweise der Standardfehler von θ schneller absinken wird (bei festem Testende), als wenn feste Darbietungszeitstufen durchlaufen werden müssen. Um dies zu verwirklichen, sind allerdings die vorliegenden IRT-Analysen des Antwortverhaltens auf die FAKT-Items zu erweitern (Moosbrugger & Heyden, 1995). Hierzu könnte eine nicht-adaptive Itemdarbietung aller acht Items auf den 15 (oder wahlweise auch mehr) Stufen der Itemdarbietungszeit realisiert werden, bei der jeder Proband alle $8 \cdot 15 = 120$ Kombinationen zumindest einmal bearbeitet. Die resultierende vollständige Datenmatrix ließe sich problemlos daraufhin überprüfen, inwieweit sie den Annahmen eines IRT-Modells entspricht. Ergibt sich Modellkonformität, dann kann der vorgeschlagene maßgeschneiderte Algorithmus unproblematisch verwirklicht werden. Zusätzlich lägen mit der vollständigen Datenmatrix Informationen vor, die eine Überprüfung der bei den IRT-Analysen von Moosbrugger und Heyden (1995) implizit getroffenen Annahme erlauben, dass die Itemschwierigkeiten tatsächlich nur durch die Itemdarbietungszeit beeinflusst werden und nicht davon, welches der acht Items vorgelegt wurde. Hiermit könnte ausgeschlossen werden, dass die Variation der Darbietungszeit zwar bei allen Items zu einer Erhöhung der Schwierigkeit führt (im Sinne eines Haupteffekts der Darbietungszeit auf die Itemschwierigkeit), dass diese aber in unerwünschter Weise bei den einzelnen Items unterschiedlich stark ausfällt (im Sinne einer Interaktion Darbietungszeit × Item auf die Itemschwierigkeit). Sollte sich Modellkonformität und zusätzlich eine solche Interaktion zeigen, dann könnte dem mit einer Änderung des Algorithmus der Itemauswahl beim FAKT begegnet werden.

4.3 Praktische Relevanz der Befunde

Die durch die vorliegende Arbeit gewonnenen Ergebnisse weisen einige Implikationen für die Konzentrationsleistungsdiagnostik auf. Nachfolgend werden diese zunächst für den FAKT und die untersuchten vier potenziellen Störvariablen dargestellt. Danach wird diskutiert, inwieweit ähnliche Ergebnisse auch bei anderen adaptiven Tests und bei anderen potenziellen Störvariablen erwartet werden können.

Die Ergebnisse zeigen, dass bei Einsatz der adaptiven Testform FAKT-S und vermutlich auch bei Einsatz der adaptiven Testform FAKT-E die potenziellen Störvariablen State-Ärger (State), Veränderung von negativem Affekt (Δ-State), Besorgnis (Trait) und Lärm (Situation) keinen signifikanten Einfluss auf die gemessene Konzentrationsleistung haben. Eine Kontrolle unerwünschter Einflüsse dieser potenziellen Störvariablen bei der Messung maximaler Konzentrationsleistung ist demnach bei Einsatz der adaptiven Testform FAKT-S nicht notwendig, da keine Verzerrungen bei der Messung zu erwarten sind. Dies ist insofern erfreulich, als dass die Kontrolle potenzieller Störeinflüsse einen nicht unerheblichen Mehraufwand bei der Konzentrationsleistungsdiagnostik bedingen kann. So muss bei Einsatz des FAKT-S nicht mehr sichergestellt werden, dass die Konzentrationsleistungsmessung in einer ruhigen Umgebung durchgeführt wird. Im klinischen Bereich oder bei der Schulleistungsdiagnostik dürfte dies eine entscheidende Erleichterung bedeuten, da hier absolut ruhige Testbedingungen in vielen Fällen nur schwer zu gewährleisten sind. Auch die parallele Erhebung der Personmerkmale State-Ärger, Veränderung von negativem Affekt und Besorgnis zur späteren statistischen Kontrolle ist bei Verwendung der adaptiven Testform FAKT-S nicht nötig. Da keine signifikanten Verzerrungen der mit dem FAKT-S gemessenen Konzentrationsleistungswerte durch diese potenziellen Störvariablen zu befürchten sind, können eindeutig interpretierbare Konzentrationsleistungswerte auch ohne statistische Kontrolle erwartet werden. Bei einigen Forschungsfragestellungen ist es überdies nötig, unerwünschte Effekte von potenziellen Störvariablen auf Konzentrationsleistung als unabhängige Variable durch den Einsatz von versuchsplanerischen Kontrolltechniken auszuschließen. Beispielsweise könnten mögliche Effekte von interindividuell variierenden Ausprägungen der Prüfungsangstkomponente Besorgnis durch Parallelisierung zwischen den untersuchten Versuchsbedingungen konstant gehalten werden. Dies ermöglicht eine verzerrungsfreie Rückführung der Konzentrationsleistungsunterschiede zwischen den Versuchsbedingungen auf die experimentelle Variation der Studie. Bei Einsatz der adaptiven Testform FAKT-S zur Messung der Konzentrationsleistung bei einem experimentellen Versuchsaufbau kann auf solche versuchsplanerischen Kontrolltechniken weitgehend verzichtet werden. Zusammenfassend ist bei der Konzentrationsleistungsmessung mit der adaptiven Testform FAKT-S demnach eine aufwändige Herstellung von Laborbedingungen bei der Testung, die statistische Kontrolle oder die Verwendung versuchsplanerischer Kontrolltechniken nicht nötig. Dies ermöglicht eine hoch ökonomische Messung maximaler Konzentrationsleistung.

Sollte sich die Annahme bestätigen, dass die hohe diskriminante Validität der mit der adaptiven Testform FAKT-S gemessenen Konzentrationsleistung nicht nur hinsichtlich der vier untersuchten exemplarischen potenziellen Störvariablen, sondern allgemein für die vier Klassen potenzieller Störvariablen (States, Δ-States, Traits, Situationen) vorliegt, dann würde dies die Ökonomie der Konzentrationsleistungsmessung weiter steigern. In diesem Fall könnte auf die Herstellung von Laborbedingungen, die statistische Kontrolle und den Einsatz von versuchsplanerischen Kontrolltechniken weitgehend verzichtet werden. Sollte die berichtete hohe diskriminante Validität der adaptiven Testform FAKT-S im Vergleich zur nicht-adaptiven Testform FAKT-SR auf die Darbietung von Items mit mittlerer individueller Lösungswahrscheinlichkeit zurückzuführen sein, dann sind ähnliche Vorteile bezüglich der Ökonomie für alle adaptiven Tests im Vergleich zu nicht-adaptiven Tests zu erwarten. Sollte hingegen der durch den bei adaptiver Testung mit dem FAKT ausgelöste Zeitdruck für die hohe diskriminante Validität verantwortlich sein, dann könnten, wie oben bereits ausgeführt, die Verwirklichung von Zeitdruck bei anderen adaptiven Tests derartige Steigerungen der Versuchsökonomie bewirken. Die Ergebnisse geben somit Anlass zu der Annahme, dass die Versuchsökonomie beim adaptiven Testen im Allgemeinen weiter verbessert werden kann.

4.4 Resümee

Es ist zusammenzufassen, dass sich die hohe diskriminante Validität der mit der adaptiven Testform FAKT-S gemessenen Konzentrationsleistungswerte hinsichtlich einer breiten Palette potenzieller Störvariablen zeigt. Für die adaptive Testform FAKT-E kann eine ähnlich gute diskriminante Validität lediglich angenommen werden. Die hohe diskriminante Validität der adaptiven Testform FAKT-S im Vergleich zur nicht-adaptiven Testform FAKT-SR kann nicht durch eine Steigerung der Motivation zur Testbearbeitung erklärt werden. Alternative Erklärungen sind in der Vorgabe von Items mit mittlerer individueller Lösungswahrscheinlichkeit bei adaptiver Testdarbietung oder in dem bei den adaptiven Testformen des FAKT resultierenden Zeitdruck zu sehen. Möglichkeiten zur weiteren Optimierung des FAKT sind in einer potenziellen Steigerung der Motivation zur Testbearbeitung durch Vorgabe von Items mit einer individuell höherer Lösungswahrscheinlichkeit als .50 sowie in einer möglichen Verkürzung der Testzeit durch Änderung des adaptiven Algorithmus des FAKT zu sehen. Letztendlich eröffnet der Einsatz der adaptiven Testform FAKT-S eine hoch ökonomische Messung maximaler Konzentrationsleistung, da bei der Anwendung auf eine Kontrolle potenzieller Störvariablen weitgehend verzichtet werden kann.

5 Zusammenfassung

In der psychologischen Leistungsdiagnostik wird im Regelfall die Messung maximaler individueller Leistungen angestrebt. In der Praxis kann aber eine Vielzahl von Faktoren einen Einfluss auf die gemessene Leistung haben, so dass angenommen werden muss, dass meistens nicht die maximale individuelle Leistung, sondern eine niedrigere Leistung gemessen wird. Die vorliegende Arbeit untersucht, ob durch adaptives Testen mit dem Frankfurter Adaptiven Konzentrationsleistungs-Test (FAKT; Moosbrugger & Heyden, 1997) die Messung maximaler Konzentrationsleistung sichergestellt werden kann, und ob Vorteile einer adaptiven Messung gegenüber einer nicht-adaptiven Messung motivationspsychologisch zu erklären sind. Der FAKT ist ein computerbasierter Konzentrationsleistungstest, von dem zwei adaptive (FAKT-S, FAKT-E) und eine nicht-adaptive Testform (FAKT-SR) vorliegen. Bei den adaptiven Testformen wird die Darbietungszeit der zu bearbeitenden Items adaptiv an die gezeigte Testleistung des Probanden angepasst. Bei der nicht-adaptiven Testform sind die gleichen Items wie bei den adaptiven Testformen zu bearbeiten, jedoch ohne Darbietungszeitbegrenzung. Die Frage, ob die Messung maximaler individueller Konzentrationsleistung durch adaptives Testen mit dem FAKT sichergestellt werden kann, wird als Frage der diskriminanten Validität betrachtet. Es wird angenommen, dass Verzerrungen bei der Messung maximaler Konzentrationsleistung durch vier Klassen potenzieller Störvariablen entstehen können: Zustände (States), Zustandsveränderungen während der Testung (Δ-States), Eigenschaften (Traits) und externale situative Einflüsse (Situationen). Als potenzielle Störvariablen werden State-Ärger (State), Veränderung von negativem Affekt (Δ-State), die Prüfungsangstkomponente Besorgnis (Trait) und Lärm während der Testung (Situation) empirisch untersucht. Anhand von drei Experimenten mit insgesamt 271 Probanden werden zwei Fragenkomplexe empirisch untersucht. Einerseits werden im Hinblick auf eine Messung maximaler Konzentrationsleistung unerwünschte Effekte potenzieller Störvariablen auf Konzentrationsleistung in Abhängigkeit davon untersucht, ob die Konzentrationsleistungsmessung adaptiv oder nicht-adaptiv erfolgt. Zweitens wird der Frage nachgegangen, ob Vorteile einer adaptiven Konzentrationsleistungsmessung hinsichtlich der diskriminanten Validität dadurch erklärt werden können, dass bei adaptiver Testung eine höhere Motivation zur Testbearbeitung resultiert als bei nicht-adaptiver Testung. Die Ergebnisse zum ersten Fragenkomplex zeigen ein sehr einheitliches Bild. Während bei adaptiver Testung mit der Testform FAKT-S die vier potenziellen Störvariablen keinen signifikanten Einfluss auf die Konzentrationsleistung haben, zeigen sich bei nicht-adaptiver Testung mit dem FAKT-SR in fast allen Fällen signifikante Effekte der potenziellen Störvariablen auf die Konzentrationsleistung. Die adaptive Testform FAKT-S weist somit eine höhere diskriminante Validität hinsichtlich der vier potenziellen Störvariablen State-Ärger, Veränderung von negativem Affekt, Besorgnis und Lärm auf als die nicht-adaptive Testform FAKT-SR. Für die zweite adaptive Testform FAKT-E wurden nur bezüglich der potenziellen Störvariablen Besorgnis empirische Daten erhoben. Für diese Testform kann aufgrund der Befunde lediglich vermutet werden, dass sie der nicht-adaptiven Testform FAKT-SR ebenfalls bezüglich der diskriminanten Validität überlegen ist. Hinsichtlich des zweiten Fragenkomplexes zeigt sich, dass bei adaptiver Testdarbietung eine signifikant niedrigere Motivation zur Testbearbeitung resultiert als bei nicht-adaptiver Testdarbietung. Die hohe diskriminante Validität der adaptiven Testformen des FAKT im Vergleich zur nicht-adaptiven Testform kann vor dem Hintergrund dieses Ergebnisses nicht auf eine Motivationssteigerung zurückgeführt werden. Das Ergebnis ist insofern bemerkenswert, als dass es die seit knapp drei Dekaden nahezu als Faktum akzeptierte Annahme nachdrücklich in Frage stellt, dass durch adaptives Testen eine Steigerung der Motivation zur Testbearbeitung zu erzielen ist. Ein alternativer Erklärungsansatz für die hohe diskriminante Validität der adaptiven Testform FAKT-S im Vergleich zur nicht-adaptiven Testform FAKT-SR liegt darin, dass bei adaptiver Testung möglicherweise eine verstärkte Zuwendung von Aufmerksamkeit zur Testbearbeitung resultiert. Die vorliegende Arbeit weist neben diesen Ergebnissen Möglichkeiten zur wieteren Optimierung des FAKT auf. Diese bestehen in der Vorgabe von Items mit einer höheren individuellen Lösungswahrscheinlichkeit als .50, die eine Steigerung der Motivation zur Testbearbeitung in Aussicht stellt und in einer Modifikation des adaptiven Algorithmus, die eine weitere Verkürzung der Testzeit erwarten lässt. Für die psychodiagnostische Praxis bedeuten die Ergebnisse, dass bei der Konzentrationsleistungsmessung mit der adaptiven Testform FAKT-S auf die aufwändige Herstellung von Laborbedingungen bei der Testung, die statistische Kontrolle oder die Verwendung versuchsplanerischer Kontrolltechniken weitgehend verzichtet werden kann, da keine Verfälschungen durch potenzielle Störvariablen zu erwarten sind. Die Arbeit zeigt damit, dass mit der adaptiven Testform FAKT-S eine hoch ökonomische Messung maximaler Konzentrationsleistung möglich ist. Die Arbeit liefert über das Instrument FAKT hinaus einen interessanten Einblick in Prozesse, die während des adaptiven Testens bei den getesteten Probanden ablaufen. Aus den Befunden lassen sich allgemeine Hinweise ableiten, wie adaptive Tests hinsichtlich der Motivation zur Testbearbeitung und hinsichtlich der Ökonomie verbessert werden können.

Literatur

Aiken, L. S. & West, S. G. (1991). *Multiple regression: testing and interpreting interactions.* Thousand Oaks, CA: Sage.

Alkhadher, O., Clarke, D. D. & Anderson, N. (1998). Equivalence and predictive validity of paper-and-pencil and computerized adaptive formats of the Differential Aptitude Tests. *Journal of Occupational and Organizational Psychology, 71*, 205-217.

Amelang, M. & Zielinski, W. (1994). *Psychologische Diagnostik und Intervention.* Berlin: Springer.

American Educational Research Association, American Psychological Association & National Council on Measurement in Education. (1985). *Standards for educational and psychological testing.* Washington, DC: American Psychological Association.

American Educational Research Association, American Psychological Association & National Council on Measurement in Education. (1999). *Standards for educational and psychological testing.* Washington, DC: American Psychological Association.

American Psychological Association. (1954). Technical recommendations for psychological tests and diagnostic techniques. *Psychological Bulletin Supplement, 51(2)*, 1-38.

American Psychological Association, American Educational Research Association & National Council on Measurement in Education. (1966). *Standards for educational and psychological tests and manuals.* Washington, DC: American Psychological Association.

American Psychological Association, American Educational Research Association & National Council on Measurement in Education. (1974). *Standards for educational and psychological tests and manuals.* Washington, DC: American Psychological Association.

Anastasi, A. (1986). Evolving concepts of test validation. *Annual review of Psychology, 37*, 1-15.

Arvey, R. D., Strickland, W., Drauden, G. & Martin, C. (1990). Motivational components of test taking. *Personnel Psychology, 43*, 695-716.

Atkinson, J. W. (1957). Motivational determinants of risk-taking behavior. *Psychological Review, 64*, 359-372.

Atkinson, J. W. (1964). *An introduction to motivation.* Princeton: Van Nostrand.

Atkinson, J. W. & Litwin, G. H. (1960). Achievement motive and test anxiety conceived as motive to approach success and motive to avoid failure. *Journal of Abnormal and Social Psychology, 60*, 52-63.

Backhaus, K., Erichson, B., Plinke, W. & Weiber, R. (2003). *Multivariate Analysemethoden. Eine anwendungsorientierte Einführung (10. Aufl.).* Berlin: Springer.

Bagozzi, R. P. (1993). Assessing construct validity in personality research: Applications to measures of self-esteem. *Journal of Research in Personality, 27*, 49-87.

Baron, R. M. & Kenny, D. A. (1986). The moderator-mediator variable distinction in social psychological research: Conceptual, strategic, and statistical considerations. *Journal of Personality and Social Psychology, 51*, 1173-1182.

Becker, J. (2004). *Computergestütztes Adaptives Testen (CAT) von Angst entwickelt auf der Grundlage der Item Response Theorie (IRT)* [elektronische Dissertation]. Freie Universität Berlin. Verfügbar unter: http://www.diss.fu-berlin.de/2004/209/ [22. 11. 2004].

Bell, P. A. (1978). Effects of noise and heat stress on primary and subsidiary task performance. *Human Factors, 20*, 749-752.

Bergstrom, B. A., Lunz, M. E. & Gershon, R. C. (1992). Altering the level of difficulty in computer adaptive testing. *Applied Measurement in Education, 5*, 137-149.

Betz, N. E. (1975). New types of information and psychological implications. In D. J. Weiss (Ed.), *Computerized adaptive trait measurement: Problems and Prospects* (Research Report 75-5, pp. 32-43). Minneapolis: University of Minnesota, Department of Psychology, Psychometric Methods Program.

Betz, N. E. & Weiss, D. J. (1976a). *Effects of immediate knowledge of results and adaptive on ability test performance (Research Rep. 76-3).* Minneapolis: University of Minnesota, Department of Psychology, Psychometric Methods Program.

Betz, N. E. & Weiss, D. J. (1976b). *Psychological effect of immediate knowledge of results and adaptive ability testing (Research Rep. 76-4).* Minneapolis: University of Minnesota, Department of Psychology, Psychometric Methods Program.

Bjorner, J. B., Kosinski, M. & Ware, J. E. (2003). Calibration of an item pool for assessing the burden of headaches: An application of item response theory to the Headache Impact Test (HIT). *Quality of Life Research, 12*, 913-933.

Bock, R. D. & Mislevy, R. J. (1982). Adaptive EAP estimation of ability in a microcomputer environment. *Applied Psychological Measurement, 6*, 431-444.

Borkenau, P. (1985). Vergleich einiger Verfahren zum Nachweis von Moderatoreffekten. *Zeitschrift für Differentielle und Diagnostische Psychologie, 6*, 79-87.

Borkenau, P. & Ostendorf, F. (1993). *NEO-Fünf-Faktoren-Inventar (NEO-FFI)*. Göttingen: Hogrefe.

Borsboom, D., Mellenbergh, G. J. & van Heerden, J. (2004). The concept of validity. *Psychological Review, 111*, 1061-1071.

Bortz, J. (2005). *Statistik für Human- und Sozialwissenschaftler (6. Aufl.)*. Berlin: Springer.

Bortz, J., Lienert, G. A. & Boehnke, K. (2000). *Verteilungsfreie Methoden in der Biostatistik (2. Aufl.)*. Berlin: Springer.

Brickenkamp, R. (1994). *d2, Aufmerksamkeits-Belastungs-Test (8. Aufl.)*. Göttingen: Hogrefe.

Brunstein, J. C. & Schmitt, C. H. (2004). Assessing individual differences in achievement motivation with the implicit association test. *Journal of Research in Personality, 38*, 536-555.

Busemeyer, J. R. & Jones, L. (1983). Analysis of multiplicative combination rules when the causal variables are measured with error. *Psychological Bulletin, 93*, 549-562.

Byrne, B. M. & Goffin, R. D. (1993). Modeling MTMM data from additive and multiplicative covariance structures: An audit of construct validity concordance. *Multivariate Behavioral Research, 28*, 67-96.

Campbell, D. T. (1960). Recommendations for APA test standards regarding construct, trait, or discriminant validity. *American Psychologist, 15*, 546-553.

Campbell, D. T. & Fiske, D. W. (1959). Convergent and discriminant validation by the multitrait-multimethod matrix. *Psychological Bulletin, 56*, 81-105.

Chang, A. & Wilson, M. (2004). Recalling emotional experiences affects performance on reasoning problems. *Evolution and Human Behavior, 25*, 267-276.

Cheng, P. E. & Liou, M. (2000). Estimation of trait level in computerized adaptive testing. *Applied Psychological Measurement, 24*, 257-265.

Cohen, J. (1988). *Statistical power analysis for the behavioral sciences.* Hillsdale, NJ: Lawrence Erlbaum Associates.

Cronbach, L. J. (1971). Test validation. In L. R. Thorndike (Ed.), *Educational Measurement* (2nd ed., pp. 443-507). Washington, DC: American Council on Education.

Cronbach, L. J. (1980). Selection theory for a political world. *Public Personnel Management, 9(1)*, 37-50.

Cronbach, L. J. (1988). Five perspectives on validity argument. In H. Wainer & H. Braun (Eds.), *Test validity* (pp. 3-17). Hillsdale, NJ: Lawrence Erlbaum Associates.

Cronbach, L. J., Gleser, G. C., Nanda, H. & Rajaratnam, N. (1972). *The dependability of behavioral measurements: Theory of generalizability for scores and profiles.* New York: Wiley.

Cronbach, L. J. & Meehl, P. E. (1955). Construct validity in psychological tests. *Psychological Bulletin, 52*, 281-301.

Cudeck, R. (1985). A structural comparison of conventional and adaptive versions of the ASVAB. *Multivariate Behavioral Research, 20*, 305-322.

Cureton, E. E. (1950). Validity. In E. F Lingquist (Ed.), *Educational measurement.* Washington: American Council on Education.

Curran, P. J., West, S. G. & Finch, J. F. (1996). The robustness of test statistics to nonnormality and specification error in confirmatory factor analysis. *Psychological Methods, 1*, 16-29.

Doll, M. L. (1994). Frankfurter Adaptiver Konzentrationsleistungs-Test „FAKT“: Übungs- und Interferenzeffekte der Version S. *Unveröffentlichte Diplomarbeit unter Anleitung von Prof. Moosbrugger.* Frankfurt am Main: Institut für Psychologie der Johann Wolfgang Goethe-Universität.

Eggen, T. J. H. M. (2004). *Contributions to the theory and practice of computerized adaptive testing.* Enschede: Print Partners Ipskamp.

Eggen, T. J. H. M & Verschoor, A. J. (2004). Optimal testing with easy or difficult items in computerized adaptive testing. *Manuscript submitted for publication.*

Embretson, S. E. (1985). *Test design: Developments in psychology and psychometrics.* New York: Academic Press.

Entwisle, D. R. (1972). The dispel fantasies about fantasy-based measures of achievement motivation. *Psychological Bulletin, 77*, 377-391.

Eysenck, H. J. & Eysenck, M. (1985). *Personality and individual differences. A natural science approach.* New York: Plenum Press.

Finkelman, J. M., Zeitlin, L. R., Filippi, J. A. & Friend, M. A. (1977). Noise and driver performance. *Journal of Applied Psychology, 62*, 713-718.

Fischer, G. H. (1968). Neue Entwicklungen in der psychologischen Testtheorie. In Gerhard H. Fischer (Hrsg.), *Psychologische Testtheorie* (S. 14-158). Bern: Huber.

Fischer, G. H. (1974). *Einführung in die Theorie psychologischer Tests.* Bern: Huber.

Fisseni, H. J. (2004). *Lehrbuch der psychologischen Diagnostik (3. Aufl.).* Göttingen: Hogrefe.

Fliege H., Walter O. B., Becker J., Bjorner J. B., Klapp B. F. & Rose M. (2003). Development of a german computer adaptive test for depression (Depression-CAT) by applying item response theory. *Quality of life research, 12*, 740.

Frey, A. & Klein, S. (2004). Vergleich der Teststärke von drei Verfahren zur Modellierung von Moderatoreffekten bei einer dichotomen Moderatorvariablen. In B. Krause & P. Metzler (Hrsg.), *Empirische Evaluationsmethoden* (Bd. 8, S. 23-37). Berlin: Zentrum für empirische Evaluationsmethoden e.V.

Frey, A. & Moosbrugger, H. (2004). Kann die Konfundierung von Konzentrationsleistung und Aktivierung durch adaptives Testen mit dem Frankfurter Adaptiven Konzentrationsleistungs-Test FAKT vermieden werden? *Zeitschrift für Differentielle und Diagnostische Psychologie, 25*, 1-17.

Frieling, E. & Sonntag, K. (1999). *Lehrbuch Arbeitspsychologie (2. Aufl.).* Bern: Huber.

Fröhlich, W. D. (2000). *Wörterbuch Psychologie (23. Aufl.).* München: dtv.

Gelderman, M. (2000). *Contingency theory and moderated regression analysis: the effect of measurement level, measurement error end non-linear relations* (Serie Research Memoranda #0032). Amsterdam: Free University Amsterdam.

Goldhammer, F. & Moosbrugger, H. (in Druck). Aufmerksamkeit. In K. Schweizer (Hrsg.), *Leistung und Leistungsdiagnostik*. Berlin: Springer.

Gray, J. A. (1970). The physiological basis of introversion-extraversion. *Behaviour Research and Therapy, 8*, 249-266.

Gray J. A. (1981). A critique of Eysenck's theory of personality. In H. J. Eysenck (Ed.), *A model for personality*. Berlin: Springer.

Greenwald, A. G., McGhee, D. E. & Schwartz. J. L. (1998). Measuring individual differences in implicit cognition: The implicit association test. *Journal of Personality and Social Psychology, 74*, 1464-1480.

Guion, R. M. (1977). Content validity - the source of my discontent. *Applied Psychological Measurement, 1*, 1-10.

Häcker, H. O. & Stapf, K. H. (2004). *Dorsch. Psychologisches Wörterbuch (14. Aufl.)*. Bern: Huber.

Hambleton, R. K., Zaal, J. N. & Pieters, J. P. M. (1991). Computerized adaptive testing: Theory, applications, and standards. In R. K. Hambleton & J. N. Zaal (Eds.), *Advances in educational and psychological testing: Theory and applications* (pp. 341-366). New York, NY: Kluwer Academic/Plenum Publishers.

Hartig, J. & Moosbrugger, H. (2003). Die "ARES-Skalen" zur Erfassung der individuellen BIS- und BAS-Sensitivität: Entwicklung einer Lang- und einer Kurzfassung. *Zeitschrift für Differentielle und Diagnostische Psychologie, 24*, 293-310.

Hasselhorn, M., Hager, W. & Baving, L. (1989). Zur Konfundierung metakognitiver und motivationaler Aspekte im Prädiktionsverfahren. *Zeitschrift für experimentelle und angewandte Psychologie, 36*, 31-41.

Hays, W. L. (1994). *Statistics (5th ed.)*. Orlando, FL: Harcourt Brace College Publishers.

Heckhausen, H. (1963). *Leistungsmotivations-TAT nach Heckhausen*. Meisenheim: Hain.

Heckhausen, H. (1974). Motive und ihre Entstehung. In F. E. Weinert, C. F. Graumann, H. Heckhausen & M. Hofer (Hrsg.), *Funkkolleg Pädagogische Psychologie* (S. 134-171). Frankfurt am Main: Fischer.

Heckhausen, H. (1989). *Motivation und Handeln (2. Aufl.)*. Berlin: Springer.

Heckhausen, H., Schmalt, H.-D. & Schneider, K. (1985). *Achievement motivation in perspective.* New York: Academic Press.

Hembree, R. (1988). Correlates, causes, effects, and treatment of test anxiety. *Review of Educational Research, 58,* 47-77.

Hochstrate, M. (in Vorb.). Ressourcenbedarf der drei Testformen des Frankfurter Adaptiven Konzentrationsleistungs-Tests. *Unveröffentlichte Diplomarbeit:* Berlin: Humboldt-Universität zu Berlin.

Hodapp, V. (1991). Das Prüfungsängstlichkeitsinventar TAI-G: Eine erweiterte und modifizierte Version mit vier Komponenten. *Zeitschrift für Pädagogische Psychologie, 5,* 121-130.

Hodapp, V. & Benson, J. (1997). The multidimensionality of test anxiety: A test of different models. *Anxiety, Stress & Coping, 10,* 219-244.

Hodapp, V., Glanzmann, P. G. & Laux, L. (1995). Theory and measurement of test anxiety as a situation-specific trait. In C. D. Spielberger & P. R. Vagg (Eds.), *Test anxiety: Theory, assessment, and treatment. Series in clinical and community psychology* (pp. 47-58). Philadelphia, PA: Taylor & Francis.

Jaccard, J., Helbig, D. W., Wan, C. K., Gutman, M. A. & Kritz-Silverstein, D. C. (1990). Individual differences in attitude-behavior consistency: The prediction of contraceptive behavior. *Journal of Applied Social Psychology, 20,* 575-617.

Jaccard, J. & Wan, C. K. (1995). Measurement error in the analysis of interaction effects between continuous predictors using multiple regression: Multiple indicator and structural equation approaches. *Psychological Bulletin, 117,* 348-357.

Jaccard, J. & Wan, C. K. (1996). *LISREL approaches to interaction effects in multiple regression* (Sage University Paper series on Quantitative Applications in the Social Sciences, series no. 07-114). Thousand Oaks, CA: Sage.

Jäger, R. & Petermann, F. (Hrsg.). (1999). *Psychologische Diagnostik: Ein Lehrbuch (4. Aufl.).* Weinheim: Beltz.

Jöreskog, K. G. & Sörbom, D. (1996). *PRELIS 2 User's Reference Guide.* Chicago: Scientific Software Inc.

Kane, M. T. (1992). An argument-based approach to validation. *Psychological Bulletin, 112,* 527-535.

Kane, M. T. (2001). Current concerns in validity theory. *Journal of Educational Measurement, 38*, 319-342.

Keith, N., Hodapp, V., Schermelleh-Engel, K. & Moosbrugger, H. (2003). Cross-sectional and longitudinal confirmatory factor models for the german test anxiety inventory: a construct validation. *Anxiety, Stress and Coping, 16*, 251-270.

Kennedy, P. E. (2002). More on Venn Diagrams for Regression. *Journal of Statistics Education* [Online], *10(1)*, www.amstat.org/publications/jse/v10n1/kennedy.html.

Kingsbury, G. G. & Houser, R. L. (1999). Developing computerized adaptive tests for school children. In F. Drasgow & J. B. Olson-Buchanan (Eds.), *Innovations in computerized assessment* (pp. 93-115). Mahwah, NJ: Lawrence Erlbaum Associates.

Kocalevent R. D., Walter O. B, Becker J., Fliege H., Klapp B. F., Bjorner J. B. & Rose M. (2004). Development of a computerized adaptive test for stress (Stress-CAT). *Journal of Psychosomatic Research, 56*, 645-646.

Koch, W. R. & Dodd, B. G. (1990). Computerized adaptive measurements of attitudes. *Measurement & Evaluation in Counseling & Development. Special Computerized testing, 23*, 22-30.

Kristof, W. (1983). Klassische Testtheorie und Testkonstruktion. In H. Feger & J. Bredenkamp (Hrsg.), *Enzyklopädie der Psychologie, Serie I: Forschungsmethoden der Psychologie* (Bd. 3, S. 544-603). Göttingen: Hogrefe.

Krohne, H. W., Egloff, B., Kohlmann, C. W. & Tausch, A. (1996). Untersuchungen mit einer deutschen Version der „Positive and Negative Affect Schedule" (PANAS). *Diagnostica, 42*, 139-156.

Kubinger, K. D. (1986). A note on non-parametric tests for the interaction in two-way layouts. *Biometric Journal, 28*, 67-72.

Kubinger, K. D. (1995). *Einführung in die psychologische Diagnostik.* Weinheim: Psychologie Verlags Union.

Kubinger, K. D. & Jäger, R. S. (Hrsg.). (2003). *Schlüsselbegriffe der Psychologischen Diagnostik.* Weinheim: Beltz.

Lane, A. M., Terry, P. C., Beedie, C. J. & Stevens, M. (2004). Mood and concentration grid performance: Effects of depressed mood. *International Journal of Sport & Exercise Psychology, 2*, 133-145.

Liebert, R. M. & Morris, L. W. (1967). Cognitive and emotional components of test anxiety: A distinction and some initial data. *Psychological Reports, 20*, 975-978.

Linacre, J. M. (2000). Computer-Adaptive Testing: A methodology whose time has come. In C. Sunhee, K. Unson, J. Eunhwa and J. M. Linacre (Eds.), *Development of Computerized Middle School Achievement Test.* Seoul: Komesa Press.

Loevinger, J. (1957). Objective tests as instruments of psychological theory. *Psychological Reports, Monograph Supplement, 3*, 635-694.

Lord, F. M. (1971a). A theoretical study of two-stage testing. *Psychometrica, 36*, 227-242.

Lord, F. M. (1971b). The self-scoring flexilevel test. *Educational and Psychological Measurement, 8*, 147-151.

Lord, F. M. (1980). *Applications of item response theory to practical testing problems.* Hillsdale, NJ: Lawrence Erlbaum Associates.

Lord, F. M. & Novick, M. R. (1974). *Statistical theories of mental test scores.* Reading: Addison-Wesley.

Loßnitzer, T. (2003). Vermeidung der Konfundierung von Konzentrationsleistung mit negativer Affektivität durch Adaptives Testen mit dem Frankfurter Adaptiven Konzentrationsleistungs-Test (FAKT). *Unveröffentlichte Diplomarbeit.* Berlin: Humboldt-Universität zu Berlin.

Lumley, T. (2003). *Confounding and effect modification.* Seattle, WA: University of Washington, Department of Biostatistics.

Marsh, H. W. (1989). Confirmatory factor analyses of multitrait-multimethod data: Many problems and a few solutions. *Applied Psychological Measurement, 13*, 335-361.

Marsh, H. W. & Grayson, D. (1995). Latent variable models of multitrait-multimethod data. In R. H. Hoyle (Ed.), *Structural equation modeling: Concepts, issues, and applications* (pp. 177-198). Thousand Oaks, CA: Sage.

McBride, J. R. & Martin, J. T. (1983). Reliability and validity of adaptive ability tests in a military setting. In D. J. Weiss (Ed.), *New horizons in testing: Latent trait test theory and computerized adaptive testing* (pp. 223-236). New York: Academic Press.

McClelland, G. H. & Judd, C. M. (1993). Statistical difficulties of detecting interactions and moderator effects. *Psychological Bulletin, 114*, 376-390.

Michel, L. & Conrad, W. (1982). Theoretische Grundlagen psychometrischer Tests. In K. J. Groffmann (Hrsg.), *Enzyklopädie der Psychologie, Themenbereich B, Serie II, Band 1* (S. 1-129). Göttingen: Hogrefe.

Moosbrugger, H. (2002). *Lineare Modelle. Regressions- und Varianzanalysen.* Bern: Huber.

Moosbrugger, H. & Hartig, J. (2003). Klassische Testtheorie. In K. D. Kubinger & R. S. Jäger (Hrsg.), *Schlüsselbegriffe der Psychologischen Diagnostik.* Weinheim: Beltz.

Moosbrugger, H. & Heyden, M. (1995). *Evaluating the Construct Validity of the Frankfurt Adaptive Concentration Test* (Bd. 11/1995). Frankfurt am Main: Arbeiten aus dem Institut für Psychologie der J. W. Goethe-Universität Frankfurt am Main.

Moosbrugger, H. & Heyden, M. (1997). *Frankfurter Adaptiver Konzentrationsleistungs-Test.* Bern: Huber.

Moosbrugger, H. & Oehlschlägel, J. (1996). *Frankfurter Aufmerksamkeits-Inventar (FAIR). Testmanual.* Bern: Huber.

Moreno, K. E. & Segall, D. O. (1997). Reliability and construct validity of CAT-ASVAB. In W. Sands, B. K. Waters & J. R. McBride (Eds.), *Computerized adaptive testing: From inquiry to operation* (pp. 169-179). Washington, DC: American Psychological Association.

Moreno, K. E., Wetzel, C. D., McBride, J. R. & Weiss, D. J. (1984). Relationship between corresponding Armed Service Vocational Aptitude Battery (ASVAB) and computerized adaptive testing (CAT) subtests. *Applied Psychological Measurement, 8*, 155-163.

Morris, J. H., Sherman, J. & Mansfield, E. R. (1986). Failures to detect moderating effects with ordinary least squares moderated-regression: Some reasons and a remedy. *Psychological Bulletin, 99*, 282-288.

Musch, J. & Bröder, A. (1999). Psychometrische Eigenschaften und Validität des multidimensionalen Prüfungsängstlichkeitsinventars TAI-G. *Zeitschrift für Pädagogische Psychologie, 13*, 100-105.

Nachtigall, C. & Steyer, R. (2001). Unkonfundiertheit: Äquivalente Bedingungen und Perspektiven für die Testung. In R. Steyer (Hrsg.), *Methevalreport 3(1).* Jena: Friedrich-Schiller-Universität Jena, Institut für Psychologie, Lehrstuhl Psychologische Methodenlehre und Evaluationsforschung.

Nachtigall, C., Suhl, U. & Steyer, R. (2000). Einführung in die Konfundierungsanalyse. In R. Steyer (Hrsg.), *Methevalreport 2(1).* Jena: Friedrich-Schiller-Universität Jena, Institut für Psychologie, Lehrstuhl Psychologische Methodenlehre und Evaluationsforschung.

Oehlschlägel, J. & Moosbrugger, H. (1991). Konzentrationsleistung ohne Konzentration? Zur Schätzung wahrer Leistungswerte im Aufmerksamkeits-Belastungs-Test d2. *Diagnostica, 37*, 42-51.

Overton, R. C., Harms, H. J., Taylor, L. R. & Zickar, M. J. (1997). Adapting to adaptive testing. *Personnel Psychology, 50*, 171-185.

Owen, R. J. (1975). A Bayesian sequential procedure for quantal response in the context of adaptive mental testing. *Journal of the American Statistical Association, 70*, 351-356.

Pearl, J. (2000). *Causality. Models, reasoning and inference.* New York: Cambridge University Press.

Ponsoda, V., Olea, J., Rodriguez, M. S. & Revuelta, J. (1999). The effects of test difficulty manipulation in computerized adaptive testing and self-adapted testing. *Applied Measurement in Education, 12,* 167-184.

Reise, S. P. & Henson, J. M. (2000). Computerization and adaptive administration of the NEO PI-R. *Assessment, 7*, 347-364.

Rheinberg, F. (2004). *Motivation (5. Aufl.).* Stuttgart: Kohlhammer.

Rheinberg, F., Vollmeyer, R. & Burns, B. D. (2001). FAM: Ein Fragebogen zur Erfassung aktueller Motivation in Lern- und Leistungssituationen. *Diagnostica, 47*, 57-66.

Rocklin, T. R. (1994). Self-adapted testing. *Applied Measurement in Education, 7*, 3-14.

Rocklin, T. R. & O'Donnell, A. M. (1987). Self-adapted testing: A performance-improving variant of computerized adaptive testing. *Journal of Educational Psychology, 79*, 315-319.

Rosenthal, R., Rosnow, R. L. & Rubin, D. B. (2000). *Contrasts and effect sizes in behavioral research: A correlational approach.* Cambridge: Cambridge University Press.

Rost, J. (2004). *Lehrbuch Testtheorie, Testkonstruktion (2. Aufl.).* Bern: Huber.

Ruch, W. (1999). Die revidierte Fassung des Eysenck Personality Questionnaire und die Konstruktion des deutschen EPQ-R bzw. EPQ-RK. *Zeitschrift für Differentielle und Diagnostische Psychologie, 20*, 1-24.

Sackett, P. R. & Harris, M. M. & Orr, J. M. (1986). On seeking moderator variables in the meta-analysis of correlational data: A Monte Carlo investigation of statistical power and resistance of Type I error. *Journal of Applied Psychology, 71*, 302-310.

Sands, W. A., Waters, B. K. & McBride, J. R. (Eds.) (1997). *Computerized adaptive testing: From inquiry to operation.* Washington, DC: American Psychological Association.

Sarason, I. G. (1986). Test anxiety, worry, and cognitive interference. In R. Schwarzer (Ed.), *Self-related cognitions in anxiety and motivation* (pp. 19-34). Hillsdale, NJ: Lawrence Erlbaum Associates.

Saunders, D. R. (1956). Moderatorvariables in prediction. *Educational and Psychological Measurement, 16*, 209-222.

Schmalt, H. D., Sokolowski, K. & Langens, T. (2000). *Das Multi-Motiv-Gitter zur Erfassung von Anschluß, Leistung und Macht - MMG.* Frankfurt: Swets.

Schmidt, H. (1992). *Psychologische Tests: Theorie und Konstruktion.* Bern: Huber.

Schmidt-Atzert, L., Büttner, G. & Bühner, M. (2004). Theoretische Aspekte von Aufmerksamkeits-/Konzentrationsdiagnostik. In G. Büttner & L. Schmidt-Atzert (Hrsg.), *Diagnostik von Konzentration und Aufmerksamkeit.* Göttingen: Hogrefe.

Schmitt, N. & Stults, D. M. (1986). Methodology review: Analysis of multitrait-multimethod matrices. *Applied Psychological Measurement, 10*, 1-22.

Schneider, K. & Schmalt, H. D. (2000). *Motivation (3. Aufl.).* Stuttgart: Kohlhammer.

Schuler, H. & Prochaska, M. (2001). *Leistungsmotivationsinventar.* Göttingen: Hogrefe.

Schwarzer, R. & Schwarzer, C. (1982). Ärger als Zustand und als Disposition. *Zeitschrift für Differentielle und Diagnostische Psychologie, 3*, 27-33.

Schwenkmezger, P. (1991). Aufmerksamkeit und emotionale Zustände: Angst und Ärger. In J. Janssen, E. Hahn & H. Strang (Hrsg.), *Konzentration und Leistung* (S. 37-49). Göttingen: Hogrefe.

Schwenkmezger, P., Hodapp, V. & Spielberger, C. (1992). *Das State-Trait-Ärgerausdrucks-Inventar (STAXI)*. Bern: Huber.

Segall, D. O. (1996). Multidimensional adaptive testing. *Psychometrika, 61*, 331-354.

Segall, D. O. (2000). *Principles of multidimensional adaptive testing.* Dordrecht: Kluwer Academic Publishers.

Segall, D. O. (2005). Computerized Adaptive Testing. In K. Kempf-Leonard (Ed.), *Encyclopedia of Social Measurement.* Amsterdam: Elsevier.

Seipp, B. (1991). Anxiety and academic performance: A meta-analysis of findings. *Anxiety Research, 4*, 27-41.

Seipp, B. & Schwarzer, C. (1991). Angst und Leistung - Eine Meta-Analyse empirischer Befunde. *Zeitschrift für Pädagogische Psychologie, 5*, 85-97.

Simpson, E. H. (1951). The interpretation of interaction in contingency tables. *Journal of the Royal Statistical Society, Series B (Methodotical), 13*, 238-241.

Spielberger, C. D. (1972). Anxiety as an emotional state. In C. D. Spielberger (Ed.), *Anxiety: Current trends in theory and research* (Vol. 1, pp. 23-49). New York: Academic Press.

Steyer, R., Gabler, S., von Davier, A. A. & Nachtigall, C. (2000). Causal regression modells II: Unconfoundedness and causal unbiasedness. *MPR-Online, 5(3)*, 55-86.

Steyer, R., Partchev, I. & Kröhne, U. (2003). Die Abhängigkeit der Itemparameter von den Darbietungszeiten im computerisierten adaptiven Testen. In Bundesministerium der Verteidigung (Hrsg.), *Untersuchungen des Psychologischen Dienstes der Bundeswehr 2003* (S. 133-159). München: Verlag für Wehrwissenschaften.

Tellegen, A. (1985). Structures of mood and personality and their relevance to assessing anxiety, with an emphasis on self-report. In A. H. Tuma & J. D. Maser (Eds.), *Anxiety and the anxiety disorders* (pp. 681-706). Hillsdale, NJ: Lawrence Erlbaum Associates.

Terry, P. C., Lane, A. M., Lane, H. J. & Keohane, L. (1999). Development and validation of a mood measure for adolescents. *Journal of Sports Sciences, 17*, 861-872.

Thissen, D. & Mislevy, R. J. (2000). Testing Algorithms. In H. Wainer (Ed.), *Computerized adaptive testing: A primer* (pp. 101-133). Mahwah: Lawrence Erlbaum Associates.

Tonidandel, S., Quiñones, M. A. & Adams, A. A. (2002). Computer-adaptive zesting: The impact of test characteristics on perceived performance and test takers' reactions. *Journal of Applied Psychology, 87*, 320-332.

van der Heijden, A. H. C. (2004). *Attention in vision: perception, communication and action.* Hove: Psychology Press.

van der Heijden, A. H. C. & Bem, S. (1997). Successive approximations to an adequate model of attention. *Consciousness and cognition, 6*, 413-428.

van der Linden, W. J. (1999). Multidimensional adaptive testing with a minimum error-variance criterion. *Journal of Educational and Behavioral Statistics, 28*, 398-412.

Vispoel, W. P. (1999). Creating computerized adaptive tests of music aptitude. In F. Drasgow & J. B. Olson-Buchanan (Eds.), *Innovations in computerized assessment* (pp. 151-176). Mahwah, NJ: Lawrence Erlbaum Associates.

Vispoel, W. P. & Coffman, D. D. (1994). Computerized adaptive and self-adaptive music-listening tests: Psychometric features and motivational benefits. *Applied Measurement in Education, 7*, 25-51.

Vispoel, W. P., Rocklin, T. R. & Wang, T. (1994). Individual differences and test administration procedures: A comparison of fixed-item, computerized-adaptive, and self-adapted testing. *Applied Measurement in Education, 7*, 53-79.

Vispoel, W. P., Wang, T. & Bleiler, T. (1997). Computerized adaptive and fixed-item testing of music listening skill: A comparison of efficiency, precision, and concurrent validity. *Journal of Educational Measurement, 34*, 43-63.

Vispoel, W. P., Wang, T., de la Torre, R., Bleiler, T. & Dings, J. (1992). *How review options and administration modes influence scores on computerized vocabulary tests.* Iowa City: University of Iowa.

Vollmeyer, R. & Rheinberg, F. (1998). Motivationale Einflüsse auf Erwerb und Anwendungvon Wissen in einem computersimulierten System. *Zeitschrift für Pädagogische Psychologie, 12*, 11-23.

Vollmeyer, R. & Rheinberg, F. (1999). Motivation and metacognition when learning a complex system. *European Journal of Psychology of Education, 14*, 541-554.

Vollmeyer, R. & Rheinberg, F. (2000). Does motivation affect performance via persistence? *Learning and Instruction, 10*, 293-309.

Wainer, H., Dorans, N. J., Green, B. F., Mislevy, R. J., Steinberg, L. & Thissen, D. (2000). Future Challenges. In H. Wainer (Ed.), *Computerized adaptive testing: A primer* (pp. 231-270). Mahwah, NJ: Lawrence Erlbaum Associates.

Wainer, H. & Thissen, D. (1987). Estimating ability with the wrong model. *Journal of Educational Statistics, 12*, 339-368.

Waldmann, M. R. (2002). Experimente und kausale Theorien. In D. Janetzko, M. Hildebrandt & H. A. Meyer (Hrsg.), *Das Experimentalpsychologische Praktikum im Labor und WWW* (S. 13-42). Göttingen: Hogrefe.

Waller, N. G. & Reise, S. P. (1989). Computerized adaptive personality assessment: An illustration with the absorption scale. *Journal of Personality and Social Psychology, 57*, 1051-1058.

Walter, O. B., Becker, J., Fliege, H., Bjorner, J., Kosinski, M., Walter, M., Klapp, B. F. & Rose, M. (2005). Entwicklungsschritte für einen computeradaptiven Test zur Erfassung von Angst (A-CAT1). *Diagnostica, 51*, 88-100.

Wang, W. & Chen, P. (2004). Implementation and measurement efficiency of multidimensional computerized adaptive testing. *Applied Psychological Measurement, 28*, 450-480.

Ware, J. E., Kosinski, M., Bjorner, J. B., Bayliss, M. S., Batenhorst, A., Dahlöf, C. G., Tepper, S. & Dowson, A. (2003). Application of computerized adaptive tesing (CAT) to the assessment of headache impact. *Quality of Life Research, 12*, 935-952.

Warm, T. A. (1989). Weighted likelihood estimation of ability in item response theory. *Psychometrika, 54*, 427-450.

Watson, D., Clark, L. A. & Carey, G. (1988). Positive and negative affectivity and their relation to anxiety and depressive disorders. *Journal of Abnormal Psychology, 97*, 346-353.

Watson, D., Clark, L. A. & Tellegen, A. (1988). Development and validation of brief measures of positive and negative affect: The PANAS scales. *Journal of Personality and Social Psychology, 54*, 1063-1070.

Watson, D., Wiese, D., Vaidya, J. & Tellegen, A. (1999). The two general activation systems of affect: Structural findings, evolutionary considerations, and psychobiological evidence. *Journal of Personality and Social Psychology, 76*, 820-838.

Weiss, D. J. (1982). Improving measurement quality and efficiency with adaptive testing. *Applied Psychological Measurement, 6*, 473-492.

Westhoff, K. & Hagemeister, C. (2005). *Konzentrationsdiagnostik*. Lengerich: Pabst.

Wine, J. (1982). Evaluation anxiety: A cognitive-attentional construct. *Series in Clinical & Community Psychology: Achievement, Stress & Anxiety*, 207-219.

Wortman, C. B. & Brehm, J. W. (1975). Responses to uncontrollable outcomes: An integration of reactance theory and the learned helplessness model. *Advances in experimental social psychology, 8*, 277-336.

Zedeck, S. (1971). Problems with the use of moderator variables. *Psychological Bulletin, 76*, 295-310.

Zeidner, M. (1998). *Test anxiety: the state of the art.* New York, NY: Plenum Press.

Zickar, M. J., Overton, R. C., Taylor, L. R. & Harms, H. J. (1999). The development of a computerized selection system for computer programmers in a financial services company. In F. Drasgow & J. B. Olson-Buchanan (Eds.), *Innovations in computerized assessment* (pp. 7-33). Mahwah, NJ: Lawrence Erlbaum Associates.

Zinkernagel, A. (2005). Auswirkungen des adaptiven und nicht-adaptiven Testens mit dem Frankfurter Adaptiven Konzentrationsleistungs-Test (FAKT) auf Leistungsmotivation und Flow. *Unveröffentlichte Diplomarbeit.* Berlin: Humboldt-Universität zu Berlin.

Anhang A

Mathematisch-logische Begründung der Formel (26)

In Anlehnung an Oehlschlägel und Moosbrugger (1991) sei angenommen, dass bei der Bearbeitung des FAKT grundsätzlich drei Bearbeitungsarten möglich sind. Erstens kann auf ein Item konzentriert reagiert werden. Hierbei resultieren so genannte wahre Richtige R_w. Zweitens kann ein Item wieder vom Bildschirm verschwinden, bevor eine Reaktion erfolgen kann. Hierbei resultieren nicht bearbeitete Zeichen NB. Diese Fehlerart ist nur bei den adaptiven Testformen möglich. Bei der nicht-adaptiven Testform muss auf jedes vorgegebene Item eine Reaktion erfolgen, bevor mit der Testung fortgefahren wird. Drittens kann eine unkonzentrierte Reaktion auf ein Item erfolgen. Hierbei kann nicht nur eine falsche Reaktion F_u abgegeben werden (auf ein Zielitem wird irrtümlich mit der Taste für nicht-Zielitems reagiert, oder auf ein nicht-Zielitem wird irrtümlich mit der Taste für Zielitems reagiert) sondern auch per Zufall richtig geantwortet werden (R_u). Die Gesamtzahl unkonzentriert bearbeiteter Items GZ_u setze sich aus der Anzahl der bei unkonzentrierter Arbeit resultierenden Fehler F_u und Richtigen R_u zusammen:

$$GZ_u = F_u + R_u . \qquad \text{(A-1)}$$

Die Gesamtzahl aller bearbeiteten Items GZ setze sich aus der Anzahl konzentriert bearbeiteter Items, der Anzahl unkonzentriert bearbeiteter Items und der Anzahl der nicht bearbeiteten Items zusammen:

$$GZ = R_w + GZ_u + NB . \qquad \text{(A-2)}$$

Als Konzentrationsleistungswert soll R_w gelten:

$$R_w = GZ - GZ_u - NB , \qquad \text{(A-3)}$$

beziehungsweise nach Einsetzen

$$R_w = GZ - F_u - R_u - NB . \qquad \text{(A-4)}$$

Die Größen GZ, F_u und NB können der Ergebnisdatei des FAKT entnommen werden. R_u ist hingegen unbekannt, kann aber aus F_u geschätzt werden. Hierzu sei angenommen, dass bei allen GZ_u unkonzentriert bearbeiteten Items die jeweilige Antwort nur durch Zufall zu Stande kommt. Für die Erwartungswerte des

Auftretens falscher und richtiger Antworten bei unkonzentrierter Arbeitsweise gilt dann:

$$E(F_u \mid GZ_u) = p(F_u \mid GZ_u) \cdot GZ_u = \frac{i_{\text{n-ziel}}}{I} \cdot GZ_u \qquad \text{(A-5)}$$

und

$$E(R_u \mid GZ_u) = p(R_u \mid GZ_u) \cdot GZ_u = \frac{i_{\text{ziel}}}{I} \cdot GZ_u . \qquad \text{(A-6)}$$

Der Erwartungswert des Auftretens eines Fehlers beziehungsweise einer richtigen Antwort bei unkonzentriertem Arbeiten ergibt sich aus dem Quotienten der Anzahl der Zielitems i_{ziel} beziehungsweise der Anzahl der nicht-Zielitems $i_{\text{n-ziel}}$ und der Anzahl aller Items *I*. Da bei allen drei Testformen des FAKT die Anzahl der Zielitems der Anzahl der nicht-Zielitems entspricht und somit $i_{\text{ziel}} = i_{\text{n-ziel}}$ gilt, kann vereinfachend auch

$$E(R_u \mid GZ_u) = (EF_u \mid GZ_u) = \frac{GZ_u}{2} \qquad \text{(A-7)}$$

geschrieben werden. Einen Schätzer $G\hat{Z}_u$ für die Anzahl unkonzentriert bearbeiteter Items erhält man wegen (A-5) und (A-6) einfach durch:

$$G\hat{Z}_u = 2 \cdot R_u = 2 \cdot F_u \qquad \text{(A-8)}$$

Durch Einsetzen von (A-8) in (A-3) erhält man $\hat{R}_w$ als Schätzer der wahren Testleistung durch den Ausdruck

$$\hat{R}_w = GZ - GZ_u - NB = GZ - 2 \cdot F_u - NB . \qquad \text{(A-9)}$$

Anhang B

Deutschsprachige Kurzskala zur Messung der Motivation zur Testbearbeitung auf Basis des Test Attitude Survey (TAS; Arvey, Strickland, Drauden & Martin, 1990)

Verwendete Skala:
Motivation

Antwortmodus:
sechsstufig von *trifft gar nicht zu* bis *trifft vollkommen zu*

Verwendete Instruktion:
„Behalten Sie die vergegenwärtigte Situation des Computertests weiterhin vor Augen und machen Sie in den folgenden Fragen Angaben zu Ihrer Motivation und Anstrengungsbereitschaft."

Items:

1. Ich habe mich in diesem Test sehr angestrengt.
2. Mir war es egal, wie ich in diesem Test abschneide.
3. Während der Testbearbeitung konzentrierte ich mich.
4. Ich war äußerst motiviert, in diesem Test gut abzuschneiden.
5. Ich habe versucht in diesem Test mein Bestes zu geben.

Kolibri 360 GmbH
Ferdinand-Jühlke-Straße 7
99095 Erfurt, Deutschland
produktsicherheit@kolibri360.de

Druck:
CPI Druckdienstleistungen GmbH
im Auftrag der
Kolibri 360 GmbH
Ferdinand-Jühlke-Str. 7
99095 Erfurt